LGPD

LEI GERAL DE PROTEÇÃO DE DADOS COMENTADA

COM ENFOQUE NAS RELAÇÕES DE TRABALHO

AUTORES

Bianca Medalha Mollicone
Eduardo Cominetti
Eduardo Tomasevicius Filho
Emanuele Pezati Franco de Moraes
José Luiz de Moura Faleiros Júnior
Lívia Clozel
Marcel Edvar Simões
Maria Eugênia Geve de Moraes Lacerda
Mariana Almirão de Sousa
Pietra Daneluzzi Quinelato
Renata Chade Cattini Maluf
Selma Carloto
Thomas Kefas de Souza Dantas

SELMA CARLOTO • MARIANA ALMIRÃO

COORDENADORAS

LGPD

LEI GERAL DE PROTEÇÃO DE DADOS COMENTADA

COM ENFOQUE NAS RELAÇÕES DE TRABALHO

LTr®

LTr Editora Ltda

Rua Jaguaribe, 571
CEP 01224-003
São Paulo, SP — Brasil
Fone (11) 2167-1101
www.ltr.com.br
Setembro, 2021

Produção Gráfica e Editoração Eletrônica: PIETRA DIAGRAMAÇÃO
Projeto de capa: DANILO REBELLO
Impressão: META BRASIL

Versão impressa— LTr 6336.7 — ISBN - 978-65-5883-067-2
Versão digital— LTr 9813.4 — ISBN - 978-65-5883-086-3

Dados Internacionais de Catalogação na Publicação (CIP)
(Câmara Brasileira do Livro, SP, Brasil)

Lei geral de proteção de dados comentada: com enfoque nas relações de trabalho/coordenação Selma Carloto, Mariana Almirão. - 1. ed. - São Paulo: Ltr, 2021. Vários autores.

ISBN 978-65-5883-067-2

1. Direito à privacidade - Brasil 2. Direito do trabalho - Brasil 3. Proteção de dados - Leis e legislação 4. Proteção de dados pessoais 5. Relações de trabalho - Brasil I. Carloto, Selma. II. Almirão, Mariana.

21-71805 CDU-342.721 34:331

Índice para catálogo sistemático:

1. Proteção de dados pessoais: Direito 342.721
2. Relações de trabalho: Direito do trabalho 34:331

Aline Graziele Benitez - Bibliotecária - CRB-1/3129

SOBRE AS COORDENADORAS

Selma Carloto

Pesquisadora da Faculdade de Direito da USP, no grupo de pesquisa Direito Civil na Sociedade em Rede, de Lei Geral de Proteção de Dados. Data Protection Officer Exin Certified (DPO). Autora das obras *Compliance Trabalhista e Lei Geral de Proteção de Dados com enfoque nas relações de trabalho*, editora LTr. Autora das obras: *Manual de Derecho Laboral Comparado* e *Interesses Metaindividuais e Ações Coletivas*, Editorial Quorom, Argentina. Professora convidada de pós-graduação da FGV Direito Rio e professora da FGVnos cursos de MBAs de Gestão de Pessoas, Gestão Empresarial e Gestão Comercial. Professora premiada como destaque da área de Direito pela rede FGV *Management* e pelo IDE, dos anos 2011, 2012, 2013 e 2014 dos cursos de pós-graduação, prêmio de destaque FGV *Management* Rio no MBA de Direito do Trabalho 2016. Condecorada, pela FGV Direito Rio, com o prêmio de desempenho como docente nos cursos de pós-graduação da FGV, em 2011, 2013 e 2015. Doutora pela Universidade de Buenos Aires. Mestra pela Faculdade de Direito da USP. Especialista pela Fadisp. Autora do capítulo LGPD e o Direito à Privacidade dos Trabalhadores, do livro *A Lei Geral de Proteção de Dados Brasileira*, Editora Almedina, 2021. Autora de artigos de LGPD e artigo de *Compliance* Trabalhista da Revista LTr. Instagram @selmacarloto.

Mariana Almirão de Sousa

Pesquisadora da Cátedra José Bonifácio e membro do grupo de pesquisa Direito Civil na Sociedade em Rede, ambos vinculados a Universidade de São Paulo. Advogada. Autora. Professora. Graduada em Direito, pelo Instituto Presbiteriano Mackenzie. Mestre em Direito Político e Econômico, pelo Instituto Presbiteriano Mackenzie. Doutoranda em Direito Comercial pela Universidade de São Paulo. Inscrita na Ordem dos Advogados do Brasil, na Subseção de São Paulo. Especialista em Direito Civil, pelo Instituto Presbiteriano Mackenzie. Pesquisadora da Cátedra José Bonifácio e membro do grupo de pesquisa Direito Civil na Sociedade em Rede, ambos vinculados a Universidade de São Paulo. Autora do capítulo Desafios da Implementação de um programa de conformidade à LGPD no Comércio, do livro *A Lei Geral de Proteção de Dados Brasileira*, Editora Almedina, 2021. E-mail: marianaalmirao@usp.br.

SOBRE OS AUTORES

Bianca Medalha Mollicone

Pesquisadora da Faculdade de Direito USP, no grupo Direito Civil na Sociedade em Rede, de Lei Geral de Proteção de Dados. Advogada, Economista (UFBA) e Mestre em Administração (UFBA). Especialista em Direito Tributário pelo IBET/SP, MBA em Gestão Empresarial, pela Fundação Getúlio Vargas (FGV/RJ), Extensão em *Compliance* pelo Insper/SP, com formação Complementar em Negociação pela *Harvard Law School* e em *Law and Economics,* pela Universidade de Chicago. Professora de Direito e Economia e Proteção de Dados da Faculdade Baiana de Direito. Sócia responsável pela área de *Compliance* e Proteção de Dados do Pessoa & Pessoa Advogados. Membro da IAPD.

Eduardo Cominetti

Pesquisador da Faculdade de Direito USP, no grupo Direito Civil na Sociedade em Rede, de Lei Geral de Proteção de Dados. Mestre em engenharia da computação pela Escola Politécnica da Universidade de São Paulo, na área de criptografia e segurança da informação. Atualmente, cursa doutorado na mesma área e instituição. Possui trabalhos versando sobre banco de dados cifrado para utilização em Nuvem, criptografia homomórfica e comunicação segura veicular (V2X). E-mail: ecominetti@larc.usp.br

Eduardo Tomasevicius Filho

Líder de pesquisa da Faculdade de Direito USP, no grupo Direito Civil na Sociedade em Rede, de Lei Geral de Proteção de Dados. Bacharel em Direito pela Faculdade de Direito da Universidade de São Paulo – USP (2001). Doutor em Direito Civil pela Faculdade de Direito da Universidade de São Paulo – USP (2007). Mestre em História Social pela Faculdade de Filosofia, Letras e Ciências Humanas (FFLCH), pela Universidade de São Paulo – USP (2012).Livre-Docente em Direito Civil, pela Faculdade de Direito da Universidade de São Paulo – USP (2017). Atua nas linhas de pesquisa intituladas Evolução do direito civil: das raízes à pós-modernidade, Transformações gerais e especiais do direito das obrigações e das coisas, Bioética e biodireito: reflexões de direito civil e Historiografia jurídica. Líder do Grupo de Pesquisa Direito Civil na Sociedade em Rede. Professor Associado (RTC – 24 horas semanais) do Departamento de Direito

Civil da Faculdade de Direito da Universidade de São Paulo – USP, lecionando Direito de Família e Sucessões, História do Direito I, Introdução ao Direito Contratual do Reino Unido e dos Estados Unidos da América, Direito Civil e a Nova Agenda Urbana, A Lei Geral de Proteção de Dados Brasileira, História do Direito no Mundo Ocidental e História do Direito e Família no Brasil. É também professor do Curso de Direito das Faculdades Integradas Campos Salles, lecionando Direito Civil – Contratos e Direito Internacional. Advogado e Consultor Jurídico em São Paulo. Autor dos livros: *O princípio da boa-fé no direito civil* (São Paulo: Almedina, 2020) e *A proteção do patrimônio cultural pelo direito civil* (São Paulo: Almedina, 2020) e organizador das obras *A Lei Geral de Proteção de Dados Brasileira*: análise setorial (São Paulo: Almedina, 2021), *Os direitos civis da pessoa com deficiência* (São Paulo: Almedina, 2021) e *Inteligência Artificial, Proteção de Dados e Cidadania* – volume 2 (Cruz Alta: Ilustração, 2021).

Emanuele Pezati Franco de Moraes

Pesquisadora da Faculdade de Direito USP, no grupo Direito Civil na Sociedade em Rede, de Lei Geral de Proteção de Dados. Mestre em Direito pela Faculdade de Direito de Ribeirão Preto da Universidade de São Paulo - FDRP/USP (2017-2019). LLM em Direito Civil pela Faculdade de Direito de Ribeirão Preto da Universidade de São Paulo - FDRP/USP (2018-2020). Membro dos Grupos de Pesquisa: Tutela jurídica dos dados pessoais na internet (http://dgp.cnpq.br/dgp/espelhogrupo/4485179444454399), Observatório do Marco Civil da Internet no Brasil (http://dgp.cnpq.br/dgp/espelhogrupo/2215582162179038) e Direito Civil na Sociedade em Rede (dgp.cnpq.br/dgp/espelhogrupo/9020294645455036). Associada Fundadora do Instituto Avançado de Proteção de Dados, IAPD. Associada do Instituto Brasileiro de Estudos de Responsabilidade Civil, IBERC. Advogada e sócia fundadora do escritório, Advocacia Especializada Pezati Parceiros, www.aepp.com.br.

José Luiz de Moura Faleiros Júnior

Pesquisador da Faculdade de Direito USP, no grupo Direito Civil na Sociedade em Rede, de Lei Geral de Proteção de Dados. Doutorando em Direito Civil, pela Universidade de São Paulo – USP/Largo de São Francisco. Doutorando em Direito, na área de estudo "Direito, Tecnologia e Inovação", pela Universidade Federal de Minas Gerais – UFMG. Mestre em Direito, pela Universidade Federal de Uberlândia – UFU. Especialista em Direito Digital, com extensão universitária na University of Chicago. Especialista em Direito Civil e Empresarial. Associado Fundador do Instituto Avançado de Proteção de Dados – IAPD. Membro do Instituto Brasileiro de Estudos de Responsabilidade Civil – IBERC. Advogado. Professor e Pesquisador.

Lívia Clozel

Pesquisadora da Faculdade de Direito USP, no grupo Direito Civil na Sociedade em Rede, de Lei Geral de Proteção de Dados. Formação: Jornalista e DPO. O impacto da Lei Geral de Proteção de Dados (LGPD) no Ecossistema de Publicidade Online. Extensão (2019) pela ESPM – Escola de Propaganda e Marketing. Professora em treinamentos de LGPD. *Exin, Information Security Foundation* (ISO/IEC 27001) (2019). Exin, LGPD – *Privacy Data Protection Essentials* (2020). *Exin*, GDRP – *Privacy & Data Protection Foundation* (2020) e *Exin*, GDRP – *Privacy & Data Protection Practitioner* (2020). Autora do capítulo Desafios da Implementação de um programa de conformidade à LGPD no Comércio e LGPD e o Direito à Privacidade dos Trabalhadores, ambos no livro *A Lei Geral de Proteção de Dados Brasileira*, Editora Almedina, 2021.

Marcel Edvar Simões

Pesquisador da Faculdade de Direito USP, no grupo Direito Civil na Sociedade em Rede, de Lei Geral de Proteção de Dados. Professor de Direito Digital e Direito Civil, pela Universidade Paulista. Procurador Federal junto à Advocacia-Geral da União. Doutor em Direito Civil, pela Faculdade de Direito da USP.

Maria Eugênia Geve de Moraes Lacerda

Pesquisadora da Faculdade de Direito USP, no grupo Direito Civil na Sociedade em Rede, de Lei Geral de Proteção de Dados. Mestranda em Direito, pela Universidade de São Paulo. Graduada em Direito, pela FGV-SP. Trabalha como advogada de Proteção de Dados e Tecnologia. Autora do capítulo Desafios da Implementação de um programa de conformidade à LGPD no Comércio, livro *A Lei Geral de Proteção de Dados Brasileira*, Editora Almedina, 2.021. E-mail: melacerda@usp.br

Pietra Daneluzzi Quinelato

Pesquisadora da Faculdade de Direito USP, no grupo Direito Civil na Sociedade em Rede, de Lei Geral de Proteção de Dados. Mestranda e Bacharel em Direito, pela Universidade de São Paulo. Especialista em Direito Digital e Proteção de Dados pela ESA-SP e Escola Brasileira de Direito. Pós-graduanda em Direito Empresarial pelo CEU *Law School*. Certificada como *Data Protection Officer*, pela EXIN. Membro das Comissões de Direito Digital, Direito da Moda e Privacidade e Proteção de Dados da OAB/SP. Pesquisadora dos grupos Sociedade em Rede, Concorrência e Inovação e Direito da Moda, pela Universidade de São Paulo e Comunidade Internacional de Estudos em Direito Digital da Universidade Federal de Uberlândia. Professora convidada do Trilhante em Proteção de Dados Pessoais e *Fashion Law*. Advogada atuante em inovação, propriedade intelectual e proteção de dados. Autora de artigos em periódicos e livros no tema em proteção de dados e economia digital.

Renata Chade Cattini Maluf

Pesquisadora da Faculdade de Direito USP, no grupo Direito Civil na Sociedade em Rede, de Lei Geral de Proteção de Dados. Doutoranda em Direito Civil, pela Faculdade de Direito da Universidade de São Paulo – USP. Mestra em Direito Civil, pela Pontifícia Universidade Católica de São Paulo – PUC, 2004. Especialista em Direito Empresarial (pós-graduação *lato sensu*), pela Pontifícia Universidade Católica de São Paulo – PUC, 1996. Inventariante e curadora dativa nomeada pelos juízes da 2ª Vara da Família e das Sucessões do Foro Regional de Pinheiros desde fevereiro de 2010. Sócia fundadora do escritório Maluf e Geraigire Advogados, com atuação em direito digital, família e sucessões, contratos e imobiliário desde 2001.Professora de Direito Civil da Universidade São Marcos no período de agosto de 1998 a dezembro de 2002. Escreveu os artigos "Controle de Acesso e LGPD", integrante do livro *A Lei Geral de Proteção de Dados Brasileira*, Editora Almedina, 2021. Integrante do livro *Direito do Entretenimento da Internet*, São Paulo, Editora Saraiva, 2014 e "Contratação dos artistas, técnicos em espetáculos de diversões, músicos e outros", integrante do livro *Manual do Direito do Entretenimento*. Guia de Produção Cultural, São Paulo, Editora Senac, 2009.

Thomas Kefas de Souza Dantas

Pesquisador da Faculdade de Direito USP, no grupo Direito Civil na Sociedade em Rede, de Lei Geral de Proteção de Dados. Doutorando em Direito Comercial, pela Universidade de São Paulo. Mestre em Direito Constitucional, pela Universidade Federal do Rio Grande do Norte. Graduado em Direito, pela Universidade Federal do Rio Grande do Norte. Professor de Direito Constitucional, Direito Econômico,

Direito Empresarial. Coordenador do Curso de Direito das Faculdades Integradas Campos Salles. Membro do Grupo de Estudos em Direito Civil da Sociedade em Rede – USP. Membro do Grupo de Estudos em Direito e Desenvolvimento – UFRN. Autor do capítulo "Desafios da Implementação de um programa de conformidade à LGPD no Comércio", livro *A Lei Geral de Proteção de Dados Brasileira,* Editora Almedina, 2.021. E-mail: thomaskefas@usp.br

SUMÁRIO

LEI N. 13.709, DE 14 DE AGOSTO DE 2018

LEI N. 13.709, DE 14 DE AGOSTO DE 2018

Lei Geral de Proteção de Dados Pessoais (LGPD)

CAPÍTULO I
DISPOSIÇÕES PRELIMINARES

A Lei Geral de Proteção de Dados veio trazer proteção aos dados das pessoas naturais, incluídos os empregados e outros trabalhadores, devendo o desenho da governança corporativa de uma empresa incluir o departamento de recursos humanos e todos os tratamentos atinentes às relações de trabalho. Empregados são titulares de dados pessoais, e, ainda que a relação se estabeleça com um trabalhador Pessoa Jurídica, haverá subjacente uma relação de dados de pessoas naturais.

Art. 1º Esta Lei dispõe sobre o tratamento de dados pessoais, inclusive nos meios digitais, por pessoa natural ou por pessoa jurídica de direito público ou privado, com o objetivo de proteger os direitos fundamentais de liberdade e de privacidade e o livre desenvolvimento da personalidade da pessoa natural.

Parágrafo único. As normas gerais contidas nesta Lei são de interesse nacional e devem ser observadas pela União, Estados, Distrito Federal e Municípios.

Eduardo Tomasevicius Filho

Uma das perguntas fundamentais de um ser humano é sobre a sua própria existência. No limite, trata-se de uma indagação sobre o próprio significado do motivo que o leva a estar vivo. Consciente de que não lhe basta a mera sobrevivência, tal como um animal qualquer, o ser humano procura, por meio de suas atividades, transcender a mera indiferença àquilo que não seja meramente fisiológico, e, dessa forma, criar e transformar a sua própria vida. Para tanto, o trabalho é uma importante atividade que confere estrutura ao cotidiano e permite a melhoria contínua de sua própria existência, como também da coletividade. Desde o livro bíblico do Gênesis, já se tem a condenação do ser humano ao trabalho como consequência da expulsão do Paraíso, assim como Hannah Arendt descreve a transformação do *homo faber* em *homo laborans*. Realizado sob a estrutura do regime da servidão ao longo dos séculos, o trabalho se tornou importante objeto da liberdade de contratar a partir do século XIX, por meio do qual se aliena a força em prol de uma atividade.

Sendo o trabalho um dos elementos da economia – por ser fonte de riqueza e produto de um mercado, isto é, do mercado de trabalho –, essa atividade foi consagrada no século XX como parte da disciplina jurídica da vida econômica, como se observa na Constituição de Weimar, de 1919, e fundamento da ordem econômica na Constituição Federal brasileira, de 1988. Na sociedade contemporânea, o trabalho e atividade empresarial estão em binômio. O empresário arrisca dinheiro, gasta tempo e energia humana para a consecução de uma atividade econômica organizada destinada à obtenção de lucros e melhoria da qualidade de vida das pessoas, e o trabalho é fonte de subsistência da maioria das pessoas que, por diversas razões, alienam seu tempo e energia em favor do empresário ou do Estado, mediante remuneração.

As atividades econômicas tornaram-se complexas com o passar dos séculos. Incialmente baseadas na agricultura, pecuária, comércio e manufatura de objetos e produtos, foi o desenvolvimento tecnológico, decorrente da revolução científica e potencializado pela Revolução Industrial, que levou à criação de um número cada vez crescente de produtos cada vez mais sofisticados, assim como à prestação de serviços, que consiste no comércio de bens imateriais. A disputa entre agentes no mercado requer informações sobre as condutas dos concorrentes, do mesmo modo que cada um dos agentes econômicos precisa saber as necessidades dos consumidores. Esse quadro simplesmente levou ao surgimento de uma sociedade da informação, na qual os dados são considerados o novo "petróleo", uma vez que informação é condição para a conquista de poder dentro do mercado.

Com o aumento da capacidade de coleta e processamento de dados, que corresponde ao que se define por tratamento de dados, foi necessária a regulação dessa atividade, para que as pessoas não ficassem excessivamente expostas a danos decorrentes do conhecimento sobre seus hábitos, preferências e pensamentos. Em princípio, uma lei sobre tratamento de dados pessoais teria como objetivo principal a conciliação de interesses entre empresários e consumidores, uma vez que dados pessoais são imprescindíveis para a sobrevivência no ambiente competitivo, visando-se à possibilidade de manutenção do exercício da livre iniciativa e da livre concorrência, ao mesmo tempo em que se devem preservar a liberdade, a privacidade e o livre desenvolvimento da personalidade da pessoa natural, evitando que haja abusos no tratamento de dados de consumidores, ainda que sob a justificativa de atendê-los melhor. Essa perspectiva consumerista de uma lei de proteção de dados está explicitada, por exemplo, no *California Consumer Privacy Act* – CCPA.

Considerando a preocupação do legislador para com o tratamento de dados pessoais, promulgou-se no Brasil a Lei nº 13.709, de 14 de agosto de 2018, renomeada em 2019 para Lei Geral de Proteção de Dados – LGPD. Embora seja notadamente voltada ao âmbito do mercado de consumo, seguida pela regulação do tratamento de dados pela Administração Pública por ter capítulo próprio, cabe a indagação sobre a aplicação da LGPD no contexto das relações de trabalho. A resposta, evidentemente, é afirmativa.

O primeiro motivo é que a LGPD se aplica à pessoa natural e ao empregado, por definição, é aquela pessoa física que, nos termos do art 3º da Consolidação das Leis do Trabalho – CLT, "(...) prestar serviços de natureza não eventual a empregador, sob a dependência deste e mediante salário".

O segundo motivo é que o empregado é parte de um contrato com o empregador e, na celebração, assim como na execução do contrato de trabalho, faz-se tratamento de dados pessoais. Por exemplo, a contratação de empregado requer coleta e análise de dados sobre a pessoa para que se possa exercer a liberdade de contratá-la. São devidos consideração e respeito para com as pessoas que ainda não foram selecionadas, por terem dados pessoais armazenados com o potencial empregador, ou com os dados das pessoas não selecionadas para determinada vaga de emprego. A elaboração de um contrato de trabalho requer dados pessoais, assim como são constantemente coletados dados sobre o desempenho da atividade laboral e também sobre a vida pessoal do empregado, como no caso de dados de dependentes, além das informações legalmente exigidas pelas autoridades governamentais. Do mesmo modo, tais dados pessoais são usados nos conflitos trabalhistas levados à apreciação do Poder Judiciário.

O terceiro motivo é que o tratamento ilegal ou inadequado de dados pessoais de empregados pode causar-lhes danos consideráveis, como no caso de vazamento de dados pessoais, ou o compartilhamento com terceiros não autorizados, violando direitos fundamentais da pessoa por meio do acesso a tais informações privilegiadas, bem como o acesso desses dados pessoais por terceiros que pretendam contratá-la.

Assim, o empregado deve ter seus dados pessoais protegidos para que não sofra invasões de privacidade por conta de acessos privilegiados a partir de dados obtidos de seu empregador, tampouco seja permitido a este que, por meio desse acesso indevido, o empregado sofra abusos que causem danos aos direitos da personalidade e à própria dignidade humana, prejudicando-o no direito ao livre desenvolvimento de sua personalidade, excluindo-o do mercado de trabalho.

Devido à importância dos dados pessoais na vida da pessoa natural, a LGPD é considerada de interesse nacional, devendo ser observada pela União, Estados, Distrito Federal e Municípios. Considerando o recorte temático desses comentários, reforçou-se no parágrafo único do art. 1º a obrigatoriedade dos entes federativos, enquanto empregadores dos servidores públicos, de observarem os mesmos princípios e regras vigentes para o setor privado, exceto quanto às disposições específicas decorrentes dos efeitos dos princípios da administração pública, entre os quais a legalidade e publicidade, que requerem a transparência na gestão da coisa pública, o que implica a revelação de dados pessoais de servidores públicos e suas respectivas remunerações.

Art. 2º A disciplina da proteção de dados pessoais tem como fundamentos:

I – o respeito à privacidade;

II – a autodeterminação informativa;

III – a liberdade de expressão, de informação, de comunicação e de opinião;

IV – a inviolabilidade da intimidade, da honra e da imagem;

V – o desenvolvimento econômico e tecnológico e a inovação;

VI – a livre iniciativa, a livre concorrência e a defesa do consumidor; e

VII – os direitos humanos, o livre desenvolvimento da personalidade, a dignidade e o exercício da cidadania pelas pessoas naturais.

Thomas Kefas de Souza Dantas

A disciplina da proteção de dados pessoais tem como fundamentos:

Assentado no princípio fundamental da dignidade da pessoa humana, com previsão constitucional no art. 1º, inciso III, da Constituição da República Federativa do Brasil de 1988, um dos fundamentos do Estado Democrático de Direito[1] temos o direito à privacidade, um dos consagrados direitos de personalidade positivados no Código Civil de 2015.

O respeito à privacidade, como fundamento da disciplina da proteção de dados pessoais, invoca uma hermenêutica constitucional pautada nos direitos de liberdade, no qual seu conteúdo e extensão são determinados pela vontade do indivíduo. Assim, qualquer intervenção, pública ou privada, deve ser limitada, calculável e mensurável, mantendo o indivíduo titular no controle dos limites ao tratamento de suas informações[2].

A proteção de dados pessoais, fundamentada nos direitos constitucionais-privados da personalidade, impele-nos na direção da adoção de uma tutela com base na intervenção restritiva[3] desse direito. Tal adoção implica a delimitação de um "âmbito de garantia efetiva"[4] da tutela individual dos dados pessoais, onde qualquer ingerência pública ou privada é ilícita.

Perceba que o fato do nosso legislador fundamentar o tratamento em princípios civis-constitucionais de base personalíssima não impede que o tratamento dos dados seja realizado no caso concreto. O "âmbito da garantia efetiva" surge a partir do próprio exercício de direitos, os fundamentos funcionam como "zona limítrofe" entre o uso e a restrição do direito.

O respeito à privacidade:

Nessa perspectiva, nosso legislador não pretende elevar a proteção dos dados pessoais a uma esfera constitucional, mas, sim, delimitar

---

(1) BLUM, Rita. *Direito a privacidade e à proteção dos dados do consumidor*. São Paulo: Almedina, 2018.

(2) CANOTILHO, J. J. Gomes. Dogmática de direitos fundamentais e direito privado. In: SARLET, Ingo Wolfgang (Coord.). *Constituição, direitos fundamentais e direito privado*. 2. ed. Porto Alegre: Livraria do Advogado, 2006.

(3) Id. Ibid., p.346. À semelhança do que acontece com as intervenções restritivas jurídico-públicas, pode também recortar-se um conceito de intervenção restritiva privada (Privateingriff, Eingriff Privater). O conceito de intervenção restritiva teria, assim, operacionalidade prática, para abranger os actos, atividades ou comportamentos (público ou privados), que produzem uma redução ou encurtamento do âmbito de proteção de um direito.

(4) Vide CANOTILHO, J. J. Gomes. *op. cit.*

o uso e tratamento de dados pessoais tendo os direitos fundamentais componentes do direito à privacidade como limites do uso e tratamento de tais informações.

Esse fundamento limitador está condicionado ao desenvolvimento das relações sociais, como lembra Mendonça[5]. Os direitos fundamentais devem ser compreendidos a partir dessa perspectiva. Dessa forma, quanto maior o desenvolvimento das relações e a necessidade de uso de dados, maior será também a necessidade do tratamento dos dados, contudo, o abuso não pode ocorrer. O âmbito da garantia efetiva está ligado à necessidade da manutenção da privacidade do usuário, mesmo em face ao aumento potencial na necessidade de tratamento.

Em outras palavras, o tratamento não pode ser contrário ao âmbito efetivo de privacidade garantido pelo Código Civil e pela Constituição Federal. Quando houver tratamento dos dados, serão obrigatórias condutas e a tomada de medidas de segurança que possam manter intacta a privacidade do sujeito.

Auto determinação informativa:

A autodeterminação informativa é um princípio e fundamento do tratamento dos dados pessoais que coloca o sujeito como centro do tratamento dos dados. É por meio desse princípio que podemos buscar uma determinação do âmbito da garantia efetiva desse direito.

Se antes os dados eram tratados sem consentimento, conhecimento, ou qualquer preocupação com o sujeito, a (re)afirmação da titularidade dos dados pela LGPD muda esse cenário e vincula o tratamento à necessidade do indivíduo, além de permitir o tratamento de seus dados, sempre que houver necessidade, ser informado de todos tratamentos. Isso gera, segundo Doneda, um dever de incluir o titular no processo de tratamento e uso[6], gerando um dever de informá-lo sobre quais são

---

(5) MENDONÇA, Fabiano. *Introdução aos direitos plurifuncionais*. Natal: Fabiano Andre de Souza Mendonca, 2016.

(6) DONEDA, Danilo. Princípios da proteção de dados pessoais. In: DE LUCCA, Newton; SIMÃO FILHO, Adalberto; LIMA, Cíntia Rosa. *Direito & internet III*. São Paulo: Quartier Latin, 2015. t. 1, p.373.

os dados coletados e a finalidade dessa coleta, para que se possa tomar a decisão livre de fornecer ou não os dados[7].

Lembremos também que a autodeterminação informativa, assim como defende Rita Blum[8] sobre o uso da tutela constitucional de dados (*habeas data)*, terá um importante papel no tratamento não discriminatório do titular dos dados, na medida em que o sujeito passa a ter um maior controle das informações armazenadas sobre ele.

Liberdade de expressão, de informação, de comunicação e de opinião:

A liberdade de expressão, de informação, de comunicação e de opinião, advindas do direito geral de igualdade, também são fundamentos que irão determinar o âmbito da proteção de dados pessoais.

O direito geral de liberdade, concebido como um direito geral de ação humana de fazer ou deixar de fazer o que se quer[9], irá se especializar em diversos direitos correlatos de expressar ou não o que se deseja, informar a sociedade, comunicar e opinar. Contudo, como o direito geral de liberdade encontra restrições na lei, seus direitos correlatos também o fazem.

Teixeira e Armelin nos lembram que as garantias constitucionais, por meio de reforços e limites, possibilitam a existência de uma garantia à liberdade de informação, mesmo havendo a limitação dos dados pessoais. As tecnologias de informação e comunicação facilitam o trânsito das informações, mas é o direito de liberdade que garante o acesso pela sociedade.[10]

A proteção conferida aos dados pessoais, conforme esse inciso, estará limitada ao direito de liberdade de expressão, informação, comunicação e opinião, assim como o limitará. De fato, a garantia constitucional à liberdade de informação, como um direito da própria sociedade, não pode ser tolhida em nome de uma falsa tutela de dados pessoais, tanto

(7) TEIXEIRA, Tarcisio. ARMELIN, Ruth Maria G. da F. *Lei geral de proteção de dados pessoais:* comentada artigo por artigo. Salvador: JusPodivm, 2019. p. 30.

(8) BLUM, Rita. *op. cit.*

(9) ALEXY, Robert. *Teoria dos direitos fundamentais.* São Paulo: Malheiros. 2006. p. 345.

(10) TEIXEIRA, Tarcisio; ARMELIN, Ruth Maria G. da F. *Lei geral de proteção de dados pessoais:* comentada artigo por artigo. Salvador: JusPodivm, 2019. p. 30.

que esta lei irá tutelar, de forma muito pouco restritiva, o uso e tratamento de dados para fins de pesquisa. Contudo, há de se ponderar sobre a necessidade de publicização das informações pessoais frente à possibilidade de anonimização.

A inviolabilidade da intimidade, da honra e da imagem:

Assim como os demais fundamentos de ordem constitucional, temos a inviolabilidade da intimidade, da honra e da imagem, trazidas nesse inciso, conforme também se apresenta no art. 5º, X, da Constituição Federal. Diferentemente do que ocorre com o direito à privacidade, os direitos aqui apresentados são de uma esfera mais interna dos direitos individuais, e por isso carecem de uma tutela diferenciada.

Essa diferenciação de classes de direitos irá fundamentar também uma divisão dos dados pessoais em espécies distintas, em relação ao quanto se aproximam da esfera da intimidade do titular do direito; logo, quanto mais íntimo, mais sensível será o dado.

Rita Blum[(11)] nos lembra que a esfera privada irá compreender os comportamentos e acontecimentos da vida do indivíduo que ele não deseja que se tornem de domínio público, e quanto mais ao centro o dado se posiciona, em termos da abrangência das esferas de privacidade do sujeito, maior será a necessidade de sigilo empregado quando houver a necessidade de tratamento.

Se transportamos esse pensamento para analisar a temática dos dados pessoais, comumente tratados, conclui-se que a maior parte desses se situa na esfera da privacidade, e em menor parte na esfera da intimidade. O direito de proteção de dados deve então ser direcionado para que o tratamento seja muito mais relativo ao controle do sujeito sobre as informações do que uma tutela do segredo, do íntimo.[(12)]

Desenvolvimento econômico e tecnológico e a inovação:

O desenvolvimento previsto na Constituição Federal, apresentado aqui como fundamento da proteção de dados pessoais, significa uma maior dinâmica de mercado com a chegada de novos bens e serviços,

---

(11) BLUM, Rita. *op. cit.*

(12) *Id. Ibid.*, p. 24-26.

mas, além disso, a adequação dos incentivos aos bens e serviços novos com a proteção da sociedade e do meio.

É preciso ter em mente que a proteção de dados não pode se tornar um desafio instransponível no mercado, de modo a inviabilizar a eficiência dos investimentos em PD&I. A proteção dos dados deve servir para parametrizar o tratamento realizado pelo mercado, incentivar o desenvolvimento de novas tecnologias de segurança da informação, e criar uma cultura de proteção de dados, dando maior segurança para os titulares e empresas na sociedade atual.

Conforme Dantas,

> O Desenvolvimento estabelecido como meta pela constituição não deve ser apenas garantia do existente, mas meta para o futuro, o Estado deve ser promotor desse desenvolvimento, na forma como o art. 3º estabeleceu como objetivo do próprio Estado a garantia do desenvolvimento nacional, em uma sociedade livre, justa e solidária, que paute pela erradicação da pobreza, marginalização e redução das desigualdades sociais. Tal cláusula, chamada de "cláusula transformadora" irá definir como obrigação do Estado a promoção das transformações estruturais no campo socioeconômico, para a superação do subdesenvolvimento. A Constituição Dirigente busca racionalizar a política, incorporando uma dimensão materialmente legitimadora ao estabelecer um fundamento constitucional para a política. O núcleo da ideia de Constituição Dirigente é a proposta de legitimação material da Constituição pelos fins e tarefas previstos no texto constitucional. (13)

Atrelar a proteção de dados ao desenvolvimento econômico, tecnológico e ao incentivo à inovação, também é uma forma de concretizar o desenvolvimento constitucional previsto no art. 3º da Constituição Federal. Nosso legislador determinou esse fundamento como forma de deixar claro que a proteção não dever ser incompatível com o mercado

(13) DANTAS, Thomas Kefas de Souza. *Os limites constitucionais ao exercício de direito de patente e seus reflexos na indústria do petróleo, gás natural e biocombustíveis*. 2014. 164f. Dissertação (Mestrado em Direito) - Centro de Ciências Sociais Aplicadas, Universidade Federal do Rio Grande do Norte, Natal, 2014.

e com o desenvolvimento de novas tecnologias para a exploração econômica do tratamento de dados pessoais.

Livre iniciativa, livre concorrência e defesa do consumidor:

Devido às grandes mudanças ocorridas no mundo acerca das inovações tecnológicas e ao seu processamento, em forma de dados e informações, não é tão raro ouvir-se falar na ideia de uma "**revolução informacional**"(14) que sucede à revolução industrial. Nesse sentido, Simon já dizia que "na sociedade pós-industrial, o problema central não consiste em saber como organizar eficazmente a produção [...] mas em saber como se organizar para tomar decisões – ou seja, como tratar a informação"(15).

A Constituição Federal funda a ordem econômica nos princípios citados nos arts. 170 a 192 (embora não se restringindo somente a tais artigos). Os princípios fundamentais da Ordem Econômica brasileira, que se funda na valorização do trabalho, do consumo, do meio ambiente, na livre iniciativa e livre concorrência, como finalidade para assegurar a dignidade e a justiça social, trazidos como fundamentos da proteção de dados pessoais, mais uma vez corroboram com o entendimento de que a proteção não deve se contrapor ao livre desenvolvimento do mercado.

Deve-se deixar claro que a discussão constitucional contemporânea brasileira que contempla especificamente tal matéria, não se olvida da tradição hermenêutica constitucional, inaugurada a partir do pensamento social presente no texto constitucional; logo, não se pode apenas ter uma leitura dos fundamentos econômicos de forma isolada, tanto na Constituição Federal, quanto na Lei Geral de Proteção de Dados Pessoais.

---

(14) LOJKINE, Jean. *A revolução informacional*. 3. ed. São Paulo: Cortez, 1995. p. 11. É verdade que a transferência para as "máquinas" de um novo tipo de função cerebral abstrata (o que caracteriza a automação) está no coração da revolução informacional, já que tal transferência tem como **consequência fundamental deslocar o trabalho humano da manipulação para o tratamento de símbolos abstratos - e, pois, deslocá-lo para o "tratamento" da informação**. Nesse sentido, a revolução informacional nasce da oposição entre a revolução da máquina-ferramenta, fundada na objetivação das funções manuais, e a revolução da automação, baseada na objetivação de certas funções cerebrais desenvolvidas pelo maquinismo industrial. (grifo nosso).

(15) SIMON, Herbert A., 1983 apud. LOJKINE, Jean. op. cit., p. 15.

Dessa forma, a respeito da livre iniciativa e da livre concorrência, devem observar a necessidade da proteção ao consumidor, também como princípio alçado ao *status* de fundamento da ordem econômica. Ao fundamentar a proteção na Liberdade de Iniciativa e Concorrência, mas estabelecendo o ônus da defesa do consumidor, a ser suportado pelo sistema, nosso legislador determina a manutenção da proteção do sistema consumerista que se vincula à proteção de dados, devendo ser interpretado em consonância com as regras de tratamento de dados previstas também no Código de Defesa do Consumidor.

Isso significa que as ações do Estado e dos entes privados no mercado de dados não pode seguir no sentido de limitar a liberdade do consumidor, prevendo-se inclusive, nessa lei, a possibilidade de portabilidade de dados pessoais como uma forma de garantir a liberdade do consumidor, e evitar a concentração do mercado de dados em alguns *players*, que já detêm uma posição de privilégio por atuarem em um mercado desregulamentado, reduzindo barreiras à entrada de novos *players*.

Os direitos humanos, o livre desenvolvimento da personalidade, a dignidade e o exercício da cidadania pelas pessoas naturais:

Por fim, neste inciso, o nosso legislador infraconstitucional atrela o tratamento de dados pessoais aos direitos humanos, ao livre desenvolvimento da personalidade, à dignidade e ao exercício da cidadania pelas pessoas naturais. Pode parecer redundante (o que por vezes é necessário em se tratando do direito brasileiro) mas acreditamos que o intuito foi demonstrar que esses princípios e fundamentos não são *numerus clausus*.

O legislador apresenta valores como a condição humana, o livre desenvolvimento da personalidade do sujeito, a dignidade da pessoa humana, e os direitos de cidadania, como forma de ampliar o campo do direito de proteção de dados, buscando-se proteger o indivíduo antes do dado, e que o tratamento deve servir para promover tais valores dentro da sociedade.

Art. 3º Esta Lei aplica-se a qualquer operação de tratamento realizada por pessoa natural ou por pessoa jurídica de direito público ou privado, independentemente do meio, do país de sua sede ou do país onde estejam localizados os dados, desde que:

I – a operação de tratamento seja realizada no território nacional;

II – a atividade de tratamento tenha por objetivo a oferta ou o fornecimento de bens ou serviços ou o tratamento de dados de indivíduos localizados no território nacional; ou

III – os dados pessoais objeto do tratamento tenham sido coletados no território nacional.

§ 1º Consideram-se coletados no território nacional os dados pessoais cujo titular nele se encontre no momento da coleta.

§ 2º Excetua-se do disposto no inciso I deste artigo o tratamento de dados previsto no inciso IV do caput do art. 4º desta Lei.

Eduardo Tomasevicius Filho

A proteção de dados pessoais é uma resposta ao tratamento de dados pessoais. Tal asserção justifica-se pelo fato de que esse ato ou atividade, conforme o caso, leva à descoberta de informações sobre uma pessoa, ou à produção de novas informações a partir da associação de duas ou mais informações previamente disponíveis. A LGPD visa à regulação do tratamento de dados pessoais, estabelecendo no art. 5º, V e VI, o controlador e o operador de dados pessoais como agentes de tratamento de dados. Assim, existe a probabilidade de o controlador dos dados pessoais ser o empregador, e o operador de dados pessoais ser o empregado, sendo ambos responsáveis por danos causados à pessoa natural nos termos do art. 42 dessa Lei.

O empregado é pessoa natural. Por definição da LGPD, é considerado titular de dados pessoais, o que o torna sujeito de direitos e destinatário da proteção legal. Por sua vez, nos termos do art. 2º da Consolidação das Leis do Trabalho, empregador é a "[...] empresa, individual ou coletiva, que, assumindo os riscos da atividade econômica, admite, assalaria e dirige a prestação pessoal de serviço". Nesse sentido, há coincidência entre a regulação do tratamento de dados pessoais por pessoa natural, como também por pessoa jurídica de direito privado, com o fato de o empregador ser pessoa física ou jurídica. Considerando que a LGPD estende essa regulação às pessoas jurídicas de direito público, a União, os Estados, o Distrito Federal e os Municípios, assim como os entes da administração indireta, devem zelar pela proteção dos dados dos servidores e empregados públicos.

A LGPD, ao estabelecer o âmbito de aplicação ao tratamento de dados por qualquer meio, adequa-se ao tratamento realizado no âmbito das relações de trabalho presencial, no qual há o controle direto da atividade decorrente do poder diretivo do empregador como, por exemplo, para fins de controle da jornada de trabalho e armazenamento de dados em departamento de recursos humanos do empregador, assim como pelo teletrabalho, que consiste no exercício remoto da atividade laboral, facilitado pelo uso da Internet e exponencialmente ampliado por conta da pandemia de COVID-19. Por um lado, o empregador, enquanto agente de tratamento de dados, pretende a realização de mais intensa atividade de tratamento de dados pessoais para fins de direção da atividade laboral do empregado, este, por sua vez, fica mais suscetível a violações de seus direitos fundamentais, em especial, o direito à privacidade, além de danos à dignidade humana, como a exigência de permanência ininterrupta do empregado à frente do computador. Independentemente de ser empregador ou empregado, o uso intenso do teletrabalho, por meio de reuniões virtuais e mensagens transmitidas pela internet, resulta em significativa coleta de dados dos empregados.

Independentemente do teletrabalho, outro problema decorrente do tratamento de dados pessoais de empregados decorre do monitoramento de tudo o que é realizado, para fins de *compliance* com a Lei n. 12.846, de 1º de agosto de 2013, conhecida como Lei Anticorrupção. Nesse sentido, tem-se acesso irrestrito a dados dos empregados, o que pode resultar em violações dos seus direitos fundamentais.

Com efeito, a globalização da economia traz investidores estrangeiros para figurar como titulares de sociedades empresárias no Brasil, ou mediante atuação direta por meio de filiais, como se observa com a existência de empresas transnacionais. Embora, do ponto de vista do direito societário, possam ser consideradas empresas nacionais, é certo que essa qualificação é meramente formal, pois o controle está em sua sede central no país de origem. Dessa forma, é possível o tratamento no exterior de dados pessoais de empregados brasileiros. Assim, definiu-se a aplicação da LGPD para pessoas jurídicas sediadas no exterior que fazem tratamento de dados no Brasil, o que pode incluir aqueles referentes a empregados. Ainda que os dados pessoais sejam analisados, armazenados, descartados ou eliminados no exterior, a mera coleta desses dados pessoais no Brasil impõe a aplicação da LGPD na defesa dos empregados brasileiros, pelo fato de o empregado estar no território nacional. Embora seja menos comum, existem empresas transnacionais de origem brasileira. Mesmo que tenham empregados no exterior e, eventualmente, essas pessoas sejam protegidas pela legislação local, a realização de tratamento de dados no território brasileiro implica a aplicação da LGPD, exceto se, nos termos do § 2º, deste art. 3º, o país de proveniência proporcione um grau de proteção de dados pessoais adequado ao previsto nesta Lei.

> **Art. 4º Esta Lei não se aplica ao tratamento de dados pessoais:**
>
> **I – realizado por pessoa natural para fins exclusivamente particulares e não econômicos;**
>
> **II – realizado para fins exclusivamente:**
>
> **a) jornalísticos e artísticos; ou**
>
> **b) acadêmicos, aplicando-se a esta hipótese os arts. 7º e 11 desta Lei;**
>
> **III – realizado para fins exclusivos de:**
>
> **a) segurança pública;**
>
> **b) defesa nacional;**
>
> **c) segurança do Estado; ou**
>
> **d) atividades de investigação e repressão de infrações penais; ou**
>
> **IV – provenientes de fora do território nacional e que não sejam objeto de comunicação, uso compartilhado de dados com agentes de tratamento brasileiros ou objeto de transferência internacional de dados com outro país que não o de proveniência, desde que o país de proveniência proporcione grau de proteção de dados pessoais adequado ao previsto nesta Lei.**
>
> **§ 1º O tratamento de dados pessoais previsto no inciso III será regido por legislação específica, que deverá prever medidas proporcionais e estritamente necessárias ao atendimento do interesse público, observados o devido processo legal, os princípios gerais de proteção e os direitos do titular previstos nesta Lei.**
>
> **§ 2º É vedado o tratamento dos dados a que se refere o inciso III do caput deste artigo por pessoa de direito privado, exceto em procedimentos sob tutela de pessoa jurídica de direito público, que serão objeto de informe específico à autoridade nacional e que deverão observar a limitação imposta no § 4º deste artigo.**
>
> **§ 3º A autoridade nacional emitirá opiniões técnicas ou recomendações referentes às exceções previstas no inciso III do caput deste artigo e deverá solicitar aos responsáveis relatórios de impacto à proteção de dados pessoais.**

§ 4º Em nenhum caso a totalidade dos dados pessoais de banco de dados de que trata o inciso III do caput deste artigo poderá ser tratada por pessoa de direito privado, salvo por aquela que possua capital integralmente constituído pelo poder público.

Emanuele Pezati Franco de Moraes

O presente artigo trouxe as exceções da aplicabilidade da legislação de proteção de dados no Brasil. Do contexto da interpretação é possível perceber que o viés do legislador foi o de excetuar a aplicação da norma, em casos determinados, taxativamente, que versem sobre o tratamento de dados para fins não econômicos (inciso I), informativos (jornalísticos, artísticos e acadêmicos) (inciso II), de segurança pública, defesa nacional, segurança do Estado, ou investigações e repressão de infrações penais (inciso III), ou empresas brasileiras contratadas por empresas estrangeiras, quando os dados forem utilizados apenas no país de origem (inciso IV).

Nas relações de trabalho com vínculo, podemos incluir, na exceção do inciso I, uma relação de emprego doméstico, na qual o tomador não tem fins lucrativos. Estamos, portanto, diante de tratamentos realizados por pessoa natural e para fins exclusivamente particulares e não econômicos, nos termos do presente dispositivo.

Exemplificando, ainda dentro do inciso I, fora de uma relação de trabalho, seria o caso de um usuário de uma plataforma de redes sociais que posta em sua rede a imagem de outra pessoa, sem finalidade econômica; não será aplicada a LGPD, mas, sim, em caso de litígio, a regra geral do Código Civil.

Em relação à exceção do inciso II, esta é de extrema relevância, uma vez que o exercício da liberdade de imprensa, de expressão e de comunicação deve ser assegurado, tendo, inclusive, *status* constitucional, garantindo à imprensa um jornalismo livre, crítico e questionador. No mesmo sentido, quando os dados forem utilizados com fins acadêmicos, a pesquisa e a ciência devem ser enaltecidas, mas, sempre que possível, os dados devem ser anonimizados.

O inciso III dá início às exceções de tratamento de dados pelo Poder Público, em especial, quando trata-se de fins de segurança, defesa e investigação de natureza penal.

Por fim, o inciso IV garante o exercício do livre mercado, deixando que as empresas brasileiras tratem dados de pessoas estrangeiras, desde que não sejam utilizados no Brasil, mas somente no país da coleta, respeitada a legislação do país dos titulares. Contudo, o contrário não se aplica, pois será aplicada a LGPD se a coleta e os titulares estiverem localizados no Brasil e os dados forem enviados a empresas de outros países para o tratamento. Não se aplica a LGPD aos dados oriundos e destinados a outros países que apenas passem pelo território nacional, desde que o país de origem proporcione grau de proteção semelhante ao da LGPD.

Assim, o legislador deixa claro que o intuito da LGPD não seria o de travar a economia e as empresas, mas de organizar o fluxo de dados que tenham natureza econômica, servindo como uma espécie de freio e contrapeso aos abusos do *Big Data*, que se verificou na econômica globalizada. É neste momento que fica clara a exceção da aplicação da lei ao uso do tratamento de dados com fins não comerciais, científicos, artísticos, acadêmicos etc.

Art. 5º Para os fins desta Lei, considera-se:

I – dado pessoal: informação relacionada a pessoa natural identificada ou identificável;

II – dado pessoal sensível: dado pessoal sobre origem racial ou étnica, convicção religiosa, opinião política, filiação a sindicato ou a organização de caráter religioso, filosófico ou político, dado referente à saúde ou à vida sexual, dado genético ou biométrico, quando vinculado a uma pessoa natural;

III – dado anonimizado: dado relativo a titular que não possa ser identificado, considerando a utilização de meios técnicos razoáveis e disponíveis na ocasião de seu tratamento;

IV – banco de dados: conjunto estruturado de dados pessoais, estabelecido em um ou em vários locais, em suporte eletrônico ou físico;

V – titular: pessoa natural a quem se referem os dados pessoais que são objeto de tratamento;

VI – controlador: pessoa natural ou jurídica, de direito público ou privado, a quem competem as decisões referentes ao tratamento de dados pessoais;

VII – operador: pessoa natural ou jurídica, de direito público ou privado, que realiza o tratamento de dados pessoais em nome do controlador;

VIII – encarregado: pessoa indicada pelo controlador e operador para atuar como canal de comunicação entre o controlador, os titulares dos dados e a Autoridade Nacional de Proteção de Dados (ANPD);

IX – agentes de tratamento: o controlador e o operador;

X – tratamento: toda operação realizada com dados pessoais, como as que se referem a coleta, produção, recepção, classificação, utilização, acesso, reprodução, transmissão, distribuição, processamento, arquivamento, armazenamento, eliminação, avaliação ou controle da informação, modificação, comunicação, transferência, difusão ou extração;

XI – anonimização: utilização de meios técnicos razoáveis e disponíveis no momento do tratamento, por meio dos quais um dado perde a possibilidade de associação, direta ou indireta, a um indivíduo;

XII – consentimento: manifestação livre, informada e inequívoca pela qual o titular concorda com o tratamento de seus dados pessoais para uma finalidade determinada;

XIII – bloqueio: suspensão temporária de qualquer operação de tratamento, mediante guarda do dado pessoal ou do banco de dados;

XIV – eliminação: exclusão de dado ou de conjunto de dados armazenados em banco de dados, independentemente do procedimento empregado;

XV – transferência internacional de dados: transferência de dados pessoais para país estrangeiro ou organismo internacional do qual o país seja membro;

XVI – uso compartilhado de dados: comunicação, difusão, transferência internacional, interconexão de dados pessoais ou tratamento compartilhado de bancos de dados pessoais por órgãos e entidades públicos no cumprimento de suas competências legais, ou entre esses e entes privados, reciprocamente, com autorização específica, para uma ou mais modalidades de tratamento permitidas por esses entes públicos, ou entre entes privados;

XVII – relatório de impacto à proteção de dados pessoais: documentação do controlador que contém a descrição dos processos de tratamento de dados pessoais que podem gerar riscos às liberdades civis e aos direitos fundamentais, bem como medidas, salvaguardas e mecanismos de mitigação de risco;

XVIII – órgão de pesquisa: órgão ou entidade da administração pública direta ou indireta ou pessoa jurídica de direito privado sem fins lucrativos legalmente constituída sob as leis brasileiras, com sede e foro no País, que inclua em sua missão institucional ou em seu

objetivo social ou estatutário a pesquisa básica ou aplicada de caráter histórico, científico, tecnológico ou estatístico; e

XIX – autoridade nacional: órgão da administração pública responsável por zelar, implementar e fiscalizar o cumprimento desta Lei em todo o território nacional.

Selma Carloto

O dado pessoal é uma informação relacionada a pessoa natural identificada ou identificável.

Logo, a Lei Geral de Proteção de Dados não se aplica a dados de pessoas jurídicas de forma direta, nem a dados anonimizados.

As pessoas jurídicas sempre têm empregados e, em muitos casos, há contratação de trabalhadores como pessoas jurídicas, muitas vezes "mascarando verdadeiras relações de emprego", havendo necessidade de tratamento de dados pessoais dos seus sócios, representantes e empregados, independentemente de ser constatada fraude nas relações de emprego. Portanto, podemos dizer que a maioria (ou todas) das empresas trata dados pessoais.

São dados pessoais diretos, ou relacionados à pessoa natural identificada, o nome, o endereço, o RG, o CPF, o número de passaporte, o título de eleitor, o endereço, a profissão, o número de telefone, o estado civil, o *e-mail*, entre outros.

Dado pessoal sensível: dado pessoal sobre origem racial ou étnica, convicção religiosa, opinião política, filiação a sindicato ou a organização de caráter religioso, filosófico ou político, dado referente à saúde ou à vida sexual, dado genético ou biométrico, quando vinculado a uma pessoa natural.

Dado pessoal sensível é aquele que poderá gerar maior prejuízo ao titular, em decorrência de tratamentos indevidos, principalmente quando diante de relações de trabalho com vínculo (relações de emprego), já que estes são os dados de maior potencial discriminatório, como origem racial ou étnica, convicção religiosa, opinião política, filiação a sindicato, ou a organização de caráter religioso, filosófico, ou político e dado referente à saúde, ou à vida sexual.

Os dados genéticos e os biométricos também são dados pessoais sensíveis, ou categorias especiais de dados, sempre que vinculados a uma pessoa natural. Esses dados sensíveis identificam o indivíduo de forma inequívoca e trazem um risco muito alto ao titular dos dados, caso haja algum incidente durante o tratamento. Em princípio, não se deve tratar dados pessoais sensíveis, salvo nas hipóteses autorizadoras e que estão previstas no art. 11, da Lei Geral de Proteção de Dados.

Sempre que estivermos diante de uma relação laboral, no mínimo, iremos tratar obrigatoriamente dados atinentes à saúde.

Logo, sempre haverá tratamento de dados pessoais sensíveis em relações de emprego.

Dado anonimizado: dado relativo a titular que não possa ser identificado, considerando a utilização de meios técnicos razoáveis e disponíveis na ocasião de seu tratamento

Dado anonimizado é aquele dado relativo ao titular que não pode ser identificado, considerando a utilização de meios técnicos razoáveis e disponíveis no momento do tratamento.

A anonimização consiste em uma opção trazida pela própria lei e que afasta a incidência da legislação de proteção de dados; o dado deixa de ser dado pessoal. Se a empresa não precisar identificar os titulares dos dados pessoais, sempre que possível, minimizará riscos de incidentes de vazamento por falta de adequação à Lei Geral de Proteção de Dados e por outras desconformidades.

Um dado será anonimizado quando se perde a possibilidade da associação desse, seja de forma direta ou indireta, considerando-se a utilização de meios técnicos disponíveis e ao mesmo tempo razoáveis no momento do tratamento.

Ainda existem os dados pseudoanonimizados, nos quais a identificação dos titulares dependerá da utilização de informação adicional e mantida separadamente pelo controlador em um ambiente controlado e seguro.

Dado pessoal	Dado pessoal sensível	Dado anonimizado	Dado pseudonimizado
Quando a pessoa é direta ou indiretamente identificada: nome, RG, CPF, OAB, CRM, título de eleitor, número de passaporte, endereço, estado civil, telefone etc.	Origem racial ou étnica, convicção religiosa, opinião política, filiação a sindicato ou a organização de caráter religioso, filosófico ou político, dado referente à saúde ou à vida sexual e os dados genéticos ou biométricos, quando vinculado a uma pessoa natural	Quando se perde a possibilidade da associação, considerando-se a utilização de meios técnicos disponíveis e razoáveis, no momento do tratamento.	Identificação apenas com informação adicional e mantida separadamente pelo controlador (em ambiente controlado e seguro.)

Banco de dados: conjunto estruturado de dados pessoais, estabelecido em um ou em vários locais, em suporte eletrônico ou físico

Banco de dados, para fins da presente lei, consiste em um conjunto estruturado de dados pessoais, estabelecido em um ou em vários locais, podendo ser em suporte eletrônico ou físico. Tais bancos de dados têm a sua forma protegida pelo direito autoral, mas não o seu conteúdo.

Com a vigência da LGPD, os bancos de dados já existentes, também conhecidos como bases legadas, deverão ser revisados para adequação à legislação, sendo que o tratamento deverá ser realizado atendendo aos seus princípios. Assim, deverão ser eliminados todos os dados excessivos, para que sejam atendidos os fins dos tratamentos realizados que devem ser compatíveis com a finalidade informada ao titular.

Titular: pessoa natural a quem se referem os dados pessoais que são objeto de tratamento

Titular, nos termos da LGPD, é a pessoa natural a quem se referem os dados pessoais que são objeto de tratamento.

A LGPD tem por escopo a devolução dos dados para seus titulares, os quais são seus reais proprietários. Os titulares têm direitos sobre seus dados, devendo ter livre acesso, garantida a exatidão destes dados, além de segurança contra incidentes nos processamentos.

Muitas vezes temos proteção de dados na contratação de pessoas jurídicas, como, por exemplo, em uma relação de trabalho com um representante comercial como pessoa jurídica; não obstante a contratação seja com uma pessoa jurídica, indiretamente há dados pessoais dos representantes, ou sócios das empresas.

O Grupo de Trabalho do art. 29, no Parecer 4/2007, WP136, escrito na época da Diretiva 95/46/CE orienta, ao definir as pessoas naturais, que a proteção de dados se aplica apenas aos seres humanos e às pessoas vivas. Os dados pessoais dos mortos poderão, indiretamente, usufruir da proteção desde que que relacionados a pessoas vivas.

Controlador: pessoa natural ou jurídica, de direito público ou privado, a quem competem as decisões referentes ao tratamento de dados pessoais

Pessoa natural ou jurídica, de direito público ou privado, a quem competem as decisões referentes ao tratamento de dados pessoais. O controlador é um agente de tratamento a quem compete as decisões referentes ao tratamento de dados pessoais. Na legislação da União Europeia, o controlador se denomina contratante ou responsável pelo tratamento.

É tarefa imprescindível definir quem é o controlador e quem é operador. O Parecer 1/2010, sobre o conceito de responsável pelo tratamento, diferencia o controlador e o operador.

Operador: pessoa natural ou jurídica, de direito público ou privado, que realiza o tratamento de dados pessoais em nome do controlador

Operador: pessoa natural ou jurídica, de direito público ou privado, que realiza o tratamento de dados pessoais em nome do controlador. O operador, assim como o controlador, também poderá ser uma pessoa natural ou jurídica, de direito público ou privado, mas com uma diferença essencial, que o operador realiza o tratamento de dados pessoais em nome do controlador.

O operador tem, por dever, adotar medidas de segurança, técnicas e administrativas aptas a proteger os dados pessoais de acessos não autorizados, além de situações acidentais ou ilícitas de destruição, perda, alteração, comunicação ou qualquer forma de tratamento inadequado ou ilícito, como agente de tratamento, nos termos do art. 46, da Lei Geral de Proteção de Dados. A Autoridade Nacional de Proteção de Dados poderá dispor sobre padrões técnicos mínimos.

Encarregado: pessoa indicada pelo controlador e operador para atuar como canal de comunicação entre o controlador, os titulares dos dados e a Autoridade Nacional de Proteção de Dados (ANPD)

Encarregado: pessoa indicada pelo controlador e operador para atuar como canal de comunicação entre o controlador, os titulares dos dados e a Autoridade Nacional de Proteção de Dados (ANPD). O encarregado deve possuir domínio da legislação de proteção de dados e das práticas de tratamento de dados pessoais. Este poderá ser um colaborador da empresa ou mesmo um terceiro contratado. Com a alteração promovida pela Lei n. 13.853/2019 à legislação de proteção de dados, este poderá ser, inclusive, uma pessoa jurídica.

Entre as atividades do encarregado, nos termos do art. 41, incluem-se a de aceitar reclamações e comunicações dos titulares, prestar esclarecimentos e adotar providências; receber comunicações da autoridade nacional e adotar providências; orientar os funcionários e os contratados da entidade a respeito das práticas a serem tomadas em relação à proteção de dados pessoais, além de executar as demais atribuições determinadas pelo controlador, ou estabelecidas em normas complementares.

A Lei Geral de Proteção de Dados dispõe que o controlador deverá indicar um encarregado pelo tratamento dos dados.

Importante destacar que o rol do art. 41 não é taxativo, já que, nos termos da Lei Geral de Proteção de Dados, parágrafo 3º, do presente artigo, a Autoridade Nacional de Proteção de Dados poderá estabelecer normas complementares sobre a definição e as atribuições do encarregado, inclusive as hipóteses de dispensa da necessidade de sua indicação, conforme a natureza e o porte da entidade ou o volume de operações de tratamento de dados.

Agentes de tratamento: o controlador e o operador

Os agentes de tratamento são o controlador, que é o responsável e toma as decisões referentes ao tratamento de dados pessoais e o operador, que realiza o tratamento em nome do controlador. A legislação brasileira traz a responsabilidade solidária do operador e do controlador. Exemplo de operador, que é aquele que trata os dados por ordem do controlador, seria um serviço de nuvem ou um escritório de contabilidade.

Tratamento: toda operação realizada com dados pessoais, como as que se referem a coleta, produção, recepção, classificação, utilização, acesso, reprodução, transmissão, distribuição, processamento, arquivamento, armazenamento, eliminação, avaliação ou controle da informação, modificação, comunicação, transferência, difusão ou extração Tratamento é toda operação realizada com dados pessoais, como as que se referem a coleta, produção, recepção, classificação, utilização, acesso, reprodução, transmissão, distribuição, processamento, arquivamento, armazenamento, eliminação, avaliação ou controle da informação, modificação, comunicação, transferência, difusão ou extração.

O Tratamento dos dados pessoais e dos dados pessoais sensíveis fica sujeito às regras da Lei Geral de Proteção de Dados, e esse tratamento inclui toda operação ou atividade realizada com os dados pessoais das pessoas naturais, em todas as fases do ciclo de vida do tratamento de dados pessoais.

Anonimização: utilização de meios técnicos razoáveis e disponíveis no momento do tratamento, por meio dos quais um dado perde a possibilidade de associação, direta ou indireta, a um indivíduo

Consiste na utilização de meios técnicos razoáveis e disponíveis no momento do tratamento, por meio dos quais um dado perde a possibilidade de associação, direta ou indireta, a um indivíduo. Lembramos que o dado anonimizado, já tratado no item 3.3, neste capítulo, consiste naquele em que o titular não poderá ser identificado, considerando-se os meios técnicos razoáveis e disponíveis na ocasião do tratamento.

Consentimento: manifestação livre, informada e inequívoca pela qual o titular concorda com o tratamento de seus dados pessoais para uma finalidade determinada

Consentimento consiste na manifestação livre, informada e inequívoca pela qual o titular concorda com o tratamento de seus dados pessoais para uma finalidade determinada. O consentimento é a primeira hipótese de tratamento de dados pessoais, e de dados pessoais sensíveis, trazida pela Lei Geral de Proteção de Dados, que será demonstrada em capítulo próprio. Porém, destacamos que não deverá ser automaticamente a primeira escolha, principalmente em relações assimétricas como as de trabalho, e que deveremos sempre analisar as demais bases legais de tratamento e se esta não se inclui em uma dessas hipóteses.

Nas relações de trabalho com vínculo existe uma assimetria, ou desequilíbrio de poder, inerente às relações de emprego, sendo improvável que o consentimento tenha sido dado de livre vontade caso haja prejuízo para o titular, podendo a falta de consentimento significar a não contratação ou mesmo uma dispensa, e nessas situações não seria válido.

Um empregado não poderá, por exemplo, recusar dados necessários para o eSocial, logo o consentimento não será a base de tratamento nessa hipótese. Agora pensemos em uma ação comercial da empresa, em que o empregado poderá não consentir o tratamento, sem prejuízo aos seus direitos sociais, inclusive ao trabalho: nessa situação o consentimento será válido e poderá ser base legal de tratamento.

Bloqueio: suspensão temporária de qualquer operação de tratamento, mediante guarda do dado pessoal ou do banco de dados

O bloqueio consiste na suspensão temporária de uma operação de tratamento, mediante a guarda do dado pessoal, ou de um banco de dados.

Os titulares de dados pessoais têm direito de solicitar ao controlador, mediante requisição e a qualquer momento, o bloqueio ou a eliminação de dados que estão sendo processados ou tratados e são desnecessários, excessivos, ou tratados em desconformidade.

Assim, não havendo outro motivo de retenção para utilização do dado, como uma obrigação regulatória pelo controlador, os dados deverão ser bloqueados diante da requisição do titular.

Além disso, a Autoridade Nacional de Proteção de Dados poderá impor o bloqueio, como uma sanção, em razão das infrações previstas na LGPD, nos termos do artigo 52, V.

Eliminação: exclusão de dado ou de conjunto de dados armazenados em banco de dados, independentemente do procedimento empregado

A eliminação consiste na exclusão de dados ou de conjunto de dados armazenados em um banco de dados, independentemente do procedimento empregado. Existem algumas situações previstas na LGPD em que a eliminação pode ocorrer.

A primeira delas está relacionada com o direito do titular de requerer a eliminação de seus dados quando esses forem desnecessários, excessivos ou tratados em desconformidade com a LGPD.

A segunda possibilidade se dá quando ocorre o término do tratamento, conforme previsto no art. 16, da LGPD. Nesse caso, o controlador deverá eliminar os dados pessoais a não ser que existam hipóteses de retenção previstas em seus incisos. Além disso, é possível que a Autoridade Nacional de Proteção de Dados determine a eliminação dos dados pessoais, conforme previsão do art. 52, VI, da LGPD.

O conceito da eliminação, no entanto, tem seu significado indefinido em termos práticos, haja vista a existência de *backups* e outras medidas de segurança que impedem que ela ocorra. Autoridades sujeitas ao Regulamento Geral sobre a Proteção de Dados Pessoais da União Europeia têm flexibilizado o conceito, a exemplo das autoridades dinamarquesa e francesa(16).

Transferência internacional de dados: transferência de dados pessoais para país estrangeiro ou organismo internacional do qual o país seja membro

Com a desenfreada evolução da tecnologia eliminando fronteiras físicas, faz-se importante a regulação dessas transferências. A transferência de dados pessoais para país estrangeiro inclui a transferência de dados para operadores, como uma nuvem, no estrangeiro, ou mesmo um *e-mail* que hospede o conteúdo fora do território nacional, ou um *streaming* que utilize o operador no estrangeiro.

Nas relações de trabalho ainda é comum empresas que possuem matriz no exterior com filiais no Brasil, sendo os dados armazenados fora do país, na matriz.

---

(16) SLETNING af personoplysninger. *Datatilsynet*. Disponível em: <https://datatilsynet.dk/emner/persondatasikkerhed/sletning/>. Acesso em: 04 abr. 2021. BLOCKCHAIN. Solutions for a responsible use of the blockchain in the context of personal data. *Commission nationale de l'informatique et des libertés* (CNIL), sept. 2018. Disponível em: <https://www.cnil.fr/sites/default/files/atoms/files/blockchain_en.pdf>. Acesso em: 04 abr. 2021.

Uso compartilhado de dados

Traduz-se na comunicação, difusão, transferência internacional, interconexão de dados pessoais ou tratamento compartilhado de bancos de dados pessoais por órgãos e entidades públicos no cumprimento de suas competências legais, ou entre esses e entes privados, reciprocamente, com autorização específica, para uma ou mais modalidades de tratamento permitidas por esses entes públicos, ou entre entes privados.

O compartilhamento de dados pessoais é um tratamento de dados, devendo atender-se a todos os princípios da Lei Geral de Proteção de Dados, nos termos do art.6º, da LGPD, incluindo a boa-fé e a escolha da base legal, que se for consentimento, vai demandar termo de consentimento inequívoco.

Se o agente de tratamento, controlador ou operador, estiver tratando dados e precisar compartilhá-los, será um novo tratamento e precisará encontrar e enquadrar a nova base legal, além de verificar se estão sendo atendidos todos os princípios da LGPD.

Relatório de impacto à proteção de dados pessoais: documentação do controlador que contém a descrição dos processos de tratamento de dados pessoais que podem gerar riscos às liberdades civis e aos direitos fundamentais, bem como medidas, salvaguardas e mecanismos de mitigação de risco

O relatório de impacto à proteção de dados (RIPD) é um documento importante do controlador, cujo objetivo principal é minimizar os riscos de lesão aos direitos fundamentais dos titulares, sempre que identificados ou identificáveis.

O art. 5º, inciso XVII, que traz os conceitos básicos da LGPD, dispõe que o relatório de impacto à proteção de dados pessoais é uma documentação do controlador, a qual contém a descrição dos processos de tratamento de dados pessoais que possam gerar riscos aos direitos fundamentais dos titulares, além das medidas e salvaguardas a serem utilizadas para a mitigação de risco.

O RIPD poderá ser elaborado por uma pessoa indicada dentro da equipe envolvida e que irá conduzir a elaboração do RIPD. Essa pessoa deverá possuir conhecimento técnico para a realização dessa atribuição, contando com o apoio dos demais envolvidos do comitê, ou equipe eleita para a elaborá-lo, devendo contar com o auxílio do encarregado de proteção de dados ou DPO, o qual será o responsável pela aprovação e definirá as diretrizes e modelo para a elaboração do RIPD.

Órgão de pesquisa: órgão ou entidade da administração pública direta ou indireta ou pessoa jurídica de direito privado sem fins lucrativos legalmente constituída sob as leis brasileiras, com sede e foro no País, que inclua em sua missão institucional ou em seu objetivo social ou estatutário a pesquisa básica ou aplicada de caráter histórico, científico, tecnológico ou estatístico;

A LGPD traz a possibilidade de tratamento por órgãos de pesquisa, no art. 7; inciso IV, para dados pessoais e no art. 11, inciso II, letra "c", para dados pessoais sensíveis, sem consentimento. Logo, faz-se necessário conceituar órgão de pesquisa.

A LGPD também preconiza que, sempre que possível, será garantida a anonimização dos dados pessoais. Ao dispor sobre estudos de saúde pública, o art. 13, "§ 2º, dispõe: "o órgão de pesquisa será o responsável pela segurança da informação prevista no *caput* deste artigo, não permitida, em circunstância alguma, a transferência dos dados a terceiro" e no parágrafo 13 que: "§ 3º O acesso aos dados de que trata este artigo será objeto de regulamentação por parte da autoridade nacional e das autoridades da área de saúde e sanitárias, no âmbito de suas competências".

Importante destacar que a LGPD traz como condição que este órgão de pesquisa seja constituído sem fins lucrativos, ademais de ser órgão ou entidade da administração pública direta ou indireta ou pessoa jurídica de direito privado. Uma fundação ou uma associação, formada pela união de pessoas, organizada sem fins econômicos, nos termos do Código Civil, estariam dentro do conceito da LGPD. Se for garantida a anonimização deixaremos de ter dado pessoais.

Autoridade nacional: órgão da administração pública responsável por zelar, implementar e fiscalizar o cumprimento desta Lei em todo o território nacional

A Autoridade Nacional de Proteção de Dados (ANPD), incialmente vetada pelo presidente da república quando promulgada a LGPD, foi criada pela Lei 13.853/2019, como órgão da administração federal, integrante da presidência da república e sem aumento de despesa.

A ANPD é composta pelo Conselho Diretor, órgão máximo de direção, pelo Conselho Nacional de Proteção de Dados Pessoais e da Privacidade, pela Corregedoria, pela Ouvidoria, pelo órgão de assessoramento jurídico próprio e, por fim, pelas unidades administrativas e especializadas necessárias à aplicação do disposto na presente Lei. A ANPD possui autonomia técnica e decisória.

A ANPD tem várias atribuições, para além da aplicação de sanções administrativas e de solicitar o RIPD (Relatório de Impacto à Proteção de Dados), principalmente de regular vários institutos, como as hipóteses de dispensa do encarregado de proteção de dados ou DPO, prazo para comunicação de incidentes, editar normas, orientações e procedimentos simplificados e diferenciados, inclusive quanto aos prazos, para as microempresas e empresas de pequeno porte, bem como iniciativas empresariais de caráter incremental ou disruptivo, para que as empresas que se autodeclarem *startups* ou empresas de inovação consigam se adequar à presente legislação, entre outras importantes atribuições e que veremos no art. 55 e suas letras e incisos da presente lei.

Art. 6º As atividades de tratamento de dados pessoais deverão observar a boa-fé e os seguintes princípios:

I – finalidade: realização do tratamento para propósitos legítimos, específicos, explícitos e informados ao titular, sem possibilidade de tratamento posterior de forma incompatível com essas finalidades;

II – adequação: compatibilidade do tratamento com as finalidades informadas ao titular, de acordo com o contexto do tratamento;

III – necessidade: limitação do tratamento ao mínimo necessário para a realização de suas finalidades, com abrangência dos dados pertinentes, proporcionais e não excessivos em relação às finalidades do tratamento de dados;

IV – livre acesso: garantia, aos titulares, de consulta facilitada e gratuita sobre a forma e a duração do tratamento, bem como sobre a integralidade de seus dados pessoais;

V – qualidade dos dados: garantia, aos titulares, de exatidão, clareza, relevância e atualização dos dados, de acordo com a necessidade e para o cumprimento da finalidade de seu tratamento;

VI – transparência: garantia, aos titulares, de informações claras, precisas e facilmente acessíveis sobre a realização do tratamento e os

respectivos agentes de tratamento, observados os segredos comercial e industrial;

VII – segurança: utilização de medidas técnicas e administrativas aptas a proteger os dados pessoais de acessos não autorizados e de situações acidentais ou ilícitas de destruição, perda, alteração, comunicação ou difusão;

VIII – prevenção: adoção de medidas para prevenir a ocorrência de danos em virtude do tratamento de dados pessoais;

IX – não discriminação: impossibilidade de realização do tratamento para fins discriminatórios ilícitos ou abusivos;

X – responsabilização e prestação de contas: demonstração, pelo agente, da adoção de medidas eficazes e capazes de comprovar a observância e o cumprimento das normas de proteção de dados pessoais e, inclusive, da eficácia dessas medidas.

As atividades de tratamento de dados pessoais deverão observar a boa-fé e os seguintes princípios.

Selma Carloto

As empresas deverão informar aos empregados os tratamentos que aplicarão aos seus dados, assegurando sempre a transparência em todos os tratamentos, observando a boa-fé e de acordo com a finalidade, como princípios da Lei Geral de Proteção de Dados, já que todos os tratamentos realizados deverão estar embasados nesses princípios, além de serem informados aos seus titulares e a cada nova finalidade.

O primeiro trinômio é a finalidade, a adequação e a necessidade, mas ainda devemos somar a estes os outros sete princípios, previstos no art. 6º, da LGPD. A empresa deverá assegurar simultaneamente, independente da base legal de tratamento escolhida, os dez princípios: finalidade, adequação, necessidade, livre acesso, qualidade de dados, transparência, segurança, prevenção, não discriminação, responsabilidade e prestação de contas.

Finalidade: realização do tratamento para propósitos legítimos, específicos, explícitos e informados ao titular, sem possibilidade de tratamento posterior de forma incompatível com essas finalidades

Se a empresa coletar dados para uma finalidade específica e os utilizar posteriormente, para uma nova finalidade, sem comunicar o titular, estará em desconformidade com a LGPD. Os dados coletados para finalidades determinadas, explícitas e ao mesmo tempo legítimas, não poderão ser posteriormente tratados de forma incompatível com a finalidade anteriormente informada.

Os dados sempre deverão ser conservados durante o período necessário para as finalidades informadas. Em suma, seja um tratamento com base no consentimento, com base no legítimo interesse, na execução de um contrato, ou em outra base legal, caso o responsável pelo tratamento precise desses dados para um novo tratamento, será considerada uma nova finalidade e esta deverá ser comunicada ao titular. Não existe a frase " o banco de dados é meu e posso fazer o que quero com ele", até porque os dados pertencem aos titulares e não aos agentes de tratamento.

Exemplo: se a empresa utiliza dados para o eSocial, que é uma obrigação legal ou regulatória e precisar fazer uma ação comercial com dados de seus empregados, esta ação será um novo fluxo e deverá ser informada ao titular. Ainda, no primeiro fluxo houve necessidade da informação, mas não de um termo de consentimento, já que o tratamento teve por base a obrigação legal ou regulatória, mas este segundo e novo tratamento (ação comercial) precisará de um termo de consentimento.

Adequação: compatibilidade do tratamento com as finalidades informadas ao titular, de acordo com o contexto do tratamento.

Este princípio consiste na compatibilidade entre o tratamento e a finalidade informada pelo titular. Assim, os dados deverão ser tratados de acordo com a finalidade informada ao titular, ou estaremos diante de uma ofensa ao princípio da adequação.

Necessidade: limitação do tratamento ao mínimo necessário para a realização de suas finalidades, com abrangência dos dados pertinentes, proporcionais e não excessivos em relação às finalidades do tratamento de dados.

Outra problemática está em que os tratamentos deverão ser necessários para cada finalidade e assim justificados, não podendo ser tratados dados desnecessários, que possam gerar riscos de lesão aos direitos fundamentais dos titulares. Não será permitida a coleta desnecessária e excessiva de dados para uma finalidade específica.

As empresas deverão sempre minimizar e tratar dados apenas quando necessário, o que garante a adequação ao princípio da necessidade e, ao mesmo tempo, que a empresa não precisará tratar desnecessariamente os dados, o que poderia gerar exposição e risco desnecessário de uma falha ou incidente de segurança.

Devemos ter cuidados com incidentes em meios físicos e digitais. Se os currículos ou outros documentos físicos forem parar em mãos erradas, teremos um vazamento de dados da mesma forma, sendo o princípio da segurança indispensável, como os demais, e podendo haver sanções e indenizações por falta desse.

Livre acesso: garantia, aos titulares, de consulta facilitada e gratuita sobre a forma e a duração do tratamento, bem como sobre a integralidade de seus dados pessoais

O titular terá o direito de solicitar a confirmação da existência de tratamento, bem como de acesso aos seus dados pessoais. Com a LGPD os dados foram devolvidos aos seus titulares e, em virtude disso, o livre acesso ao dono dos dados pessoais, ou dos dados pessoais sensíveis, é um princípio da LGPD.

Qualidade dos dados: garantia, aos titulares, de exatidão, clareza, relevância e atualização dos dados, de acordo com a necessidade e para o cumprimento da finalidade de seu tratamento

O titular terá o direito de solicitar a correção, a exatidão e a clareza de seus dados.

Os dados deverão ser exatos e atualizados, sempre que necessário. Deverá garantir-se a exatidão,a relevância, a clareza e a atualização dos dados dos titulares de acordo com a finalidade do tratamento.

Deverão ser adotadas todas as medidas adequadas para corrigir os dados inexatos, devendo ser apagados ou retificados sem demora. Os dados são dos titulares, pessoas naturais, logo a empresa tem de garantir-lhes exatidão e correção no tratamento dessas informações, pelos quais é responsável, mas não lhe pertencem.

Transparência: garantia, aos titulares, de informações claras, precisas e facilmente acessíveis sobre a realização do tratamento e os respectivos agentes de tratamento, observados os segredos comercial e industrial

Deverá haver um tratamento lícito e com transparência em relação aos dados dos titulares. A empresa deverá comunicar todos os tratamentos e para cada finalidade aos titulares de dados, seja por um aviso de privacidade ou uma política de privacidade, como cláusula em contrato, mas é indispensável haver essa informação aos titulares dos dados pessoais.

Segurança: utilização de medidas técnicas e administrativas aptas a proteger os dados pessoais de acessos não autorizados e de situações acidentais ou ilícitas de destruição, perda, alteração, comunicação ou difusão

A segurança da informação deverá ser assegurada desde a coleta. Importante destacar que o tratamento dos dados pessoais não poderá ser excessivo; devemos sempre minimizá-lo de acordo com a finalidade informada. Assim, a utilização de uma base legal adequada não significa que o responsável pelo tratamento dos dados possa tratar dados excessivos, à revelia dos princípios da LGPD. Os princípios deverão se somar, independentemente da base legal de tratamento.

Destacamos que é indispensável o tratamento de uma forma que garanta a sua segurança, incluindo a proteção contra o seu tratamento não autorizado, ou ilícito, e contra a sua perda, destruição ou danificação acidental, sendo adotadas as medidas técnicas ou organizativas adequadas.

A segurança da informação deverá se dar em meios não apenas digitais, mas também em meios físicos. Inclusive, os dados somente poderão ser tratados por aqueles que tenham legitimidade para o tratamento proposto.

Prevenção: adoção de medidas para prevenir a ocorrência de danos em virtude do tratamento de dados pessoais

O princípio da prevenção está diretamente relacionado com os deveres de segurança dos agentes de tratamento. Trata-se, portanto, do incentivo à efetivação de medidas preventivas que evitem uma violação da LGPD.

Assim, a empresa deverá adotar sempre medidas preventivas para coibir lesão à privacidade e liberdades fundamentais dos titulares, incluindo os trabalhadores, tais como medidas de segurança, a exemplo de criptografia, níveis de acesso diferentes, autenticação em dois fatores, *backups* externos, entre outras.

Não discriminação: impossibilidade de realização do tratamento para fins discriminatórios ilícitos ou abusivos

O princípio da não discriminação consiste na proibição de tratamentos discriminatórios em prejuízo do titular. Não ofendem a LGPD os tratamentos embasados em ações afirmativas, ou discriminação positiva, para proteção do titular dos dados pessoais.

Não se trata necessariamente do tratamento de dados pessoais sensíveis, mas de qualquer dado ou conjunto de dados que tenham potencial discriminatório de forma ilícita ou abusiva. Esse princípio é basilar e se destaca no *compliance* trabalhista.

Responsabilização e prestação de contas: demonstração, pelo agente, da adoção de medidas eficazes e capazes de comprovar a observância e o cumprimento das normas de proteção de dados pessoais e, inclusive, da eficácia dessas medidas

É obrigação dos agentes de tratamento cumprirem a lei, adotando medidas para demonstrar o efetivo cumprimento da lei. Esse princípio traz a obrigação dos responsáveis pelo tratamento por prestar contas, bem como pelo RIPD (Relatório de Impacto à Proteção de Dados) sempre que houver risco no tratamento. As empresas deverão frequentemente minimizar e avaliar os riscos.

CAPÍTULO II

DO TRATAMENTO DE DADOS PESSOAIS

Seção I

Dos Requisitos para o Tratamento de Dados Pessoais

Art. 7º O tratamento de dados pessoais somente poderá ser realizado nas seguintes hipóteses:

I – mediante o fornecimento de consentimento pelo titular;

II – para o cumprimento de obrigação legal ou regulatória pelo controlador;

III – pela administração pública, para o tratamento e uso compartilhado de dados necessários à execução de políticas públicas previstas em leis e regulamentos ou respaldadas em contratos, convênios ou instrumentos congêneres, observadas as disposições do Capítulo IV desta Lei;

IV – para a realização de estudos por órgão de pesquisa, garantida, sempre que possível, a anonimização dos dados pessoais;

V – quando necessário para a execução de contrato ou de procedimentos preliminares relacionados a contrato do qual seja parte o titular, a pedido do titular dos dados;

VI – para o exercício regular de direitos em processo judicial, administrativo ou arbitral, esse último nos termos da Lei n. 9.307, de 23 de setembro de 1996 (Lei de Arbitragem;

VII – para a proteção da vida ou da incolumidade física do titular ou de terceiro;

VIII – para a tutela da saúde, exclusivamente, em procedimento realizado por profissionais de saúde, serviços de saúde ou autoridade sanitária;

IX – quando necessário para atender aos interesses legítimos do controlador ou de terceiro, exceto no caso de prevalecerem direitos e liberdades fundamentais do titular que exijam a proteção dos dados pessoais; ou

X – para a proteção do crédito, inclusive quanto ao disposto na legislação pertinente.

§ 1º (Revogado)

§ 2º (Revogado)

§ 3º O tratamento de dados pessoais cujo acesso é público deve considerar a finalidade, a boa-fé e o interesse público que justificaram sua disponibilização.

§ 4º É dispensada a exigência do consentimento previsto no caput deste artigo para os dados tornados manifestamente públicos pelo titular, resguardados os direitos do titular e os princípios previstos nesta Lei.

§ 5º O controlador que obteve o consentimento referido no inciso I do caput deste artigo que necessitar comunicar ou compartilhar dados pessoais com outros controladores deverá obter consentimento específico do titular para esse fim, ressalvadas as hipóteses de dispensa do consentimento previstas nesta Lei.

§ 6º A eventual dispensa da exigência do consentimento não desobriga os agentes de tratamento das demais obrigações previstas nesta Lei, especialmente da observância dos princípios gerais e da garantia dos direitos do titular.

§ 7º O tratamento posterior dos dados pessoais a que se referem os §§ 3º e 4º deste artigo poderá ser realizado para novas finalidades, desde que observados os propósitos legítimos e específicos para o novo tratamento e a preservação dos direitos do titular, assim como os fundamentos e os princípios previstos nesta Lei.

O tratamento de dados pessoais somente poderá ser realizado nas seguintes hipóteses:

Mediante o fornecimento de consentimento pelo titular;

A primeira hipótese de tratamento de dados pessoais, nos termos da Lei Geral de Proteção de Dados, é o consentimento. No entanto, esse não deverá ser priorizado nas relações laborais, já que existe uma assimetria e desequilíbrio de poder próprio desse tipo de relação. Em virtude da dependência que resulta da relação de emprego, é improvável que o titular dos dados possa recusar ao seu empregador o consentimento no tratamento dos dados nas relações laborais sem que haja medo ou mesmo risco real de consequências negativas decorrentes da recusa. Já existem pareceres nesse sentido do grupo de trabalho do art. 29, criado pela Diretiva 95/46, da União Europeia.

Seria o caso de um termo de consentimento para utilização de dados de empregados para uma ação comercial, de *marketing*, uma revista, o envio de um bolo ou presente de aniversário. Os responsáveis pelo tratamento deverão certificar-se de que estão utilizando uma linguagem clara e informal em todos os casos. A mensagem deverá ser de fácil compreensão para uma pessoa comum.

Para o cumprimento de obrigação legal ou regulatória pelo controlador

A segunda base legal de tratamento da Lei Geral de Proteção de Dados é a obrigação Legal ou regulatória do controlador, que se aplica tanto para dados pessoais, como para dados pessoais sensíveis, como exceção ao consentimento.

A hipótese ou base legal mais utilizada e comum, nas relações de emprego, na prática, em decorrência de ser um ramo do direito com muita regulação, é a obrigação legal ou regulatória.

Seria o caso do eSocial, que tem como fundamento a obrigação legal ou regulatória e que não poderia justificar-se no consentimento, já que o titular não tem a opção de escolha se dará o consentimento ou não e deverá fornecer obrigatoriamente seus dados. Claro que sempre deverá ser informada a finalidade e existência do tratamento, além de haver garantia de segurança da informação no tratamento dos dados, independente da base legal.

Pela administração pública, para o tratamento e uso compartilhado de dados necessários à execução de políticas públicas previstas em leis e regulamentos ou respaldadas em contratos, convênios ou instrumentos congêneres, observadas as disposições do Capítulo IV desta Lei

Trata de atividades realizadas por entes da administração pública no atendimento de demandas da sociedade em geral. Como exemplo, podemos citar uma política pública para combate à Covid-19.

Para a realização de estudos por órgão de pesquisa, garantida, sempre que possível, a anonimização dos dados pessoais

Quando realizados estudos por órgãos de pesquisa há indicação, sempre que possível, da anonimização desses dados, os quais poderão ser dados pessoais, ou dados pessoais sensíveis. Havendo a anonimização, os dados saem do escopo da LGPD.

Quando necessário para a execução de contrato ou de procedimentos preliminares relacionados a contrato do qual seja parte o titular, a pedido do titular dos dados

A execução de um contrato também é uma base legal de tratamento de dados pessoais sempre que o processamento seja realmente indispensável para a execução de um contrato e não imposto unilateralmente pelo empregador.

Devemos determinar se a justificativa exata do contrato ou sua essência são um objetivo fundamental, desde a avaliação, e verificar se o processamento dos dados é indispensável para a execução do contrato.

O tratamento de informações de dados de salário e da conta bancária dos empregados para pagamento estão dentro dessa base legal. Um currículo poderá ser um procedimento preliminar para a execução do contrato e a pedido do titular.

Destacamos que sempre, mesmo não sendo hipótese de consentimento, a empresa deverá informar a finalidade da coleta em seu contrato de trabalho, o que poderá constar em um anexo ao contrato ou em um aditivo contratual.

A solicitação do tratamento de um currículo será um procedimento preliminar a pedido do titular dos dados, mas destacamos que o controlador deverá ter cuidado para apenas tratar dados necessários para aptidão da vaga e que os dados desnecessários oferecem ainda o risco maior, já que ofendem o princípio da necessidade, e a empresa deverá ter cuidados aumentados em questões de segurança da informação por tratar um volume maior e desnecessário de dados. Outra questão é que não poderão ser tratados dados sensíveis em procedimentos preliminares para a execução do contrato, ainda que a pedido do titular, em decorrência do omissão do art. 11.

Para o exercício regular de direitos em processo judicial, administrativo ou arbitral, esse último nos termos da Lei n. 9.307, de 23 de setembro de 1996 (Lei de Arbitragem)

Sempre que estivermos diante de dados pessoais, que poderão ser necessários para demandas em geral nas relações de emprego, esses poderão ser armazenados, utilizando-se como parâmetro os prazos prescricionais, nos termos do art. 7º, inciso XXIX da Constituição Federal de 1988, sendo esses de cinco anos, limitados a dois anos após a extinção do contrato de trabalho.

Havendo demanda judicial, esses poderão ser armazenados durante todo o período do processo. Outra observação é que existem doenças que poderão ser detectadas após anos de extinção do contrato de trabalho e, nesse caso, a prescrição só correrá a partir da ciência da lesão, quando nasce a pretensão.

Para a proteção da vida ou da incolumidade física do titular ou de terceiro

Aqui, estamos falando de situações que coloquem em exposição a saúde ou incolumidade física do titular, ou de um terceiro, sendo fundamento importante nas relações de trabalho, na qual existe o dever constitucional de proteger os trabalhadores por meio de medidas de higiene, saúde e segurança do trabalho, e se o tratamento for indispensável para esta proteção deveremos considerá-lo. Essa opção também é base legal para tratamento de dados sensíveis, nos termos do art. 11 da LGPD e que é mais utilizada na prática.

Um exemplo seria um acidente com desaparecidos, como ocorreu em Brumadinho[17], no qual não haverá a possibilidade de coletar-se o consentimento e já que o objetivo será a proteção à vida do titular de dados.

Também seria o caso de um empregado que trabalha em local de risco, e a empresa trata os dados da geolocalização, enviando sinais de alerta, sempre que esse se aproxime da zona de risco.

Para a tutela da saúde, exclusivamente, em procedimento realizado por profissionais de saúde, serviços de saúde ou autoridade sanitária

---

(17) BRUMADINHO pode ser maior acidente de trabalho do Brasil. *G1*, 29 jan. 2019. Disponível em: <https://g1.globo.com/mg/minas-gerais/noticia/2019/01/29/brumadinho-pode-ser-maior-acidente-de-trabalho-do-brasil.ghtml>. Acesso em: 12 abr. 2021.

Esse dispositivo é designado aos tratamentos por profissionais de saúde, serviços de saúde, ou autoridades sanitárias, como a ANVISA, FIOCRUZ, desde que com o objetivo específico de tutela da saúde.

Quando necessário para atender aos interesses legítimos do controlador, ou terceiro, exceto no caso de prevalecerem direitos e liberdades fundamentais do titular que exijam a proteção dos dados pessoais

O legítimo interesse é base legal para tratamento de dados pessoais que não se repete para dados pessoais sensíveis. É um tratamento sempre adicional, com base em uma relação pré-existente.

Nos tratamentos com base no legítimo interesse, devemos fazer um teste de ponderação e avaliar se não existe outro meio menos invasivo aos direitos fundamentais do titular para realizar o tratamento. Deverão ser avaliados os benefícios para o responsável pelo tratamento e os prejuízos para o titular.

O tratamento pode ter por base o legítimo interesse do controlador, que é o empregador, em regra, quando se trata de relações de trabalho, nos termos do art. 7º, inciso IX, mas esse não poderá ser uma "porta aberta".

Para a proteção do crédito, inclusive quanto ao disposto na legislação pertinente

Essa hipótese, como a lei dispõe, é para a proteção ao crédito e nos termos da legislação pertinente. Logo, não deverão ser feitas tais pesquisas na contratação, ou em um processo seletivo para vaga de emprego, ou seriam discriminatórias, além de que não estariam amparadas por esse dispositivo e que ofenderiam o art. 6, inciso IX, da LGPD e a própria Constituição Federal.

O tratamento de dados pessoais, cujo acesso é público, deve considerar a finalidade, a boa-fé e o interesse público que justificaram sua disponibilização

Existe um engano ao pensar que, por serem os dados públicos, já poderão ser tratados. É condicionante, ainda que de acesso público, serem observadas a finalidade, a boa-fé e o interesse público que justificaram a sua disponibilização.

Se, por exemplo, os dados foram disponibilizados no Linkedin, para fins profissionais, não é correto esses serem coletados e tratados para outros fins. Por exemplo, desrespeitaria a LGPD coletar dados de Linkedin para ações comerciais, ou campanhas de *marketing*, já que o fim é profissional, como conseguir novas parcerias, contatos profissionais, ou emprego.

É dispensada a exigência do consentimento previsto no ***caput*** **desse artigo para os dados tornados manifestamente públicos pelo titular, resguardados os direitos do titular e os princípios previstos nesta Lei**

Esse dispositivo reforça que, se observada a finalidade da disponibilização, a boa-fé e o interesse público, já de acesso público, esse tratamento dispensa o consentimento.

O controlador que obteve o consentimento referido no inciso I do *caput* desse artigo, que necessitar comunicar, ou compartilhar dados pessoais com outros controladores, deverá obter consentimento específico do titular para esse fim, ressalvadas as hipóteses de dispensa do consentimento previstas nessa Lei

Lembremos que cada finalidade será um novo tratamento e que o consentimento deverá ser granular. Logo, identificada uma nova finalidade, teremos um novo tratamento e se o compartilhamento se enquadrar na base legal do consentimento, o termo de consentimento deverá ser coletado, independente do tratamento anterior ser com base nessa ou em outra base legal, nos termos dos art. 7º, para dados pessoais, e art. 11, para dados sensíveis.

A eventual dispensa da exigência do consentimento não desobriga os agentes de tratamento das demais obrigações previstas nessa Lei, especialmente da observância dos princípios gerais e da garantia dos direitos do titular

Como já destacado anteriormente ao abordar o art. 6º, que nos traz os princípios que deveremos observar nos tratamentos de dados, independentemente da base legal de tratamento, os princípios da LGPD deverão ser sempre observados.

O tratamento posterior dos dados pessoais a que se referem os §§ 3º e 4º, desse artigo, poderá ser realizado para novas finalidades, desde que observados os propósitos legítimos e específicos para o

novo tratamento e a preservação dos direitos do titular, assim como os fundamentos e os princípios previstos nessa Lei.

Quando houver um tratamento posterior dos dados pessoais de acesso público, nos termos dos parágrafos 3º e 4º do presente artigo, deverão sempre ser observados os propósitos legítimos e específicos para esse novo tratamento, além da preservação dos direitos do titular, assim como os fundamentos legais e os princípios previstos na LGPD.

O legítimo interesse é também uma importante base legal de tratamento, à qual podemos recorrer, mas não pode ser uma porta aberta para todas as hipóteses não identificadas como exceção ao consentimento. Envolve tratamentos adicionais com relação preexistente ou uma situação concreta, como uma relação de emprego.

Legítimo interesse	Consentimento
Devemos fazer um **teste de ponderação** para **avaliar a necessidade e a proporcionalidade**: *legitimate interest assessement* (este documento deverá ser guardado pelo controlador).	**Não deve ser priorizado**, nas relações de trabalho, em virtude do desequilíbrio de poder, a relação assimétrica. **Deve ser inequívoco, livre e informado.**
Quando o tratamento for baseado no legítimo interesse do controlador, somente poderão ser tratados os dados pessoais estritamente **necessários** para a finalidade pretendida e poderão ser tratados.	O responsável deverá demonstrar que o titular pode recusar consentimento sem ter qualquer prejuízo (orientação de diversos pareceres da UE).
Alguns exemplos: Monitoramento de redes sociais profissionais quando existe cláusula de não concorrência. Biometria de empregados para controlar acesso a um laboratório com vírus perigosos.	**Alguns exemplos**: A empresa convida os empregados para uma edição da revista da empresa; quem não quiser participar não sofrerá qualquer prejuízo aos seus direitos sociais. A empresa quer enviar um bolo de aniversário, o empregado pode recusar o consentimento.

Portaria de edifícios (para segurança): na União Europeia se utiliza legítimo interesse; aqui também utilizamos proteção à vida e à integridade física do titular ou terceiro.	A empresa quer fazer uma ação comercial, o empregado pode ou não participar e não sofrerá prejuízo. Nos exemplos acima o consentimento será válido e poderá ser utilizado como base legal de tratamento.
Art. 7 º, inciso IX	Art. 7 º, inciso I e art. 11, inciso I
Observações: O art. 10, inciso II, dentro de seu rol exemplificativo, traz que o legítimo interesse do controlador **somente poderá fundamentar tratamento de dados pessoais para finalidades legítimas,** como proteção, em relação ao titular, do exercício regular de seus direitos ou prestação de serviços que o beneficiem, respeitadas as legítimas expectativas dele e dos direitos e das liberdades fundamentais, nos termos dessa Lei. O parecer 06/2014 trata sobre o conceito de interesses legítimos do responsável pelo tratamento dos dados na acepção inicialmente do art. 7º da Diretiva 95/46/CE- (A GDPR revogou a Diretiva, que não se aplicava automaticamente), mas traz as mesmas bases de tratamento da Diretiva e o CEPD absorveu as *guidelines* e pareceres do GT29. O Legítimo interesse na GDPR está no art. 6 º, letra f.	Observações: A *guideline* atual do consentimento é a 05/2020 do Comitê Europeu de Proteção de Dados (já antes atualizada pelo Grupo de Trabalho do art. 29 durante a *vacatio legis* do Regulamento da União Europeia 2016/679, WP 259- Rev. 01, em 10.04.2018). O GT 29 o CEPD ainda priorizam o legítimo interesse ao consentimento nas relações de emprego. A maioria dos tratamentos nas relações de trabalho é com base na obrigação legal ou regulatória, execução do contrato ou proteção à vida e integridade física do titular ou terceiro.

	"O consentimento como justificação legítima para o tratamento é problemático num contexto laboral. No seu parecer sobre o tratamento de dados pessoais no contexto laboral, o grupo de trabalho escreveu o seguinte: "quando se pedir a um trabalhador o seu consentimento e ele for potencial ou efetivamente penalizado se o recusar, o consentimento não é válido nos termos do art. 7º ou do art. 8º, uma vez que não é dado livremente. Se o trabalhador não tiver a possibilidade de o recusar, não existe consentimento.[...] Uma situação problemática é aquela em que o consentimento é uma condição para o recrutamento. O trabalhador pode, em teoria, recusar dar o seu consentimento, mas a consequência pode ser a perda de uma oportunidade de emprego. Nessas circunstâncias, o consentimento não é dado livremente, pelo que não é válido". Parecer 13/2011

Art. 8º O consentimento previsto no inciso I do art. 7º desta Lei deverá ser fornecido por escrito ou por outro meio que demonstre a manifestação de vontade do titular.

§ 1º Caso o consentimento seja fornecido por escrito, esse deverá constar de cláusula destacada das demais cláusulas contratuais.

§ 2º Cabe ao controlador o ônus da prova de que o consentimento foi obtido em conformidade com o disposto nesta Lei.

§ 3º É vedado o tratamento de dados pessoais mediante vício de consentimento.

§ 4º O consentimento deverá referir-se a finalidades determinadas, e as autorizações genéricas para o tratamento de dados pessoais serão nulas.

§ 5º O consentimento pode ser revogado a qualquer momento mediante manifestação expressa do titular, por procedimento gratuito e facilitado, ratificados os tratamentos realizados sob amparo do consentimento anteriormente manifestado enquanto não houver requerimento de eliminação, nos termos do inciso VI do caput do art. 18 desta Lei.

§ 6º Em caso de alteração de informação referida nos incisos I, II, III ou V do art. 9º desta Lei, o controlador deverá informar ao titular, com destaque de forma específica do teor das alterações, podendo o titular, nos casos em que o seu consentimento é exigido, revogá-lo caso discorde da alteração.

Selma Carloto

O consentimento deve sempre ser solicitado sem vícios, de forma inequívoca, livre, clara e informada, para fins determinados e de forma "granularizada", isto é, "colhido de grão em grão" e à medida que os dados forem coletados pelo responsável pelo tratamento.

Poderá haver situações em que seja possível ao empregador demonstrar que o consentimento foi dado livremente, sem qualquer pejuízo do titular na recusa.

Em decorrência do desequilíbrio de poder existente nas relações de emprego, esse somente poderá ocorrer em circunstâncias excepcionais e sempre que houver a possibilidade de se recusar o consentimento sem a produção de consequências negativas para o trabalhador. Imaginemos que a empresa vai coletar consentimento para os empregados participarem de uma edição da revista da empresa, quem quiser consentir participará, mas quem não consentiu também não sofrerá qualquer penalização, ou prejuízo, no trabalho, ou aos direitos sociais fundamentais, inclusive o trabalho, nos termos do art. 6º, da CLT.

Nesse sentido, o entendimento do grupo de trabalho do art. 29, autoridade da União Europeia que afirma em seus pareceres, os quais foram absorvidos pelo Comitê Europeu de Proteção de Dados da União Europeia, inclusive o parecer de consentimento (*guideline* 05/2020), que, havendo desequilíbrio de poder, o consentimento será válido apenas quando o ato de dar ou recusar o consentimento não produzir consequências negativas ao titular dos dados pessoais.

Excepcionalmente, depara-se com algumas hipóteses, onde há a possibilidade de o empregador demonstrar que o consentimento foi dado de forma livre, informada e inequívoca:

> Uma equipe de filmagem pretende filmar determinada parte de um escritório. O empregador solicita o consentimento de todos os trabalhadores que se sentam nessa zona do escritório para serem filmados, uma vez que podem aparecer em segundo plano nas filmagens do vídeo. Os trabalhadores que não quiserem ser filmados não serão de forma alguma penalizados, uma vez que serão colocados noutro local de trabalho equivalente numa outra zona do edifício enquanto durar a filmagem.(18)

É importante destacar que se um serviço envolver múltiplas operações de tratamento e para mais do que uma finalidade, os titulares dos dados poderão escolher quais as finalidades que aceitam, e não ter de dar consentimento para todo conjunto de finalidades de tratamento, podendo, inclusive, ser necessário dar vários consentimentos, negando outros.

É importante, ao solicitar o consentimento, que os responsáveis pelo tratamento avaliem se irão cumprir todos os requisitos para obtenção do consentimento válido, sendo o consentimento, quando não identificada uma das demais hipóteses legais de tratamento, um instrumento que permite aos titulares dos dados controlarem seus dados pessoais, decidindo se esses irão ou não ser tratados. O controle deverá ser do titular dos dados pessoais, ou tornar-se-á ilusório o consentimento, o que o invalidará.

O consentimento, nos termos do art. 5º, inciso XII, da Lei Geral de Proteção de Dados, consiste na manifestação livre, informada e inequívoca pela qual o titular concorda com o tratamento de seus dados pessoais para uma finalidade determinada: "XII – consentimento: manifestação **livre, informada e inequívoca** pela qual o titular concorda com o tratamento de seus dados pessoais para uma finalidade determinada [...]"(19)

---

(18) GRUPO de Trabalho do Artigo 2º. Orientações relativas ao consentimento na aceção do Regulamento (UE) 2016/679. Adotadas em 28 de novembro de 2017. Última redação revista e adotada em 10 de abril de 2018. WP 259. Rev01. Disponível em: <https://drive.google.com/file/d/1Q2Y0mrB1_bSRnTzrSjvToW1ED9MN2KP4/view?usp=sharing>. Acesso em: 13 abr. 2021.

(19) BRASIL. *Lei n. 13.709, de 14 de agosto de 2018*. Lei Geral de Proteção de Dados Pessoais (LGPD). Disponível em: <http://www.planalto.gov.br/ccivil_03/_Ato2015-2018/2018/Lei/L13709.htm>. Acesso em: 10 abr. 2021.

Nos termos da LGPD, o consentimento deverá ser o mais consciente possível, podendo o titular escolher quais dados deverão ser, ou não, tratados pelo responsável pelo tratamento. Esse não poderá ser coagido a consentir no tratamento dos seus dados pessoais ou dados pessoais sensíveis.

O consentimento deverá ainda ser informado, devendo o titular dos dados pessoais ter informações suficientes. O consentimento informado consiste na obrigação de informação pelos responsáveis pelo tratamento. O titular deverá ter informações suficientes acerca desse tratamento. O consentimento deverá ser dado com o conhecimento de causa e o titular dos dados deverá conhecer a identidade do responsável pelo tratamento, assim como as finalidades às quais esse se destina. O responsável pelo tratamento deverá sempre descrever, de forma clara a finalidade do tratamento dos dados, para o qual o consentimento será solicitado. O consentimento informado tem correlação com o princípio da transparência.

O consentimento inequívoco traduz-se na manifestação do titular dos dados por meio de um ato positivo. O Grupo de Trabalho 29 traz exemplos nas suas orientações:

> Uma aplicação para telemóvel de edição de fotografias solicita aos utilizadores que ativem a localização por GPS para fins de prestação dos serviços. A aplicação também os informa de que utilizará os dados recolhidos para efeitos de publicidade comportamental. Nem a geolocalização nem a publicidade comportamental em linha são necessárias para a prestação do serviço de edição de fotografias, indo além da concretização do serviço principal prestado. Uma vez que os utilizadores não podem utilizar a aplicação sem darem o seu consentimento para estes efeitos, o consentimento não pode ser considerado livre.[20]

Quando o consentimento for coletado por escrito deverá possuir cláusulas destacadas, e as cláusulas genéricas não serão consideradas válidas. Outra problemática do consentimento é que este poderá

---

(20) GRUPO de Trabalho do Artigo 2º. Orientações relativas ao consentimento na aceção do Regulamento (UE) 2016/679. Adotadas em 28 de novembro de 2017. Última redação revista e adotada em 10 de abril de 2018. WP 259. Rev01, cit.

ser revogado a qualquer momento, por solicitação ou manifestação expressa do titular, por procedimento gratuito e facilitado, não obstante ratificados todos os tratamentos que foram realizados sob amparo do consentimento livre, informado e inequívoco, anteriormente manifestado, enquanto não houve o requerimento de eliminação.

Art. 9º O titular tem direito ao acesso facilitado às informações sobre o tratamento de seus dados, que deverão ser disponibilizadas de forma clara, adequada e ostensiva acerca de, entre outras características previstas em regulamentação para o atendimento do princípio do livre acesso:

I – finalidade específica do tratamento;

II – forma e duração do tratamento, observados os segredos comercial e industrial;

III – identificação do controlador;

IV – informações de contato do controlador;

V – informações acerca do uso compartilhado de dados pelo controlador e a finalidade;

VI – responsabilidades dos agentes que realizarão o tratamento; e

VII – direitos do titular, com menção explícita aos direitos contidos no art. 18 desta Lei.

§ 1º Na hipótese em que o consentimento é requerido, esse será considerado nulo caso as informações fornecidas ao titular tenham conteúdo enganoso ou abusivo ou não tenham sido apresentadas previamente com transparência, de forma clara e inequívoca.

§ 2º Na hipótese em que o consentimento é requerido, se houver mudanças da finalidade para o tratamento de dados pessoais não compatíveis com o consentimento original, o controlador deverá informar previamente o titular sobre as mudanças de finalidade, podendo o titular revogar o consentimento, caso discorde das alterações.

§ 3º Quando o tratamento de dados pessoais for condição para o fornecimento de produto ou de serviço ou para o exercício de direito, o titular será informado com destaque sobre esse fato e sobre os meios pelos quais poderá exercer os direitos do titular elencados no art. 18 desta Lei.

O presente artigo trata do direito do titular ao acesso facilitado às informações de tratamento dos seus dados. Vem como complemento ao direito de acesso do art. 18, trazendo dois pontos relevantes no que tange à forma de acesso às informações. O primeiro é quanto à clareza e transparência das informações, cabendo inclusive o uso de *legal design* centrado no perfil do titular para apresentação das informações. O segundo é quanto à facilidade do acesso, o que impõe ao agente de tratamento um dever legal de demonstrar como e onde o titular poderá requerer tais informações de forma ostensiva, e não criar barreiras que dificultem o acesso do titular que não sejam estritamente necessárias para a própria segurança dos dados.

O relatório apresentado ao titular deverá conter, minimamente, a finalidade real e específica do tratamento, não podendo ser enganosa, dúbia, abusiva ou imprecisa, sob pena de nulidade do consentimento, sendo, nesses casos, afetada a plena informação do titular, gerando um vício de consentimento.

Vejamos, o consentimento, quando for base legal para o tratamento dos dados, deve ser totalmente livre de vícios; deve-se demonstrar que o titular tinha, anteriormente ao consentimento, conhecimento pleno sobre o tratamento a ser realizado, sua forma, duração e consequências do tratamento. A assimetria de informações entre controlador e titular gera um vício de consentimento. Lembramos que os direitos do titular não estão acima dos direitos do controlador; por isso, não pode o titular exigir acesso aos segredos industriais (conteúdo sigiloso sobre o processo de tratamento, por exemplo) alegando a necessidade de conhecer mais a fundo a forma do tratamento.

Ainda, nos lembra o legislador que o consentimento requerido será sempre vinculado à informação da finalidade de tratamento; desse modo, caso mude a finalidade, não sendo a nova finalidade compatível com o consentimento original, há um dever do controlador de cessar o tratamento dos dados antes de iniciar o processo relativo à nova finalidade, informar o titular sobre a mudança, e somente depois de renovação do consentimento continuar o tratamento, dado o direito do titular de revogar o consentimento caso não concorde com as mudanças informadas.

Além da finalidade, forma e duração, o relatório ainda deverá conter a identificação do controlador, suas informações de contato, a cadeia de tratamento, para conhecer sobre o compartilhamento dos dados e cada finalidade específica, cada tratamento dado a todo agente, suas responsabilidades legais na realização desse tratamento e, por fim, os direitos do titular, elencados no art. 18, dessa lei.

Há, ainda, a possibilidade de o tratamento não ter por base o consentimento, mas, sim, o legítimo interesse do controlador. Quando há necessidade, quando o tratamento de dados for condicionante para o fornecimento do produto ou serviço, a base de tratamento não poderá ser o consentimento; nesses casos o titular deverá ser informado com destaque sobre isso e sobre os meios pelos quais poderá exercer seus direitos conforme art. 18.

Art. 10. O legítimo interesse do controlador somente poderá embasar o tratamento de dados pessoais para finalidades legítimas, consideradas a partir de situações concretas, que incluem, mas não se limitam a:

I – apoio e promoção de atividades do controlador; e

II – proteção, em relação ao titular, do exercício regular de seus direitos ou prestação de serviços que o beneficiem, respeitadas as legítimas expectativas dele e os direitos e liberdades fundamentais, nos termos desta Lei.

§ 1º Quando o tratamento for baseado no legítimo interesse do controlador, somente os dados pessoais estritamente necessários para a finalidade pretendida poderão ser tratados.

§ 2º O controlador deverá adotar medidas para garantir a transparência do tratamento de dados baseado em seu legítimo interesse.

§ 3º A autoridade nacional poderá solicitar ao controlador relatório de impacto à proteção de dados pessoais, quando o tratamento tiver como fundamento seu interesse legítimo, observados os segredos comercial e industrial.

Selma Carloto

O legítimo interesse é base de tratamento, nos termos do art. 7º, da Lei Geral de Proteção de Dados. Ocorre que esse demanda um teste de ponderação, o qual também se denomina de *Legitimate Interests Assessment,* com o escopo de avaliar se essa é a base apta a justificar o tratamento de dados.

Quando estivermos diante do legítimo interesse teremos situações concretas, como uma relação anterior de trabalho, e teremos tratamentos sempre adicionais e que não acarretem lesões aos direitos fundamentais dos titulares dos dados pessoais.

Destacamos que o tratamento baseado no legítimo interesse do controlador só poderá ser realizado para a finalidade pretendida e apenas dos dados estritamente necessários. Imaginemos um espectro no qual estejam representados, ao mesmo tempo, os interesses legítimos do responsável pelo tratamento de um lado e, do outro lado, o impacto aos interesses e aos direitos do titular.

Primeiramente, devemos qualificar um interesse como legítimo ou ilegítimo, isto é, se este é lícito, respeitando a LGPD e as demais normas, inclusive e principalmente a Constituição Federal. Devemos perguntar se o tratamento é estritamente necessário para servir o interesse prosseguido e verificar se não existem outros meios menos intrusivos para alcançar-se a finalidade pretendida. O interesse deverá ser definido de forma suficientemente clara para que realizemos o teste da ponderação em relação aos interesses e aos direitos fundamentais do titular.

Devemos estabelecer um equilíbrio provisório e verificar se os interesses ou os direitos fundamentais dos titulares não prevalecem sobre os do responsável pelo tratamento de dados, além do eventual prejuízo sofrido pelo não tratamento pelo responsável ou por terceiros. Muitas vezes o que está previsto no art. 10, inciso II, da LGPD, o legítimo interesse também serve para a proteção, em relação ao titular, do exercício regular de seus direitos ou prestação de serviços que o beneficiem, e acabamos ponderando direitos fundamentais do próprio titular.

É importante ainda estabelecer um equilíbrio final, tendo em conta as garantias complementares, e oferecer a possibilidade do direito de oposição, podendo o titular exercer seu direito de oposição ao tratamento em causa, quando há que se assegurar que essa escolha seja respeitada, sem que seja necessário tomar mais medidas ou proceder a mais avaliações.

O legítimo interesse apenas está previsto, na LGPD, assim como no GDPR e anteriormente na Diretiva 95/46, como base legal de tratamento de dados pessoais, remanescendo no art. 11, inciso II, da LGPD, letra "g", quando para a garantia da prevenção à fraude e à segurança do titular, nos processos de identificação e autenticação de cadastro em sistemas eletrônicos. Porém, o Grupo de Trabalho da União Europeia vem permitindo o tratamento de dados pessoais sensíveis, com base no legítimo interesse, em algumas situações, principalmente se no interesse e para proteção de direitos fundamentais do próprio titular (o que é compatível com nosso ordenamento jurídico, já que a Constituição Federal se sobrepõe à LGPD e a todas as demais normas do nosso ordenamento jurídico incompatíveis com essa), como quando prevalece o interesse público:

> A título ilustrativo, na opinião do Grupo de Trabalho, regra geral, a utilização de dados biométricos por exigências gerais de segurança de bens ou de pessoas é considerada um interesse legítimo sobre o qual prevalecem os interesses ou os direitos e liberdades fundamentais da pessoa em causa. Por outro lado, dados biométricos como a impressão digital e/ou o reconhecimento da iris podem ser utilizados para garantir a segurança de um local de alto risco, como um laboratório que esteja a investigar vírus perigosos, desde que o responsável pelo tratamento tenha apresentado provas concretas da existência de um risco considerável.[21]

O Parecer 06/2014 (WP 217), do Grupo de Trabalho do artigo 29, da autoridade da União Europeia, sobre o conceito de interesses legítimos do responsável pelo tratamento dos dados na acepção do art. 7º, da Diretiva 95/46/CE, traz as etapas para realizar o "LIA ou teste de ponderação", no Anexo 1. Guia rápido para a realização do teste da ponderação previsto no art. 6º, da GDPR, e art. 10º, da LGPD:

Etapa 1: Verificar quais são os fundamentos jurídicos potencialmente aplicáveis nos termos do artigo 6º da GDPR;

Etapa 2: Qualificar um interesse como «legítimo» ou «ilegítimo»;

Etapa 3: Determinar se o tratamento é necessário para servir o interesse prosseguido;

Etapa 4: Estabelecer um equilíbrio provisório verificando se os interesses ou os direitos fundamentais das pessoas em causa prevalecem sobre o interesse do responsável pelo tratamento de dados;

Etapa 5: Estabelecer um equilíbrio final tendo em conta as garantias complementares;

Etapa 6: Demonstrar o cumprimento e garantir a transparência;

---

(21) Parecer 06/2014 sobre o conceito de interesses legítimos do responsável pelo tratamento dos dados na aceção do artigo 7º da Diretiva 95/46/CE.Páginas 60 e 61.

Etapa 7: E se a pessoa em causa exercer o seu direito de oposição?[22]

Alguns exemplos em que é possível utilizar o legítimo interesse, nas relações de trabalho, seriam um monitoramento de *e-mail* corporativo, o exame do Linkedin após a rescisão do contrato de trabalho, em caso de cláusula de não concorrência. Outra situação seria na entrada de prédios ou portaria, nos quais os dados poderão ser tratados sem consentimento com base no legítimo interesse ou para a proteção à vida e à integridade física do titular ou terceiro. Muitas vezes, haverá a necessidade de medidas adicionais. Segue um exemplo de análise do legítimo interesse elaborado pelo parecer do GT29:

> **Câmaras ocultas para identificar visitantes e trabalhadores fumadores.** Uma empresa utiliza câmaras ocultas para identificar trabalhadores e visitantes que fumem em zonas do edifício onde não é permitido fumar. Ainda que o responsável pelo tratamento tenha um interesse legítimo em garantir o cumprimento das normas que proíbem as pessoas de fumar, os meios utilizados para atingir esse objetivo são – de uma forma geral – desproporcionados e desnecessariamente intrusivos. Existem métodos menos intrusivos e mais transparentes (tal como detectores de fumo e sinais 104 de proibição visíveis). Assim, o tratamento não cumpre o disposto no artigo 6.º, que dispõe que os dados pessoais devem ser «não excessivos» relativamente às finalidades para as quais são recolhidos ou para as quais são tratados posteriormente. Ao mesmo tempo, provavelmente não preencherá os requisitos do teste da ponderação previsto no artigo 7.[23]

No exemplo 18 do parecer chegou-se à conclusão, ao avaliar a necessidade do tratamento, que os meios utilizados seriam desproporcionais, já que existem outros métodos menos intrusivos como detectores de fumaça.

---

(22) Parecer 06/2014 sobre o conceito de interesses legítimos do responsável pelo tratamento dos dados na aceção do artigo 7º da Diretiva 95/46/CE.Anexo I.

(23) Parecer 06/2014 sobre o conceito de interesses legítimos do responsável pelo tratamento dos dados na aceção do artigo 7º da Diretiva 95/46/CE.Anexo II.

Seção II

Do Tratamento de Dados Pessoais Sensíveis

Art. 11. O tratamento de dados pessoais sensíveis somente poderá ocorrer nas seguintes hipóteses:

I – quando o titular ou seu responsável legal consentir, de forma específica e destacada, para finalidades específicas;

II – sem fornecimento de consentimento do titular, nas hipóteses em que for indispensável para:

a) cumprimento de obrigação legal ou regulatória pelo controlador;

b) tratamento compartilhado de dados necessários à execução, pela administração pública, de políticas públicas previstas em leis ou regulamentos;

c) realização de estudos por órgão de pesquisa, garantida, sempre que possível, a anonimização dos dados pessoais sensíveis;

d) exercício regular de direitos, inclusive em contrato e em processo judicial, administrativo e arbitral, este último nos termos da Lei n. 9.307, de 23 de setembro de 1996 (Lei de Arbitragem);

e) proteção da vida ou da incolumidade física do titular ou de terceiro;

f) tutela da saúde, exclusivamente, em procedimento realizado por profissionais de saúde, serviços de saúde ou autoridade sanitária; ou

g) garantia da prevenção à fraude e à segurança do titular, nos processos de identificação e autenticação de cadastro em sistemas eletrônicos, resguardados os direitos mencionados no art. 9º desta Lei e exceto no caso de prevalecerem direitos e liberdades fundamentais do titular que exijam a proteção dos dados pessoais.

§ 1º Aplica-se o disposto neste artigo a qualquer tratamento de dados pessoais que revele dados pessoais sensíveis e que possa causar dano ao titular, ressalvado o disposto em legislação específica.

§ 2º Nos casos de aplicação do disposto nas alíneas "a" e "b" do inciso II do caput deste artigo pelos órgãos e pelas entidades públicas, será dada publicidade à referida dispensa de consentimento, nos termos do inciso I do caput do art. 23 desta Lei.

§ 3º A comunicação ou o uso compartilhado de dados pessoais sensíveis entre controladores com objetivo de obter vantagem econômica poderá ser objeto de vedação ou de regulamentação por parte da autoridade nacional, ouvidos os órgãos setoriais do Poder Público, no âmbito de suas competências.

§ 4º É vedada a comunicação ou o uso compartilhado entre controladores de dados pessoais sensíveis referentes à saúde com objetivo de obter vantagem econômica, exceto nas hipóteses relativas a prestação de serviços de saúde, de assistência farmacêutica e de assistência à saúde, desde que observado o § 5º deste artigo, incluídos os serviços auxiliares de diagnose e terapia, em benefício dos interesses dos titulares de dados, e para permitir:

I – a portabilidade de dados quando solicitada pelo titular; ou

II – as transações financeiras e administrativas resultantes do uso e da prestação dos serviços de que trata este parágrafo.

§ 5º É vedado às operadoras de planos privados de assistência à saúde o tratamento de dados de saúde para a prática de seleção de riscos na contratação de qualquer modalidade, assim como na contratação e exclusão de beneficiários.

Selma Carloto

O tratamento de dados pessoais sensíveis somente poderá ocorrer nas seguintes hipóteses:

Quando o titular ou seu responsável legal consentir, de forma específica e destacada, para finalidades específicas

Como já destacado no art. 7º, em virtude da natureza da relação de emprego, dificilmente utilizaremos essa base legal. O consentimento é problemático nas relações de emprego, já que a empresa deverá demonstrar que não há prejuízo para o trabalhador se este não consentir.

Sem fornecimento de consentimento do titular, nas hipóteses em que for indispensável para: Cumprimento de obrigação legal ou regulatória pelo controlador

É importante destacar que, independentemente da base legal de tratamento, incluindo-se o tratamento com base em uma obrigação legal ou regulatória, haverá a necessidade de informar o titular deste tratamento.

Quando temos um contrato em andamento, muitos fluxos são necessários para sua execução, com base em obrigações legais ou regulatórias, principalmente nas relações de trabalho, quando não haverá como solicitar consentimento, já que não haverá impossibilidade de esse ser negado sem prejudicar a própria relação.

Os dados de saúde são dados sensíveis por excelência, já que o empregador sempre deverá proceder com os exames admissionais, periódicos e demissionais, nos termos da Lei, logo não se pode pedir consentimento (não haveria possibilidade de recusa).

Também seria obrigação legal ou regulatória o uso da biometria digital para o registro eletrônico de ponto, nos termos da Portaria 1510, do extinto Ministério do Trabalho[24]. Nessa hipótese estamos diante de um dado pessoal sensível e a base estará prevista no art. 11, da LGPD.

O GDPR, na União Europeia, (que revogou a Diretiva 95/46, que não se aplicava automaticamente aos países da União Europeia, mas repetiu as bases legais), inspirou a LGPD, nos termos do art. 9, número 2, letra b, faz menção expressa neste sentido:

> **[...] se o tratamento for necessário para efeitos do cumprimento de obrigações e do exercício de direitos específicos do responsável pelo tratamento ou do titular dos dados em matéria de legislação laboral, de segurança social e de proteção social, na medida em que esse tratamento seja permitido pelo direito da União ou dos Estados-Membros ou ainda por uma convenção coletiva nos termos do direito dos Estados-Membros que preveja garantias adequadas dos direitos fundamentais e dos interesses do titular dos dados [...]**[25]

Tratamento compartilhado de dados necessários à execução, pela administração pública, de políticas públicas previstas em leis ou regulamentos

Atividades realizadas por entes da administração pública, no atendimento de demandas em geral da sociedade, como uma política pública para combate à Covid-19.

(24) MINISTÉRIO DO TRABALHO E EMPREGO. *Portaria Ministro de Estado do Trabalho e Emprego n. 1.510 DE 21.08.2009.*

(25) D.O.U.: 25.08.2009. <http://www.normaslegais.com.br/legislacao/portaria1510_2009.htm>. Acesso em: 04 abr. 2021.

Realização de estudos por órgão de pesquisa, garantida, sempre que possível, a anonimização dos dados pessoais sensíveis

Quando realizados estudos por órgãos de pesquisa, há indicação sempre que possível, da anonimização desses dados, os quais poderão ser dados pessoais, ou dados pessoais sensíveis.

Exercício regular de direitos, inclusive em contrato e em processo judicial, administrativo e arbitral, este último nos termos da Lei n. 9.307, de 23 de setembro de 1996 (Lei de Arbitragem)

Os dados pessoais sensíveis, assim como os dados pessoais, poderão ser tratados para exercício regular de direitos, inclusive em contrato e em processo judicial, administrativo e arbitral; esse último, nos termos da Lei n. 9.307, de 23 de setembro de 1996.

O parâmetro utilizado é o das demandas em geral. Nas relações de emprego, aplicamos os prazos previstos no art. 7º, inciso XXIX, da Constituição Federal de 1988, sendo esse de cinco anos e limitado a dois anos após a extinção do contrato de trabalho.

Destaca-se ainda que, havendo demanda judicial, esses poderão ser armazenados durante todo o período do processo. Outra observação importante é que existem doenças que poderão ser detectadas após anos de extinção do contrato de trabalho, e, nesse caso, a prescrição só correrá a partir da ciência da lesão, quando nasce a pretensão, sendo importantes por essa razão os prazos maiores de guarda trazidos pela NR 7 para dados de saúde (pelo menos 20 anos) e pela NR15, anexo XII, 11.1, para o asbesto ou amianto (não inferior a 30 anos).

Proteção da vida ou da incolumidade física do titular ou de terceiro

Essa é uma hipótese muito utilizada nas relações de trabalho, como vídeo vigilância, em uma linha de produção, para evitar acidentes. É possível o uso de câmeras no ambiente de trabalho, podendo haver tratamento sem consentimento, dentro desta base legal, desde que estas sejam utilizadas com o propósito de proteção da vida dos funcionários, assim como com o objetivo de preservar a segurança. Sempre deveremos adequar o tratamento à finalidade informada.

Seria também exemplo tomar a temperatura do colaborador durante o período da Covid- 19, desde que havendo a coleta e armazenamento desses dados para tratamento.

A base legal para justificar o tratamento dos dados pessoais coletados no ingresso da organização, ou portaria, seria a proteção à vida, ou à incolumidade física do titular ou terceiro. Lembrando que essa base legal não poderá ser utilizada para coletar dados indevidamente, ou será considerada fraude à legislação, passível de punição. Não precisará de consentimento, ainda que seja realizada a coleta de biometria, fotografia, vídeo vigilância, que são considerados pela legislação como dados pessoais sensíveis, nos termos desse artigo.

Tutela da saúde, exclusivamente, em procedimento realizado por profissionais de saúde, serviços de saúde ou autoridade sanitária

Esse dispositivo, que se relaciona a dados sensíveis, sendo o mais comum para esses dados, é designado aos tratamentos por profissionais de saúde, serviços de saúde, ou autoridades sanitárias, como a ANVISA, FIOCRUZ, desde que com o objetivo específico de tutela da saúde.

Garantia da prevenção à fraude e à segurança do titular, nos processos de identificação e autenticação de cadastro em sistemas eletrônicos, resguardados os direitos mencionados no art. 9º dessa Lei e exceto no caso de prevalecerem direitos e liberdades fundamentais do titular que exijam a proteção dos dados pessoais

Podemos também incluir nessa base legal, ou fundamento, um tratamento em portaria, com autenticação de cadastro.

Anteriormente enquadramos os tratamentos de dados pessoais sensíveis para controle de acesso, na portaria, no inciso II, letra "e" para a proteção da vida e integridade física do titular ou terceiro, a qual podemos adicionar a letra "g"como fundamento.

Na União Europeia, os pareceres enquadram o controle de acesso em portarias no legítimo interesse, já que sendo para a segurança de titulares e terceiros e sendo esse o meio menos intrusivo. Logo, passaria no teste de ponderação ou *legitimate interests assessement*. Essa hipótese também está presente na letra "g" e que poderá ser considerada como uma fatia remanescente do legítimo interesse, para dados sensíveis.

Art. 12. Os dados anonimizados não serão considerados dados pessoais para os fins desta Lei, salvo quando o processo de anonimização ao qual foram submetidos for revertido, utilizando exclusivamente meios próprios, ou quando, com esforços razoáveis, puder ser revertido.

> **§ 1º A determinação do que seja razoável deve levar em consideração fatores objetivos, tais como custo e tempo necessários para reverter o processo de anonimização, de acordo com as tecnologias disponíveis, e a utilização exclusiva de meios próprios.**
>
> **§ 2º Poderão ser igualmente considerados como dados pessoais, para os fins desta Lei, aqueles utilizados para formação do perfil comportamental de determinada pessoa natural, se identificada.**
>
> **§ 3º A autoridade nacional poderá dispor sobre padrões e técnicas utilizados em processos de anonimização e realizar verificações acerca de sua segurança, ouvido o Conselho Nacional de Proteção de Dados Pessoais.**
>
> **Os dados anonimizados não serão considerados dados pessoais para os fins desta Lei, salvo quando o processo de anonimização ao qual foram submetidos for revertido, utilizando exclusivamente meios próprios, ou quando, com esforços razoáveis, puder ser revertido.**

Bianca Medalha Mollicone

O art. 12, da LGPD, espelhando disposições recorrentes em leis de proteção de dados no mundo[(26)], excetua os dados anonimizados da aplicação dos princípios concernentes aos dados pessoais.

A anonimização dissocia o dado pessoal do indivíduo a quem tal dado se refere, de modo que o titular dos dados não seja mais identificado ou deixe de ser identificável. Sua utilização reforça o princípio geral de minimização de dados, além de fornecer salvaguardas importantes para a privacidade dos indivíduos.

Existem várias técnicas de anonimização, dentre elas: supressão, generalização, troca, mascaramento (randomização por adição de ruído) e distorção[(27)]. É importante que a organização defina antes

---

(26) A exemplo da Diretiva 95/46 CE, da Lei de Proteção de Dados Pessoais Alemã (Bundendatenschutzgesetz – BDSG) e da GDPR.

(27) Para maiores detalhes das técnicas citadas, recomenda-se a leitura do estudo a seguir, no qual os pontos fortes e fracos de cada uma delas foram discutidos: MURTHY, Suntherasvaran; BAKAR, Asmidar Abu; RAHIM, Fiza Abdul; RAMLI, Ramona. *A comparative study of data anonymization techniques*. 2019 IEEE 5th Intl Conference on Big Data Security on Cloud (BigDataSecurity), IEEE Intl Conference on High Performance and Smart Computing, (HPSC) and IEEE Intl Conference on Intelligent Data and Security (IDS), Washington, DC, USA, 2019, p. 306-309. Disponível em: <http://dspace.uniten.edu.my/jspui/bitstream/123456789/13031/1/A%20Comparative%20Study%20of%20Data%20Anonymization.pdf>. Acesso em: 07 abr. 2021. doi: 10.1109/BigDataSecurity-HPSC-IDS.2019.00063.

do início do processo qual a finalidade da anonimização, já que não existe uma técnica única e perfeita que se aplique a todas as situações. Com o intuito de buscar não permitir a reidentificação dos titulares, abordagens adicionais devem ser levadas em consideração ao se decidir sobre o uso de técnicas de anonimização adequadas, como o nível de anonimato apropriado, o tipo de dados pessoais a serem anonimizados, o impacto na organização após considerar o gerenciamento de risco e a utilidade requerida dos dados anônimos.

Os benefícios da anonimização são patentes. A LGPD exige que os agentes que tratam dados pessoais os protejam do uso ou divulgação indevidos; entretanto, as organizações podem desejar ou ser obrigadas a publicar informações derivadas dos dados pessoais que possuem(28).

O que se deseja com a anonimização é tornar os dados incapazes de identificar ou tornar identificáveis os titulares, ao mesmo tempo em que lhes seja permitido desempenhar funções relevantes para a organização ou para a formulação de políticas públicas, por exemplo. A utilização de dados anonimizados para fins estatísticos, de pesquisa ou planejamento permite às empresas analisar o comportamento de usuários e oferecer-lhes melhores produtos e serviços, melhorar sua logística etc. Além disso, eles são essenciais no desenvolvimento da inteligência artificial e no campo da nternet das Coisas (IoT), dentre outros.

O fato de não serem considerados dados pessoais traz enormes vantagens em tratar dados anonimizados, como a redução dos riscos de segurança para o titular, facilitando o trabalho de operadores e controladores. Como mencionado, o uso desses dados não requer a adequação aos princípios da LGPD, não havendo assim tempo de retenção ou necessidade de enquadramento numa base legal para que o tratamento ocorra.

Por fim, para que os dados não sejam considerados dados pessoais, é preciso que o processo não possa ser revertido (hipótese em que se estaria mais próximo de uma pseudonimização, estando o dado sujeito à LGPD). A lei se refere à utilização de meios próprios ou de esforços razoáveis como parâmetro para a reversão dos dados. A indeterminação do que seja essa "razoabilidade" mencionada pela lei

---

(28) Por exemplo, serviços de saúde são obrigados a proteger as identidades dos seus pacientes, mas também podem ser obrigados a publicar estatísticas sobre determinados dados médicos desses indivíduos.

será mitigada pelos critérios estabelecidos no parágrafo 1º, deste artigo 12, o que será tratado com maior detalhe nos comentários a seguir.

A determinação do que seja razoável deve levar em consideração fatores objetivos, tais como custo e tempo necessários para reverter o processo de anonimização, de acordo com as tecnologias disponíveis, e a utilização exclusiva de meios próprios

Muito se tem discutido quanto à questão da irreversibilidade dos processos de anonimização[(29)]. O risco de reidentificação do titular pode mudar com o tempo, em decorrência da inexorável evolução tecnológica, em especial nas cada vez mais poderosas técnicas de análises de dados.

O parágrafo primeiro ora em comento busca justamente trazer critérios, de modo a tornar menos subjetiva a questão dos esforços razoáveis. Os parâmetros objetivos trazidos para balizar o que seriam esforços razoáveis no processo de reversão do processo de anonimização são o custo e o tempo necessário, de acordo com as tecnologias disponíveis. Esses fatores são praticamente idênticos àqueles elegidos pela GDPR em sua Consideranda 26[(30)].

A avaliação do risco de reversão do processo de anonimização deve levar em conta, portanto, que dados, ora anônimos, podem ser revertidos no futuro, frente às novas tecnologias, devendo sempre ser levado em conta o valor financeiro e o tempo a ser despendido para a realização de tal processo. Mister se faz também uma revisão periódica das técnicas utilizadas, tomando como base as ameaças atuais e futuras previsíveis e a política de divulgação desses dados.

Além disso, o parágrafo menciona a utilização exclusiva de meios próprios para reverter o processo de anonimização. Essa menção é

---

(29) Para uma discussão interessante sobre o "mito" da anonimização, vide: NARAYANAN, Arvind; SHMATIKOV, Vitaly. Robust De-anonymization of Large Sparse Datasets. In: IEEE SYMPOSIUM ON SECURITY AND PRIVACY (sp 2008). Oakland-CA, USA, 2008. p. 111-125. Disponível em: <http://www.ccs.neu.edu/home/cbw/static/class/5750/papers/shmat_oak08netflix.pdf>. Acesso em: 07 abr. 2021 doi: 10.1109/SP.2008.33.

(30) *"[...]To ascertain whether means are reasonably likely to be used to identify the natural person, account should be taken of all objective factors, such as the costs of and the amount of time required for identification, taking into consideration the available technology at the time of the processing and technological developments."* GDPR, Consideranda 26.

particularmente importante tratando-se de bases de dados compartilhadas. Deve-se perquerir se, de posse de uma base de dados compartilhada (ainda que anonimizada), a entidade receptora possuiria capacidade de, por meios próprios, utilizando-se de informações auxiliares das quais seja detentora, reverter o processo de anonimização.

Poderão ser igualmente considerados como dados pessoais, para os fins dessa Lei, aqueles utilizados para formação do perfil comportamental de determinada pessoa natural, se identificada.

A hiperconectividade da sociedade atual conduz à datificação da vida dos indivíduos, com uma quantificação do comportamento por meio de dados. A formação de perfis comportamentais, também conhecida como *profiling*, é utilizada para análise de padrões de consumo, possibilitando ofertas personalizadas, aprimoramento de padrões ou reforço de medidas de segurança. Ela pode ser importante para aplicativos que forneçam serviços, como os de transporte, comida ou de *streaming*, tendo em vista que essa análise possibilita um conhecimento maior de quem é o cliente e como melhor atendê-lo. Constitui-se em um dos maiores motores para a concorrência na era digital, em especial para as grandes plataformas que fazem publicidade direcionada(31).

É importante pontuar, também, que dados utilizados para a formação de perfil podem possibilitar a inferência de dados sensíveis, ainda que obtidos a partir de dados pessoais a princípio não-sensíveis(32). Como uma das finalidades precípuas da proteção de dados é evitar a discriminação (e os dados sensíveis têm maior potencial discriminatório, sendo, por essa razão, objeto de maior proteção na nossa lei geral),

---

(31) "*A related debate stems from the concern that data might soon act as a barrier to entry into new services. There is no question that Google and Facebook in particular have access to very large sets of data not available to others; that gives them dominance in search advertising (Google) and display advertising (Facebook, and to a lower extent Google through YouTube). Platforms use social plugins to track users across the web (that is, outside their ecosystems32) and develop full browsing profiles of them.*" TIROLE, Jean. Competition and the Industrial Challenge for the Digital Age. Toulouse School of Economics. Apr. 3, 2020. Disponível em: <https://www.tse-fr.eu/sites/default/files/TSE/documents/doc/by/tirole/competition_and_the_industrial_challenge_april_3_2020.pdf>. Acesso em: 10 jun. 2020.

(32) "*Furthermore, over the last decade, we have come to realize the privacy implications of the ability to infer sensitive facts about people from seemingly innocuous data, such as pregnancy from shopping records [7] or psychometric traits from Facebook likes* [13]" NARAYANAN, Arvind; SHMATIKOV, Vitaly. Robust de-anonymization of large sparse datasets: a decade later. Princeton University, May 21, 2019.

é preciso estar atento às informações obtidas no processo de *profiling*, de modo a adequar o tratamento às regras da LGPD para tais tipos de dados pessoais.

A autoridade nacional poderá dispor sobre padrões e técnicas utilizados em processos de anonimização e realizar verificações acerca de sua segurança, ouvido o Conselho Nacional de Proteção de Dados Pessoais

A ANPD poderá vir a exercer papel fundamental na avaliação do processo de anonimização e da sua segurança, em conjunto com o Conselho Nacional de Proteção de Dados pessoais. A adoção das medidas previstas no parágrafo terceiro, em conjunto com as disposições do parágrafo primeiro, além de trazer mais objetividade ao processo, permitem a atualização dos parâmetros adotados, frente ao avanço do estado da técnica.

Art. 13. Na realização de estudos em saúde pública, os órgãos de pesquisa poderão ter acesso a bases de dados pessoais, que serão tratados exclusivamente dentro do órgão e estritamente para a finalidade de realização de estudos e pesquisas e mantidos em ambiente controlado e seguro, conforme práticas de segurança previstas em regulamento específico e que incluam, sempre que possível, a anonimização ou pseudonimização dos dados, bem como considerem os devidos padrões éticos relacionados a estudos e pesquisas.

§ 1º A divulgação dos resultados ou de qualquer excerto do estudo ou da pesquisa de que trata o caput deste artigo em nenhuma hipótese poderá revelar dados pessoais.

§ 2º O órgão de pesquisa será o responsável pela segurança da informação prevista no caput deste artigo, não permitida, em circunstância alguma, a transferência dos dados a terceiro.

§ 3º O acesso aos dados de que trata este artigo será objeto de regulamentação por parte da autoridade nacional e das autoridades da área de saúde e sanitárias, no âmbito de suas competências.

§ 4º Para os efeitos deste artigo, a pseudonimização é o tratamento por meio do qual um dado perde a possibilidade de associação, direta ou indireta, a um indivíduo, senão pelo uso de informação adicional mantida separadamente pelo controlador em ambiente controlado e seguro.

Bianca Medalha Mollicone

A pesquisa envolvendo seres humanos no Brasil deve ser aprovada pelo Sistema CEP/Conep, cujo objetivo é a proteção do participante da pesquisa e a garantia da realização dos estudos dentro de princípios éticos, com base nas resoluções e normativas do Conselho Nacional de Saúde[(33)]. Dentre elas merece destaque a Resolução CNS 466/2012[(34)], que trata de pesquisas envolvendo seres humanos. Ela estabelece a obrigatoriedade de que os participantes, ou seus representantes legais, sejam esclarecidos sobre os procedimentos adotados durante toda a pesquisa e sobre os possíveis riscos e benefícios, assinando o Termo de Consentimento Livre e Esclarecido (TCLE). Nele devem constar todas as informações necessárias, em linguagem clara, objetiva e de fácil entendimento, para o mais completo esclarecimento dos participantes.

O art. 7º da LGPD, prevê, em seu inciso IV, o tratamento de dados pessoais para a realização de estudos por órgãos de pesquisa, garantida, sempre que possível, a anonimização. Tal previsão está presente também no art. 11, que versa sobre o tratamento dos dados pessoais sensíveis, dentre os quais os dados relativos à saúde, estabelecendo o inciso II que o tratamento desses dados sem o consentimento do titular poderia ocorrer nas hipóteses em que aquele for indispensável para a realização de estudos por órgão de pesquisa, garantida, sempre que possível, a anonimização dos dados sensíveis (alínea "c").

Órgão de pesquisa é definido, por sua vez, no art. 5º, inciso XVIII, como:

> **"órgão ou entidade da administração pública direta ou indireta ou pessoa jurídica de direito privado sem fins lucrativos legalmente constituída sob as leis brasileiras, com sede e foro no País, que inclua em sua missão institucional ou em seu objetivo social ou estatutário a pesquisa básica ou aplicada de caráter histórico, científico, tecnológico ou estatístico".**

(33) BARRETO, Maurício L. *et al.* Uso e proteção de dados pessoais na pesquisa científica. In: DONEDA, Danilo *et al. Tratado de proteção de dados pessoais.* Rio de Janeiro: Forense, 2021. p. 528.

(34) BRASIL. Conselho Nacional de Saúde. Resolução 466, de 12 de dezembro de 2012. Disponível em: <http://conselho.saude.gov.br/resolucoes/2012/Reso466.pdf>. Acesso em: 07 abr. 2021.

É indubitável a importância social das pesquisas na área de saúde pública[35], como foi evidenciado inclusive pelo período pandêmico. Nesse sentido, o art. 13, da LGPD, disciplina a possibilidade de acesso dos órgãos de pesquisa a banco de dados pessoais. Para tanto, deverão esses órgãos ter como finalidade única a realização de estudos e pesquisas, bem como garantir que o tratamento seja realizado exclusivamente dentro do órgão, em ambiente controlado e seguro.

Desse modo, busca esse artigo estabelecer alguns critérios para a realização do tratamento de dados pessoais, incluindo os dados sensíveis, quando a base legal utilizada for a realização de estudos por órgãos de pesquisa.

Para além dos cuidados do local do tratamento dos dados, esses deverão também, sempre que possível, ser anonimizados ou pseudoanonimizados[36]. O artigo em comento introduz, ainda, a necessidade da Autoridade Nacional e das autoridades da área de saúde e sanitárias regularem posteriormente como se dará o acesso às bases de dados.

As autoridades de tratamento também devem se utilizar de práticas de segurança e padrões éticos relacionados ao âmbito de realização de estudos e pesquisas, não podendo compartilhar com terceiros, tampouco divulgar dados pessoais nos resultados das pesquisas.

O art. 13, dessa forma, reforça de maneira clara a necessidade principiológica de segurança no tratamento de dados. Por se tratar de dados sensíveis, como é o caso de dados médicos, o reforço na segurança deve ser potencializado, à medida que eventuais vazamentos podem acarretar a adoção de condutas discriminatórias para o titular dos dados.

---

(35) Nesse ponto, é interessante apontar a distinção contida na Diretriz 03/2020 do European Data Protection Board (EDPB):
"[...] quando se fala de «tratamento de dados de saúde para efeitos de investigação científica», existem dois tipos de utilizações de dados: Investigação sobre dados pessoais (de saúde) que consiste na utilização de dados recolhidos diretamente para fins de estudos científicos («utilização primária»). Investigação sobre dados pessoais (de saúde) que consiste no tratamento posterior de dados recolhidos inicialmente para outro fim («utilização secundária»)." In: *EUROPEAN DATA PROTECTION BOARD (EDPB)*. Diretriz 03/2020, sobre o tratamento de dados relativos à saúde para efeitos de investigação científica no contexto do surto de COVID-19. Adotadas em 21 de abril de 2020. Disponível em: <https://edpb.europa.eu/sites/edpb/files/files/file1/edpb_guidelines_202003_healthdatascientificresearchcovid19_pt.pdf>. Acesso em: 07 abr. 2021.

(36) Na pseudonimização, diferente do que ocorre *a priori* na anonimização, há possibilidade de se reunir novamente as informações, possibilitando a identificação do titular.

A título de exemplo didático da necessidade de reforço de segurança, e também de anonimização e pseudonimização no âmbito dos dados médicos, observa-se o vazamento de dados noticiado em 2020, em razão de alegada falha do Ministério da Saúde, que expôs dados de cerca de 243 milhões de brasileiros na internet (inclusive de pessoas que já morreram), conforme noticiado por Jornais de amplitude nacional[37]. Em nota, o Ministério da Saúde afirmou que houve exposição, mas não acesso aos dados. Todavia, tal ocorrido gera atenção, em especial no período de pandemia, em que há uma fragilidade latente na saúde mundial, reforçando a necessidade da segurança no tratamento de dados de saúde.

Cumpre destacar, por fim, a edição recente do Código de Boas Práticas de Proteção de Dados[38] para os Prestadores Privados em Saúde, elaborado pela Confederação Nacional de Saúde em parceria com a Agência Nacional da Saúde Suplementar (ANS) e alguns laboratórios privados. O Código visa contribuir com a implementação da Lei Geral de Proteção de Dados pelos prestadores privados de saúde suplementar trazendo, inclusive, práticas que devem ser observadas no âmbito de pesquisa, no item 3 da sua Parte II.

Seção III

Do Tratamento de Dados Pessoais de Crianças e de Adolescentes

Art. 14. O tratamento de dados pessoais de crianças e de adolescentes deverá ser realizado em seu melhor interesse, nos termos deste artigo e da legislação pertinente.

---

(37) NOVA falha do Ministério da Saúde expõe dados de 243 milhões de brasileiros na internet, diz jornal. G1, 02 dez. 2021. Disponível em: <https://g1.globo.com/economia/tecnologia/noticia/2020/12/02/nova-falha-do-ministerio-da-saude-expoe-dados-de-243-milhoes-de-brasileiros-na-internet-diz-jornal.ghtml>. Acesso em: 07 abr. 2021.

(38) BRASIL. Conselho Nacional de Saúde. Código de Boas Práticas: Proteção de Dados para Prestadores Privados em Saúde. Disponível em: <http://cnsaude.org.br/wp-content/uploads/2021/03/Boas-Praticas-Protecao-Dados-Prestadores-Privados-CNSaude_ED_2021.pdf>. Acesso em: 07 abr. 2021.

§ 1º O tratamento de dados pessoais de crianças deverá ser realizado com o consentimento específico e em destaque dado por pelo menos um dos pais ou pelo responsável legal.

§ 2º No tratamento de dados de que trata o § 1º deste artigo, os controladores deverão manter pública a informação sobre os tipos de dados coletados, a forma de sua utilização e os procedimentos para o exercício dos direitos a que se refere o art. 18 desta Lei.

§ 3º Poderão ser coletados dados pessoais de crianças sem o consentimento a que se refere o § 1º deste artigo quando a coleta for necessária para contatar os pais ou o responsável legal, utilizados uma única vez e sem armazenamento, ou para sua proteção, e em nenhum caso poderão ser repassados a terceiro sem o consentimento de que trata o § 1º deste artigo.

§ 4º Os controladores não deverão condicionar a participação dos titulares de que trata o § 1º deste artigo em jogos, aplicações de internet ou outras atividades ao fornecimento de informações pessoais além das estritamente necessárias à atividade.

§ 5º O controlador deve realizar todos os esforços razoáveis para verificar que o consentimento a que se refere o § 1º deste artigo foi dado pelo responsável pela criança, consideradas as tecnologias disponíveis.

§ 6º As informações sobre o tratamento de dados referidas neste artigo deverão ser fornecidas de maneira simples, clara e acessível, consideradas as características físico-motoras, perceptivas, sensoriais, intelectuais e mentais do usuário, com uso de recursos audiovisuais quando adequado, de forma a proporcionar a informação necessária aos pais ou ao responsável legal e adequada ao entendimento da criança.

Eduardo Tomasevicius Filho

O tratamento de dados pessoais de crianças e adolescentes no contexto das relações de trabalho é, em princípio, terminantemente proibido, pelo fato de ser ilegal o trabalho infantil. A Consolidação das Leis do Trabalho inicialmente proibia o trabalho de menores de quatorze anos, reduzindo-o para doze anos, em 1967. Por influência da Convenção n. 138, da Organização Internacional do Trabalho, de 1976, ampliou-se, por meio do art. 7º, XXXIII da Constituição Federal, de 1988, a idade mínima para quatorze anos, salvo na condição de aprendiz. Com a Emenda Constitucional n. 20, de 1998, aumentou-se a idade mínima para o trabalho de quatorze para dezesseis anos de idade e, salvo na condição de aprendiz, a partir dos quatorze anos.

Entretanto, existem situações em que crianças e adolescentes exercem atividades laborais.[39] A primeira delas corresponde aos artistas – atores e cantores – e atletas. Nesses casos, a atividade deles é regulada por contratos, nos quais constam dados pessoais sobre os quais não se requer consentimento para a coleta, nos termos do art. 7º, V, da LGPD, embora exista tratamento de dados em menor ou maior quantidade ou intensidade, conforme a situação. Basta pensar em um atleta juvenil, sobre o qual é coletada grande quantidade de dados sobre seu desempenho, também sobre seu corpo, considerados dados sensíveis.

A segunda delas corresponde aos "Youtubers" mirins, que produzem vídeos com o intuito de obtenção de lucro. No caso em questão, por causa do uso de plataforma digital, surgem problemas de tratamento de dados em relação ao meio usado, que faz tratamento intenso de dados pessoais.

O Código Civil de 2002 estabeleceu como hipótese de emancipação legal o exercício de atividade laboral para o adolescente que exerce atividade como empregador ou empregado. Entretanto, na prática, em nenhum desses dois casos se reconhece na prática a emancipação, exigindo-se a assistência do representante legal na celebração dos atos empresariais ou contratos de trabalho, conforme o caso. Nos termos do art. 2º, do Estatuto da Criança e do Adolescente, criança é a pessoa com até doze anos incompletos, e adolescente é a pessoa com doze anos completos e dezoito anos incompletos. Dessa forma, como o § 1º se volta a crianças e o trabalho infantil é terminantemente proibido, não se requer, em geral, a obtenção de consentimento específico por um dos genitores ou representante legal.

Quando se trata de crianças artistas e atletas, a aplicação correta da LGPD exige a inserção de cláusula específica sobre tratamento de dados pessoais, esclarecendo a finalidade da coleta, sua adequação e necessidade. Em se tratando de contrato assinado pelo genitor ou responsável, a aferição do consentimento dá-se de forma simples, e o

---

(39) CAVALCANTE, Sandra Regina. Trabalho artístico na infância: estudo qualitativo em saúde do trabalhador. 2012. Dissertação (Mestrado em Saúde Ambiental) – Faculdade de Saúde Pública, Universidade de São Paulo, São Paulo, 2012. Disponível em: <https://www.teses.usp.br/teses/disponiveis/6/6134/tde-25052012-141746/publico/SandraCavalcante.pdf>. Acesso em: 12 abr. 2021. doi:10.11606/D.6.2012.tde-25052012-141746.

requisito de manifestação do consentimento pelo genitor ou representante legal será necessariamente atendido. Porém, maior atenção existirá para o "Youtuber" mirim. Embora não exista contrato entre a criança ou adolescente com seu genitor ou responsável, a plataforma digital deverá zelar pela coleta do consentimento do genitor ou responsável acerca dos dados pessoais coletados por conta da publicação do vídeo da criança. Porém, cabe às plataformas digitais manterem mecanismos de coleta do consentimento, para que se observe o cumprimento da LGPD. Por fim, deve-se redigir a cláusula ou a política de privacidade de forma simples, ante a situação de hipervulnerabilidade da criança e adolescente, sempre no seu melhor interesse.

A exigência de manter pública a informação sobre os tipos de dados coletados, a forma de sua utilização e os procedimentos para o exercício dos direitos a que ser refere o art. 18, da LGPD, decorre do princípio do melhor interesse da criança. Todavia, não parece razoável que se mantenham públicas essas informações para artistas e atletas. Para fins de proteção da criança, permite-se que sejam coletados dados para contato com o genitor ou responsável, como no caso de alguma ameaça decorrente do uso da internet. Embora não seja relacionado com a atividade laboral, não se pode impedir o livre desenvolvimento da criança e adolescente por meio de atividades artísticas, esportivas ou de elaboração de vídeos, mediante condicionamento a jogos, aplicações de internet ou outras atividades.

Seção IV

Do Término do Tratamento de Dados

Art. 15. O término do tratamento de dados pessoais ocorrerá nas seguintes hipóteses:

I – verificação de que a finalidade foi alcançada ou de que os dados deixaram de ser necessários ou pertinentes ao alcance da finalidade específica almejada;

II – fim do período de tratamento;

III – comunicação do titular, inclusive no exercício de seu direito de revogação do consentimento conforme disposto no § 5º do art. 8º desta Lei, resguardado o interesse público; ou

IV – determinação da autoridade nacional, quando houver violação ao disposto nesta Lei.

Pietra Daneluzzi Quinelato

O término do tratamento de dados pessoais ocorrerá nas hipóteses seguintes

Diferentemente do que ocorre no GDPR, a LGPD dispõe sobre o término do tratamento de dados pessoais em uma seção separada das demais. Mas o que é o término de tratamento? Os dados pessoais devem ter um ciclo de vida quando tratados, desde a sua coleta e armazenamento, até o seu descarte. Isso ocorre porque dados pessoais não devem ser utilizados sem uma finalidade determinada e sem uma base legal que oriente as operações de tratamento. Assim, não devem ser tratados de forma ilimitada.

O término do tratamento, portanto, é o fim da sua utilização pelos agentes de tratamento. O art. 15, composto de quatro incisos, abrange hipóteses em que esse término deve ocorrer, podendo ser organizadas como (i) esgotamento funcional da utilização dos dados, (ii) término do prazo, (iii) autodeterminação do titular e (iv) ilegalidade[(40)], conforme será visto a seguir.

Verificação de que a finalidade foi alcançada ou de que os dados deixaram de ser necessários ou pertinentes ao alcance da finalidade específica almejada

O primeiro inciso do art. 15 está intimamente ligado com os princípios da finalidade e da necessidade presentes no art. 6º, I e III da LGPD. Enquanto o primeiro determina que o tratamento deve ter propósitos legítimos, específicos, explícitos e informados ao titular, sem possibilidade de tratamento posterior de forma incompatível com essas finalidades, enquanto o segundo dispõe que se trata da limitação do tratamento ao mínimo necessário para a realização de suas finalidades, com abrangência dos dados pertinentes, proporcionais e não excessivos.

Tal hipótese determina que, quando a finalidade for alcançada e tal fato for verificado pelo agente de tratamento e, ainda, caso os dados pessoais não sejam mais necessários ou pertinentes para alcançar determinado objetivo, deve ocorrer o término do tratamento dos dados pessoais envolvidos na referida operação.

---

(40) GUEDES, Gisela S.; MEIRELES, Rose M. Término do tratamento dos dados. In: FRAZÃO, Ana; OLIVA, Milena D.; TEPEDINO, Gustavo (Coords). *Lei Geral de Proteção de Dados e suas repercussões no direito brasileiro*. 1. ed. São Paulo: Thomson Reuters Brasil, 2018.

Assim, se uma manutenção dos dados pessoais ocorrer, será necessária uma justificação pelo agente de tratamento. No entanto, como o ciclo de vida dos dados não é estável e imutável, podem existir outras finalidades diversas daquelas para as quais os dados foram coletados. Nesse caso, a retenção dos dados será possível desde que exista uma base legal que a justifique, não havendo, dessa forma, o término do tratamento diante da alteração da finalidade.

Já o término do tratamento de dados que não são necessários ou pertinentes está associado a uma análise que deve ser feita oportunamente pelo controlador. Por exemplo, foram coletados dados dos filhos dos funcionários para um evento pontual ocorrido em determinada empresa, como uma gincana do Dia das Crianças. Passado o evento, a finalidade de tais dados deixa de existir, não sendo dados pertinentes para serem mantidos pelo controlador.

Outro exemplo é a coleta de uma ampla variedade de dados pessoais do funcionário durante o período em que ele trabalha na empresa, mas, com a rescisão do contrato de trabalho, não serão todos os dados que precisam ser conservados em poder do controlador, apenas aqueles destinados ao exercício regular do direito do controlador e ao cumprimento de obrigações legais e regulatórias.

Nesse caso, é possível citar algumas situações em que os dados devem ser mantidos, como na tabela abaixo.

Documento	Prazo	Previsão Legal
Contrato de trabalho, ficha de registro do empregado, livro de inspeção do trabalho, livros de ata da Comissão Interna de Prevenção de Acidentes, Comprovante de exercício da atividade remunerada dos segurados e contribuintes individuais	Indeterminado	Documentos importantes para comprovação de obrigações declaratórias- imprescritíveis
Verbas rescisórias	2 anos	Art. 7º, XXIX, e art. 11, da CLT

Termo de Rescisão do Contrato de Trabalho	2 anos, Salvo menor trabalhador (inicia a contagem do prazo quando fizer 18 anos)	Art. 7º, XXIX, Constituição Federal e art. 440,da CLT
Contratos com terceiros.	5 anos após cessação da prestação do serviço.	Art. 7º, XXIX, Constituição Federal e art. 5º-A, da Lei 6019/1974
Cadastro Geral de Empregados e Desempregados	3 anos a contar da data do envio do arquivo ao Ministério do Trabalho e Emprego (MTE)	Art. 1º, § 2º, Portaria MTE 235/2003
Verbas típicas trabalhistas, decorrentes da legislação do trabalho	5 anos, limitado a 2 após à extinção do contrato de trabalho	Art. 7, inciso XXIX, da CF de 1988 e art. 11, da CLT
Controle de ponto	5 anos	Art. 7º, XXIX, Constituição Federal e art. 11, da CLT
GRCSU (Guia de Recolhimento de Contribuição Sindical Urbana) – para as contribuições não recolhidas não há prazo prescricional	5 anos	Arts. 578 e 579, da CLT, c/c arts. 173 e 217, do CTN

Recibos de pagamento e adiantamento salarial	5 anos Limite de 2 anos após extinção do contrato de trabalho	Art. 7º, XXIX, da Constituição Federal, e art. 11, da CLT.
Recibos de pagamento e gozo de férias.	5 anos Limite de 2 anos após extinção do contrato de trabalho	Art. 7º, XXIX, da Constituição Federal, e art. 11, da CLT
Recibos de pagamentos do 13º salário	5 anos Limite de 2 anos após extinção do contrato de trabalho	Art. 7º, XXIX, da Constituição Federal, e art. 11, da CLT
Salário – relação de depósitos bancários	5 anos	Art. 7º, XXIX, da Constituição Federal, e art. 11, da CLT
Seguro-Desemprego (Comunicação de Dispensa – CD e Requerimento do Seguro-Desemprego – SD)	5 anos	Art. 7º, XXIX, Constituição Federal e art. 11, da CLT
Vale-transporte (pedido, recibo de entrega, alteração de endereço etc.)	5 anos	Art. 7º, XXIX, da Constituição Federal, e art. 11, da CLT
Comunicação de Acidente de Trabalho (CAT)	5 anos	Decreto 3048/1999, com redação do Decreto 10.410/2020

PIS/PASEP Folha de pagamento	5 anos	Art. 348, do Decreto 3048/1999, alterado pelo Decreto 10410/2020
Fundo de Garantia do Tempo de Serviço	5 anos – novo prazo, inclusive para efeitos de fiscalização	Súmula n. 362, do TST, e art. 23A parágrafo 3º, da Lei n. 8036/1990, com redação dada pela Lei n. 13.932/2019
DARF – Imposto de Renda Retido na Fonte	5 anos	Art. 174, do CTN
CAGED (eSsocial)	5 anos	Art. 8 º da Portaria ME 39/2019
RAIS (eSocial)	5 anos	Art. 2º, § 1º, Portaria MTE 1.129/2014, e Portaria 1.195/2019
Comprovante de entrega do Mapa de Avaliação Anual (acidentes do trabalho, doenças ocupacionais e agentes de insalubridade, responsabilidade da empresa obrigada a constituir Serviço Especializado em Engenharia de Segurança e em Medicina do Trabalho)	5 anos	NR 4, item 4.2
Guia da Previdência Social	5 anos (novo prazo)	Art. 45, Lei n. 8.212/2091, c/c Súmula Vinculante n. 8, do STF

Processo eleitoral CIPA	Mínimo de 5 anos	NR 5, item 5.40
Exames médicos, prontuário clínico individual	Mínimo de 20 anos após desligamento do empregado	NR 7, item 7.4.5.1
Programa de Controle Médico e Saúde Ocupacional (PCMSO)	20 anos	NR 9, item 9.3.8.2
Perfil Profissiográfico Previdenciário (PPP)	20 anos	NR 9, item 9.3.8.2
Histórico do desempenho do Programa de Prevenção de Riscos Ambientais (PPRA)	20 anos	NR 9, item 9.3.8.2

Assim, dados pessoais que foram necessários ou pertinentes em algum momento podem deixar de sê-los posteriormente, devendo ocorrer o término do seu tratamento.

Fim do período de tratamento

A segunda hipótese trazida no art. 15 se refere ao fim do período de tratamento, cabendo ao controlador se atentar ao prazo de retenção dos dados, conforme exemplos acima. Tal hipótese está associada à expectativa do titular para que seus dados sejam tratados por um momento específico ou uma ocasião esporádica, como um curso oferecido pela empresa.

Podemos encontrar essa ocorrência de término de tratamento quando há coleta do consentimento do titular de dados para tratar seus dados por determinado período e esse período se encerra. No entanto, no âmbito trabalhista, o consentimento como base legal para as operações de tratamento de dados pessoais não é comum e recomendável, tendo em vista a relação de hierarquia existente entre empregador e empregado, que pode impedir a manifestação de ser livre, como é exigido no art. 7º, I , da LGPD.

Comunicação do titular, inclusive no exercício de seu direito de revogação do consentimento conforme disposto no § 5º do art. 8º dessa Lei, resguardado o interesse público

A terceira hipótese de término de tratamento de dados do titular ocorre quando acontece a comunicação do titular, resguardando o interesse público. Sabemos que a LGPD garante ao titular alguns direitos, como o direito de oposição e o direito de revogação do consentimento, previstos no art. 18, parágrafo 2º, e art. 8º, parágrafo 5º, respectivamente.

Essa hipótese se aplicaria em tais situações, isto é, quando uma operação de tratamento não tiver como base legal o consentimento, o titular poderá se opor, exercendo o seu direito de "*opt-out*" caso haja alguma violação da lei ou como um mecanismo de salvaguarda, caso o agente de tratamento o implemente. Por outro lado, havendo tratamento com base no consentimento, é seu direito revogá-lo, de forma que o tratamento deverá ser encerrado.

Contudo, caso remanesçam outras finalidades, mesmo com a comunicação do titular, o término não ocorre, desde que elas estejam acompanhadas de bases legais que justifiquem o tratamento dos dados pessoais. Além disso, havendo interesse público, como questões envolvendo saúde da comunidade, interesse histórico ou estatístico, a comunicação do término e a sua efetivação balanceadas(41).

---

(41) Além da análise feita, Ana Frazão explica que "[...] o inciso faz menção à necessidade de se resguardar o interesse público, parâmetro que não é mencionado nos demais dispositivos que tratam da revogação de consentimento (arts. 8º, §§ 5º e 6º; 9º, § 2º e 18, IX). Tal circunstância pode gerar dificuldades interpretativas, até porque as hipóteses de tratamento de dados em razão do interesse público não dependem nem mesmo de consentimento, nos termos dos arts. 7º e 11, da LGPD". Em outras palavras, o interesse público da disposição poderia trazer dificuldades na interpretação da lei vez que hipóteses de tratamento voltadas ao interesse público não dependeriam de consentimento. Conclui, em relação ao consentimento, que ainda que se admita alguma restrição por motivos de interesse público, tais motivos deverão ser concretos, específicos, plausíveis e suficientemente importantes para justificar o tratamento de dados mesmo diante da discordância do titular, vez que a revogação do consentimento pode ocorrer a qualquer tempo. In: FRAZÃO, Ana. Nova LGPD: o término do tratamento de dados. *JOTA*, 10 out 2018. Disponível em: <https://www.jota.info/opiniao-e-analise/colunas/constituicaoempresa-e-mercado/nova-lgpd-o-termino-do-tratamento-de-dados-10102018>. Acesso em: 23 out. 2020.

Determinação da autoridade nacional, quando houver violação ao disposto nesta Lei

A última hipótese de término de tratamento está relacionada à violação da lei e ao poder sancionatório da Autoridade Nacional de Proteção de Dados que, de acordo com os artigos 52, VI e 55-J, IV, pode determinar tal imposição. Portanto, havendo tratamento indevido de dados pessoais, com a consequente infração a algum dispositivo da LGPD, poderão ser aplicadas sanções, dentre elas a determinação de término de tratamento por meio da eliminação dos dados pessoais.

Ocorre que tal medida pode ser muito prejudicial a alguns modelos de negócio, principalmente ao considerarmos aqueles do universo digital, que utilizam plataformas digitais e dados pessoais como moeda ou insumos essenciais para o funcionamento do seu negócio. Portanto, trata-se de uma hipótese punitiva, representando um poder agressivo da Autoridade Nacional de Proteção de Dados com potencial de prejudicar muitos modelos de negócio.

Art. 16. Os dados pessoais serão eliminados após o término de seu tratamento, no âmbito e nos limites técnicos das atividades, autorizada a conservação para as seguintes finalidades:

I – cumprimento de obrigação legal ou regulatória pelo controlador;

II – estudo por órgão de pesquisa, garantida, sempre que possível, a anonimização dos dados pessoais;

III – transferência a terceiro, desde que respeitados os requisitos de tratamento de dados dispostos nesta Lei; ou

IV – uso exclusivo do controlador, vedado seu acesso por terceiro, e desde que anonimizados os dados.

Pietra Daneluzzi Quinelato

Eduardo Cominetti

Os dados pessoais serão eliminados após o término de seu tratamento, no âmbito e nos limites técnicos das atividades, autorizada a conservação para as seguintes finalidades

Vistas as hipóteses em que deve ocorrer o término do tratamento, o art. 16 dispõe sobre a necessidade de eliminação de tais dados, com algumas exceções. É necessário destacar dois fatos a respeito de eliminação de dados pessoais. O primeiro é que controladores e operadores devem se lembrar de eliminar os dados de todos os sistemas que os utilizam, incluindo, por exemplo, sistemas de recuperação (*backup*). Esse processo é mais simples de ser realizado caso exista o mapeamento desses dados. Dessa forma, o controlador e operador já sabem todos os sistemas que devem realizar o procedimento antes desse ser necessário.

O segundo fato é que não há como garantir tecnicamente que os dados de um titular realmente tenham sido eliminados de todos os sistemas que os contêm. Como exemplo, os dados podem ser eliminados dos servidores de um operador que processam os dados atuais, mas podem permanecer em discos de recuperação. Como esses discos não são comumente usados, o titular dificilmente conseguiria aferir que seus dados foram devidamente eliminados.

Uma sugestão é que os controladores e operadores mantenham uma lista de titulares que requisitaram a eliminação dos seus dados. Essa lista deve ser publicamente verificável, mas garantir a privacidade dos titulares. Um exemplo de lista que possui essas características é uma árvore binária de Merkle, cuja raiz seja digitalmente assinada com uma data. Essa árvore seria atualizada periodicamente (e.g., uma vez a cada 15 dias). Uma estrutura análoga a essa é utilizada no Google Certificate Transparency. A ideia é que os nós filhos da árvore sejam o resultado *hash* de uma identificação única do usuário e que os nós pais sejam computados a partir do concatenamento de seus filhos. Por fim, a raiz da árvore com a data que ela foi computada são digitalmente assinadas.

Caso um titular deseje consultar se foi inserido na lista, ele tem a capacidade de calcular seu próprio nó e o controlador ou operador fornece todos os nós irmãos no caminho do usuário até a raiz. Como o usuário computou por conta própria um dos elementos da árvore, uma fraude só seria possível se o controlador ou operador conseguisse calcular uma pré-imagem de um *hash*.

Se for utilizado um *hash* criptográfico, essa probabilidade é mínima. Como o nó da árvore encontra-se digitalmente assinado, o titular consegue provar para qualquer terceiro que ele foi incluído. Isso se deve ao fato de que para falsificar sua inclusão nessa árvore, o titular ou teria que falsificar a assinatura digital da raiz, o que não pode ser tecnicamente feito com recursos computacionais atuais, ou ele também necessitaria calcular uma pré-imagem de *hash*.

Dessa forma, caso haja um vazamento no qual o titular dos dados seja afetado, ele pode provar em uma ação judicial que o controlador não atendeu às disposições da lei. Consequentemente, a ameaça de sofrer uma punição mais severa aumentaria a probabilidade de o controlador ou operador realmente eliminarem os dados pessoais, quando devido.

Caso o titular autorize novamente o controlador a realizar o tratamento de dados, o controlador deve, então, garantir de forma inequívoca o consentimento do titular e a data na qual ela foi dada, além de comunicá-lo a respeito desse consentimento. Após a obtenção desse consentimento, o controlador pode remover o titular da lista de dados eliminados.

Se o titular alegar em momento posterior e de forma falsa que o controlador tratou seus dados quando não havia permissão, o titular só poderia apresentar a raiz assinada com uma data anterior à data em que o controlador possui com o consentimento inequívoco do titular. Consequentemente, essa alegação falsa seria facilmente descoberta.

Por outro lado, os incisos do art. 16 trazem as hipóteses em que os dados não serão necessariamente eliminados após o término do tratamento.

Cumprimento de obrigação legal ou regulatória pelo controlador

A primeira exceção do art. 16 aborda uma base legal prevista no art. 7º, da LGPD, isto é, a necessidade de não eliminar dados devido ao cumprimento de obrigação legal ou regulatória pelo controlador. Como visto acima, no âmbito trabalhista tais situações podem ocorrer quando um contrato de trabalho é rescindido, mas a empresa ainda deve manter os dados para certas atividades. Por esse motivo, a conservação dos dados estaria justificada, não sendo necessária a sua eliminação.

Estudo por órgão de pesquisa, garantida, sempre que possível, a anonimização dos dados pessoais

A segunda exceção do art. 16, da LGPD, se refere ao estudo realizado por órgão de pesquisa, mas sublinha a importância da anonimização dos dados, quando possível, desclassificando-os da categoria de dados pessoais, de forma que não seja mais possível identificar o seu titular. Nesse momento, a LGPD não se aplica.

O estudo por órgão de pesquisa também é uma base legal prevista no art. 7º da lei. No entanto, existem duas possíveis interpretações para tal hipótese, sendo a primeira referente à manutenção pelo órgão de pesquisa que já atuava como controlador ou o compartilhamento por meio de um controlador de dados pessoais para um órgão de pesquisa, o que se mostra mais improvável.

Transferência a terceiro, desde que respeitados os requisitos de tratamento de dados dispostos nessa Lei

A terceira exceção disposta no inciso III, do art. 16, está relacionada à transferência dos dados pessoais após o término do tratamento a um terceiro. Nesse caso, podemos citar a devolução de um operador a um controlador dos dados que tratava durante um período determinado.

Na esfera trabalhista, é comum que haja a terceirização de empresas para algumas atividades, como a contratação de uma empresa de recursos humanos para gerenciar o pessoal da empresa. Encerrando-se o contrato com tal empresa terceirizada, caberia a ela devolver os dados ao controlador, isto é, à empresa contratante.

Uso exclusivo do controlador, vedado seu acesso por terceiro, e desde que anonimizados os dados.

Por fim, a última exceção trazida no artigo em referência reforça a anonimização, apesar de os dados anonimizados não estarem no escopo da LGPD. Portanto, havendo término do tratamento de dados pessoais e o controlador utilizando as técnicas que anonimizem tais dados, ele poderá utilizá-los. Como por exemplo, uma empresa pode anonimizar dados de seus funcionários para fins estatísticos.

Por outro lado, a LGPD elenca em vários dispositivos a possibilidade de o titular requerer a eliminação dos seus dados pessoais caso sejam desnecessários, excessivos ou tratados em desconformidade como disposto na lei, o que pode impossibilitar que a anonimização aconteça como previsto nessa exceção.

CAPÍTULO III

DOS DIREITOS DO TITULAR

Art. 17. Toda pessoa natural tem assegurada a titularidade de seus dados pessoais e garantidos os direitos fundamentais de liberdade, de intimidade e de privacidade, nos termos desta Lei.

Thomas Kefas de Souza Dantas

Este artigo reafirma a titularidade dos dados pessoais à pessoa natural, elevando essa titularidade ao patamar de direito personalíssimo. Isso implica que a pessoa sempre será detentora e manterá o controle sobre o uso e tratamento de seus dados pessoais, de forma que ela possa exercer a liberdade sobre a aprovação ou não ao tratamento realizado por terceiros.

Enquanto direito de personalidade, a titularidade dos dados pessoais sofre de toda sorte de restrições inerentes a essa classe de direitos: irrenunciáveis, intransmissíveis, inalienáveis, impenhoráveis.

Não se impede o tratamento de dados, mas sim, exige-se dos agentes de tratamento um dever de cuidado com o tratamento para que o faça de forma transparente com o titular, e para evitar que haja danos ao seu direito de intimidade e privacidade.

Art. 18. O titular dos dados pessoais tem direito a obter do controlador, em relação aos dados do titular por ele tratados, a qualquer momento e mediante requisição:

I – confirmação da existência de tratamento;

II – acesso aos dados;

III – correção de dados incompletos, inexatos ou desatualizados;

IV – anonimização, bloqueio ou eliminação de dados desnecessários, excessivos ou tratados em desconformidade com o disposto nesta Lei;

V – portabilidade dos dados a outro fornecedor de serviço ou produto, mediante requisição expressa, de acordo com a regulamentação da autoridade nacional, observados os segredos comercial e industrial;

VI – eliminação dos dados pessoais tratados com o consentimento do titular, exceto nas hipóteses previstas no art. 16 desta Lei;

VII – informação das entidades públicas e privadas com as quais o controlador realizou uso compartilhado de dados;

VIII – informação sobre a possibilidade de não fornecer consentimento e sobre as consequências da negativa;

IX – revogação do consentimento, nos termos do § 5º do art. 8º desta Lei.

§ 1º O titular dos dados pessoais tem o direito de peticionar em relação aos seus dados contra o controlador perante a autoridade nacional.

§ 2º O titular pode opor-se a tratamento realizado com fundamento em uma das hipóteses de dispensa de consentimento, em caso de descumprimento ao disposto nesta Lei.

§ 3º Os direitos previstos neste artigo serão exercidos mediante requerimento expresso do titular ou de representante legalmente constituído, a agente de tratamento.

§ 4º Em caso de impossibilidade de adoção imediata da providência de que trata o § 3º deste artigo, o controlador enviará ao titular resposta em que poderá:

I – comunicar que não é agente de tratamento dos dados e indicar, sempre que possível, o agente; ou

II – indicar as razões de fato ou de direito que impedem a adoção imediata da providência.

§ 5º O requerimento referido no § 3º deste artigo será atendido sem custos para o titular, nos prazos e nos termos previstos em regulamento.

§ 6º O responsável deverá informar, de maneira imediata, aos agentes de tratamento com os quais tenha realizado uso compartilhado de dados a correção, a eliminação, a anonimização ou o bloqueio dos dados, para que repitam idêntico procedimento, exceto nos casos em que esta comunicação seja comprovadamente impossível ou implique esforço desproporcional.

§ 7º A portabilidade dos dados pessoais a que se refere o inciso V do caput deste artigo não inclui dados que já tenham sido anonimizados pelo controlador.

§ 8º O direito a que se refere o § 1º deste artigo também poderá ser exercido perante os organismos de defesa do consumidor.

Thomas Kefas de Souza Dantas

O titular dos dados pessoais tem direito a obter do controlador, em relação aos dados do titular por ele tratados, a qualquer momento e mediante requisição

O *caput* do art. 18 apresenta um direito geral de requisição do titular dos dados, em relação ao controlado. Tal direito não implica em um dever de deferimento de tais pretensões por parte do controlador – vide §4º, desse artigo.

O dever que se impõe ao controlador, por força do art. 18, *caput,* é um dever geral de processamento do pedido para verificação se ele será ou não atendido. Não pode o controlador não analisar o pedido do titular dos dados.

Confirmação da existência de tratamento

Um dos mais básicos direitos do titular, advindo do dever de transparência do controlador, é o direito de requerer a confirmação da existência do tratamento de seus dados. É um direito em que o titular terá a mera confirmação da existência de informações de sua titularidade nos bancos de dados do controlador.

Acesso aos dados

Além do direito de confirmar a existência de tratamento dos dados, previstos no inciso anterior, o titular tem o direito de acessar os dados tratados. Para isso, ele deve ter conhecimento prévio da existência do tratamento ou ter a confirmação do tratamento com base no requerimento do inciso anterior.

Destacamos aqui que não se trata de simples acesso aos dados catalogados pelo controlador. Para que o titular faça jus ao seu direito de controle sobre seus dados de forma plena, o controlador deverá informar, para além da totalidade dos dados do titular em seu poder, outras informações como as finalidades do tratamento, formas de tratamento, se há compartilhamento com terceiros ou transferência internacional, sobre forma e prazo de conservação das informações, ou tratamento que implique em consequências ao titular.

Correção de dados incompletos, inexatos ou desatualizados

Já previsto em remédio constitucional, o direito de retificação dos dados, advindo do princípio da autodeterminação informativa, o inciso

III estabelece um novo meio de requisição que não seja por via de processo constitucional de *habeas data.*

O titular tem o direito de verificar a veracidade, a exatidão e a contemporaneidade das informações sobre si, de posse do controlador; assim, poderá peticionar, em qualquer tempo, sobre a necessidade de atualização das informações disponíveis sobre si existente nos bancos de dados do controlador. Lembramos que essa possibilidade coaduna com o previsto no art. 21, da Lei 9.507/1997 (Lei do *Habeas Data*).

Uma vez que o tratamento dos dados serve para uma finalidade determinada, a precisão das informações é importante para que o titular obtenha aquilo que deseja a partir de tal tratamento. Dados incompletos devem ser complementados, dados inexatos devem ser corrigidos, assim como os desatualizados devem ser atualizados.

Lembramos aqui que tais modificações devem advir de requerimento do titular mas, para que isso possa ocorrer, o dever de transparência dos dados tratados pelo controlador não pode deixar de existir: é apenas por meio da transparência das informações que o titular terá a possibilidade de perceber a incompletude ou inexatidão das suas informações. A desatualização pode ser percebida sem o necessário acesso, por advir de alguma mudança nos dados do sujeito titular conhecida por ele, por alteração de endereço, mudança de algum estado jurídico ou alteração documental. Portanto, fatos inacessíveis ao controlador, que dependerão da iniciativa do titular para efetivar eventuais mudanças.

Como dito anteriormente, o §4º permite ao controlador a não adoção de medidas imediatas para as mudanças requeridas; nesse caso, dada a dinâmica da necessidade de precisão dos dados, pode o controlador adotar medidas necessárias à verificação e validação das informações, quer seja requerendo comprovação da titularidade dos dados a serem modificados, quer seja requerendo comprovação da veracidade dos próprios dados.

Anonimização, bloqueio ou eliminação de dados desnecessários, excessivos ou tratados em desconformidade com o disposto nesta Lei

A anonimização dos dados, enquanto um direito do titular previsto nesse inciso, se mostra como um direito, cujo exercício é condicionado à viabilidade fática no tratamento e para a finalidade do caso concreto.

Percebemos que, por diversas ocasiões – vide artigos 7, 11, e 16 – o legislador estabelece que a anonimização dar-se-á quando houver a possibilidade de fazê-lo. Tal inciso, como lembramos mais uma vez, estabelece um direito de petição; logo, o titular poderá peticionar ao controlador solicitando a anonimização dos seus dados. Contudo, esse somente estará obrigado a deferir o requerimento quando houver possibilidade mediante o tratamento dado e a viabilidade técnica.

Acerca do direito de requisição de bloqueio dos dados, há um certo problema que devemos enfrentar. O bloqueio é compreendido como uma suspensão imposta às operações de tratamento dos dados pessoais sem necessidade de exclusão dos dados ou banco de dados.

Ele foi estabelecido pelo legislador como sanção – vide artigo 52 – pela não observância das determinações dessa lei para o tratamento de dados. Logo, não vemos a possibilidade de um requerimento não fundamentado em decisão judicial ou administrativa para que seja efetivado o bloqueio total dos dados pessoais.

Uma possibilidade que vislumbramos será a da requisição de bloqueio parcial de operação determinada, com a qual o titular dos dados pessoais possa não concordar de forma justificada; nesse caso, conseguiríamos fundamentar tal ato na necessidade de controle dos dados pelo titular.

Já o direito de eliminação, quando os dados forem desnecessários, excessivos ou tratados em desconformidade com essa lei, apresenta ao titular uma forma de requerer a cessão do abuso de direito de tratamento. Ora, o tratamento dos dados do titular deve ocorrer sempre dentro do binômio necessidade-finalidade, de forma adequada e lícita, o tratamento fora dos padrões estabelecidos na lei se torna um tratamento abusivo, e como titular, ele tem o direito de requerer a eliminação dos dados para que haja o equilíbrio no tratamento e a readequação do tratamento dos dados ao seu âmbito de garantia efetiva dos direitos do titular.

Portabilidade dos dados a outro fornecedor de serviço ou produto, mediante requisição expressa, de acordo com a regulamentação da autoridade nacional, observados os segredos comercial e industrial;

[...]

A portabilidade dos dados pessoais a que se refere o inciso V do *caput* deste artigo não inclui dados que já tenham sido anonimizados pelo controlador

A portabilidade dos dados do titular garante a liberdade de escolha do agente de tratamento dos dados e evita que agentes já existentes no mercado possam usar da condição de detentor dos dados tratados para acentuar barreiras de entrada, pelo aprisionamento do titular por via da dependência de sua tecnologia.

É norma que visa tanto a proteção do titular quanto dos valores da concorrência e da livre iniciativa de mercado, previstos no art. 2º, dessa lei. Esse artigo sofreu uma mudança no que tange sua operabilidade dentro do mercado, condicionando seu pleno funcionamento à futura padronização feita por via de regulamento da ANPD.

Há, dessa forma, uma obrigatoriedade de manutenção dos dados do titular, por parte dos controladores, de forma a obedecer a um padrão tecnológico a ser definido como universal para a guarda dos dados. Lembramos que essa portabilidade não deve implicar na transmissibilidade dos dados tratados e anonimizados, pois isso pode implicar em transferência de segredo industrial dos agentes de tratamento. Assim, a base de dados portátil será aquela relativa aos *inputs* do titular dentro do sistema do controlador, nunca relativo aos *outputs*, pois estas informações já seriam fruto do resultado da aplicação da tecnologia de tratamento de propriedade do controlador, e não mais seriam pertencentes aos usuários, apesar de serem decorrentes do tratamento de seus dados.

Eliminação dos dados pessoais tratados com o consentimento do titular, exceto nas hipóteses previstas no art. 16 dessa Lei

A eliminação prevista nesse inciso, deferentemente daquela que tratamos no inciso IV, nos apresenta não uma forma adicional de coibir o abuso de direito, mas vem sim consagrar o direito de desistência do titular que tenha seus dados tratados com base na hipótese legal do consentimento.

Uma vez que o consentimento deixa de existir, por sua revogação, deve cessar de imediato o tratamento dos dados do titular; contudo, a revogação do consentimento não implica na eliminação dos dados. O nosso legislador apresenta aqui que, com exceção das hipóteses previstas no art. 16 – cumprimento de dever legal ou regulamentar; finalidade de estudo por órgãos de pesquisa, transferência a terceiro, uso exclusivo do controlador -, deverá o titular solicitar a eliminação dos dados pessoais em requerimento ao controlador para garantir que esse não mantenha seus dados em seus bancos.

Informação das entidades públicas e privadas com as quais o controlador realizou uso compartilhado de dados

[...]

O responsável deverá informar, de maneira imediata, aos agentes de tratamento com os quais tenha realizado uso compartilhado de dados a correção, a eliminação, a anonimização ou o bloqueio dos dados, para que repitam idêntico procedimento, exceto nos casos em que essa comunicação seja comprovadamente impossível ou implique esforço desproporcional

O uso compartilhado de dados pessoais – vide art. 5º, XVI – entre controladores, sejam instituições públicas ou privadas, é uma realidade posta pela lei nacional, que permite que o titular possa autorizar a comunicação, difusão, tratamento compartilhado e internacional, interconexão, ou mesmo nas bases legais que não necessitem do consentimento.

O presente inciso vem determinar a possibilidade do titular requerer informações a toda a cadeia de entes controladores de seus dados pessoais, ampliando a possibilidade de exercício do direito a autodeterminação informativa, mesmo quando o titular não tenha um vínculo direto com um dos entes da cadeia.

Esse direito irá assegurar a indissociabilidade entre o titular e seus dados, devendo ele manter o controle perante todos os sujeitos que componham essa cadeia de compartilhamento de dados.

Já o parágrafo 6º irá afastar a necessidade do titular informar as mudanças, correções, ou atualizações das suas informações, já comentadas acima no inciso III, a toda a cadeia de compartilhamento. Esse ônus deverá recair sobre o primeiro agente de tratamento, ou seja, o responsável pela catalogação inicial dos dados. O mesmo deve ocorrer em caso de eliminação, anonimização e bloqueio dos dados.

Poderá o responsável se escusar de cumprir essa obrigação quando comprovar ser impossível ou quando sua execução implicar esforço desproporcional, o que deve ser verificado caso a caso.

Informação sobre a possibilidade de não fornecer consentimento e sobre as consequências da negativa

Por força do dever de transparência do controlador, as informações pertinentes à possibilidade de revogação do consentimento devem estar sempre disponíveis; contudo, esse inciso vem reafirmar essa necessidade como um direito de requisição do titular.

Mesmo não sendo facultado ao controlador não informar previamente sobre a possibilidade do não consentimento e suas consequências, o titular pode requerer tais informações para municiá-lo, para que ele consiga escolher se irá ou não fornecer o consentimento para o tratamento de seus dados.

A informação deve ser clara e não possibilitar dúvidas, podendo inclusive usar de recursos de comunicação direcionados para a melhor compreensão do titular.

Revogação do consentimento, nos termos do § 5º, do art. 8º, dessa Lei

O consentimento constitui uma das bases legais de tratamento de dados, pautado na livre autonomia da vontade do titular de fornecer e permitir o tratamento de seus dados pessoais aos agentes de tratamento de dados.

Por ter base na autonomia da vontade do sujeito, essa possibilidade de tratamento pode ser revogada a qualquer tempo. O legislador então, em relação às possibilidades de tratamento com base no consentimento, garantiu ao titular o direito de requerer, a qualquer tempo, nos termos do art. 8º, §5º, dessa lei, a revogação do seu consentimento.

Lembramos que o requerimento da revogação terá, em regra, efeitos *ex nunc,* e no caso do titular desejar que os dados já armazenados sob a égide da vigência do consentimento sejam apagados, ele deve, com base no inciso VI, desse artigo, requerer também a sua eliminação.

O titular dos dados pessoais tem o direito de peticionar em relação aos seus dados contra o controlador perante a autoridade nacional.

[...]

O direito a que se refere o § 1º, desse artigo, também poderá ser exercido perante os organismos de defesa do consumidor

O direito aqui definido ao titular dos dados pessoais versa sobre a possibilidade de reclamação acerca da conduta do controlador, imputado concorrentemente à ANPD aos órgãos de defesa do consumidor, quando for o caso de competência dessa seara.

A autoridade, para receber tais reclamações e tomar as medidas necessárias para que seja analisada e, quando válida, implementada a pretensão do titular em relação ao controlador, deverá se estruturar e criar um canal de comunicação com os titulares dos dados para que esse direito possa ser implementado.

Destacamos aqui a atuação dos órgãos de defesa do consumidor nesse momento, uma vez que a ANPD ainda está em processo de estruturação, e ainda não implementou um canal para recebimento de tais demandas.

O titular pode opor-se ao tratamento realizado com fundamento em uma das hipóteses de dispensa de consentimento, em caso de descumprimento ao disposto nessa Lei.

A LGPD, dentro da base legal do consentimento, apresenta as hipóteses em que o consentimento do titular pode ser dispensado - vide art. 7º, § 4º. Nesses casos, esse parágrafo confere ao titular o direito de oposição ao tratamento realizado com fundamento nos casos de dispensa do consentimento, nos casos de haver descumprimento de preceito legal.

Os direitos previstos nesse artigo serão exercidos mediante requerimento expresso do titular ou de representante legalmente constituído, a agente de tratamento.

[...]

O requerimento referido no § 3º, desse artigo, será atendido sem custos para o titular, nos prazos e nos termos previstos em regulamento.

Os parágrafos acima citados tratam sobre o interesse e legitimidade do exercício dos direitos do titular dos dados pessoais exercidos mediante os requerimentos listados nos incisos supracitados.

Os direitos tratados nesse artigo devem ser exercidos somente pelo seu titular, ou representante legalmente constituído, e não podem os agentes de tratamento estabelecer qualquer custo financeiro para que o titular tenha sua demanda analisada.

Quanto aos prazos e termos para processamento dos requerimentos, ainda carecem de regulação nesse momento por parte da ANPD.

Em caso de impossibilidade de adoção imediata da providência de que trata o § 3º desse artigo, o controlador enviará ao titular resposta, em que poderá:

Comunicar que não é agente de tratamento dos dados e indicar, sempre que possível, o agente;

Indicar as razões de fato ou de direito que impedem a adoção imediata da providência

O parágrafo 4º e seus incisos I e II estabelecem as possibilidades de não cumprimento das requisições dos titulares. Mesmo estabelecendo ser direito do titular requerer aquilo que foi previsto nos incisos do parágrafo ora em comento, o legislador foi assertivo ao compreender que as requisições podem não ser válidas por força da lei ou executáveis pelo agente, por incapacidade fática ou de direito.

Dentro das impossibilidades de não cabimento do requerimento, está prevista no inciso I a da incompetência do agente no tratamento dos dados apresentados pelo titular. Pode o agente requerido não ter controle sobre os dados apontados pelo titular; quando isso ocorrer, ele deverá informar ao titular, em resposta à sua requisição, não ser o agente de tratamento dos dados e, quando possível, indicar quem o é.

Quando a impossibilidade de cumprimento se der por outra razão, de fato ou de direito, sua resposta ao requerimento do titular será no intuito de apontar as razões, justificando-as, de forma a apresentar os motivos pelos quais não dará prosseguimento imediato às pretensões requeridas.

Art. 19. A confirmação de existência ou o acesso a dados pessoais serão providenciados, mediante requisição do titular:

I – em formato simplificado, imediatamente; ou

II – por meio de declaração clara e completa, que indique a origem dos dados, a inexistência de registro, os critérios utilizados e a finalidade do tratamento, observados os segredos comercial e industrial, fornecida

> **no prazo de até 15 (quinze) dias, contado da data do requerimento do titular.**
>
> **§ 1º Os dados pessoais serão armazenados em formato que favoreça o exercício do direito de acesso.**
>
> **§ 2º As informações e os dados poderão ser fornecidos, a critério do titular:**
>
> **I – por meio eletrônico, seguro e idôneo para esse fim; ou**
>
> **II – sob forma impressa.**
>
> **§ 3º Quando o tratamento tiver origem no consentimento do titular ou em contrato, o titular poderá solicitar cópia eletrônica integral de seus dados pessoais, observados os segredos comercial e industrial, nos termos de regulamentação da autoridade nacional, em formato que permita a sua utilização subsequente, inclusive em outras operações de tratamento.**
>
> **§ 4º A autoridade nacional poderá dispor de forma diferenciada acerca dos prazos previstos nos incisos I e II do caput deste artigo para os setores específicos.**

Thomas Kefas de Souza Dantas

Em conformidade com a previsão do direito de acesso do art. 18, e com aquilo que foi previsto no art. 9º, nosso legislador detalha sobre as possibilidades de prestação de informações ao titular dos dados sobre a confirmação da existência de tratamento e sobre o relatório de acesso aos dados tratados.

A resposta do agente de tratamento ao requerimento do titular poder ter dois formatos: simplificado e detalhado, devendo o primeiro ser fornecido de imediato. Para tanto, é dever do agente de tratamento manter os dados armazenados em um formato que possa permitir o acesso imediato, conforme o art. 9º dessa lei, seja por meio eletrônico ou impresso e, quando escolhido o primeiro modo, deve-se atentar para a necessidade de adoção de medidas de segurança que garantam a idoneidade e segurança das informações.

Além do formato simplificado, há a possibilidade de declaração detalhada; esta deverá, além de ser clara, conter a indicação da origem dos dados, apontar sobre a existência ou não de registro dos dados, os critérios utilizados e a finalidade do tratamento, estabelecendo-se um prazo de 15 dias a partir do requerimento do titular para que esse detalhamento seja apresentado.

Os dados do relatório detalhado, da mesma forma que o simplificado, deverão estar armazenados em formato que favoreça o acesso, fornecidos em meio eletrônico ou sob forma impressa, e em formato que favoreça a portabilidade e uso em operações de tratamentos diversos.

Por fim, sobre os prazos de apresentação dos dados (imediato para o formato simplificado, e de 15 dias para o formato detalhado), o legislador permitiu, de acordo com a discricionariedade da ANPD, a possibilidade de se estabelecer prazos diversos para setores específicos da sociedade.

Art. 20. O titular dos dados tem direito a solicitar a revisão de decisões tomadas unicamente com base em tratamento automatizado de dados pessoais que afetem seus interesses, incluídas as decisões destinadas a definir o seu perfil pessoal, profissional, de consumo e de crédito ou os aspectos de sua personalidade.

§ 1º O controlador deverá fornecer, sempre que solicitadas, informações claras e adequadas a respeito dos critérios e dos procedimentos utilizados para a decisão automatizada, observados os segredos comercial e industrial.

§ 2º Em caso de não oferecimento de informações de que trata o § 1º deste artigo baseado na observância de segredo comercial e industrial, a autoridade nacional poderá realizar auditoria para verificação de aspectos discriminatórios em tratamento automatizado de dados pessoais.

Eduardo Cominetti
Selma Carloto

O tratamento automatizado é muitas vezes feito por meio de algoritmos de inteligência artificial. Embora possam ser desenvolvidos algoritmos que tenham como objetivo a discriminação de uma determinada característica, na maioria das vezes esse não é o caso.

Algoritmos de inteligência artificial, simplificadamente, são algoritmos treinados por meio de um banco de dados para filtrar futuras entradas em categorias. Dessa forma, o banco de dados de treino tem uma grande influência sobre as estimativas feitas para os dados dos titulares. Consequentemente, se houver um enviesamento no banco de dados de treino, esse enviesamento será refletido no tratamento de dados do titular. Como por exemplo, se uma inteligência artificial for utilizada para estimar um salário de uma pessoa, a estimativa para mulheres seria menor do que a estimativa para os homens, por causa do enviesamento encontrado na variável sexo. Embora nesse caso seja um erro facilmente detectável utilizar essa variável como parâmetro, as inteligências artificiais lidam muitas vezes com centenas ou até milhares de variáveis. Dessa maneira, pode ser de difícil avaliação qual variável, ou quais variáveis, consideradas em conjunto, estão causando o enviesamento.

Como os algoritmos em si constituem segredos, caberá a ANPD realizar a auditoria nesses casos. Contudo, como mencionado anteriormente, a ANPD deve, além de auditorar o algoritmo em si, requisitar a base de treinamento à qual esse algoritmo foi submetido para aferir se o tratamento automatizado resultante é condizente com essa base. Além disso, a ANPD também deverá auditorar o banco de dados de treinamento para averiguar se esse banco de dados não possui um enviesamento conhecido, o que representaria uma tentativa proposital do controlador em discriminar dados.

Nas relações de emprego, havendo discriminação haverá ofensa ao art. 6º , IX, da LGPD e sendo por tratamento automatizado, por meio de uma IA, combinado com o art. 20, da LGPD, que dispõe sobre o tratamento automatizado. O Ministério Público do Trabalho tem legitimidade para ajuizar ação coletiva, em caso deste tipo de discriminação, já que envolve interesses coletivos ou metaindividuais. O art. 42, da LGPD traz a possibilidade de reparação do dano moral por ações individuais ou coletivas.

Quando falamos de IA a tendência, se houver um enviesamento no banco de dados de treino, será potencializar a discriminação negativa. A própria Amazon, assim como o Google, recentemente abandonaram um projeto de recrutamento por IA por discriminação da palavra "feminino"; a IA não gostava de "mulheres". No caso da Amazon, foram carregados dados dos últimos 10 anos e o *software* aprendeu que deveria discriminar.

Um dos pontos fulcrais de ofensa à LGPD, combinada a várias outras normas (CF, 373 é a discriminação em processo seletivo, inclusive em tratamento automatizado, onde esta poderá será potencializada).

As máquinas aprendem de acordo com os dados que lhe são alimentados e os comandos do programador. As máquinas muitas vezes traduzem o que é fácil constatar, mas, muitas vezes, elas aprendem o que nós não detectaríamos também. As máquinas aprendem e são mais precisas que nós, mas elas não pensam diferente do que lhes é ensinado, não sabem disfarçar.

É mais fácil corrigir primeiro o comportamento do ser humano, dos novos gestores, por exemplo, com uma nova cultura em combate à discriminação negativa e outras práticas abusivas; primeiro ensinamos as pessoas para depois essas ensinarem corretamente as máquinas, sua criação.

A Amazon, por exemplo, tentou corrigir o erro, mas não conseguiu corrigir a eficiência do método e preferiu abandonar o projeto. Daí a importância da revisão humana e a crítica à LGPD, art. 20, *caput*, nesse sentido.

"Se há preconceito humano e a máquina aprendeu com este, ela vai discriminar mais do que o próprio ser humano". Os dados são o combustível que as alimenta: por essa razão, algumas empresas abortaram o projeto.

Art. 21. Os dados pessoais referentes ao exercício regular de direitos pelo titular não podem ser utilizados em seu prejuízo.

Maria Eugênia Geve de Moraes Lacerda

Em primeiro lugar, é necessário observar a posição geográfica desse artigo dentro da estrutura geral da Lei Geral de Proteção de Dados. Estando no Capítulo III, que trata dos direitos dos titulares, percebe-se que um dos intuitos do legislador era evitar a reverberação negativa do exercício legítimo dos direitos dos titulares, por parte do controlador.

Conforme estabelecido no Princípio do Livre Acesso, da Qualidade dos Dados e da Transparência (descritos, respectivamente, no art.o 6º, IV, V e VI), ao titular é assegurado o direito de consultar, acessar, corrigir e compreender plenamente seus dados pessoais tratados pelo controlador.

Nesse sentido, um dos propósitos do art. 21 é proteger o titular do risco de sua solicitação, ou seja, do exercício de seus direitos previstos no art. 18, ensejar efeito adverso. Isso aconteceria, por exemplo, na medida em que o controlador tomasse decisão que levasse a consequências negativas ao titular, motivada pelos resultados de um direito de acesso aos dados pessoais.

Por outro lado, o art.21 também possibilita interpretação mais ampla do "exercício regular de direitos pelo titular", ao contemplar não apenas os direitos listados nesse capítulo da LGPD, mas todo e qualquer direito que o titular possa exercer para tutelar um bem jurídico, como ingressar com ação judicial ou registrar um boletim de ocorrência na delegacia[42]. Seguindo esse caminho, dados pessoais informados pelo titular para uma finalidade específica não devem ser tratados com outra finalidade e, ainda, em seu prejuízo.

Um exemplo da concretização da salvaguarda prevista no art. 21 no âmbito trabalhista está nos *background checks* realizados pelas empresas em seus processos seletivos.

Se o intuito final da prática é pesquisar o histórico dos candidatos para "**evitar problemas, principalmente, trabalhistas ou outros ilícitos por parte desses**"[43], as empresas devem tomar as precauções adequadas para não violarem a legislação aplicável e os direitos constitucionais dos candidatos.

Dessa forma, as empresas não devem solicitar certidões de antecedentes criminais, ou buscar o histórico de ações trabalhistas cujo candidato é parte, e usar as informações de tais documentos para fins discriminatórios ou negativos (como fundamentação para a recusa da vaga). Afinal, esses dados foram fornecidos pelo titular para o exercício regular de seus direitos e não devem ser utilizados em seu prejuízo.

Art. 22. A defesa dos interesses e dos direitos dos titulares de dados poderá ser exercida em juízo, individual ou coletivamente, na forma do disposto na legislação pertinente, acerca dos instrumentos de tutela individual e coletiva.

Bianca Medalha Mollicone

O art. 22, da LGPD, deixa claro que nossa Lei Geral não visou estabelecer regras específicas de competência para a tutela dos direitos dos titulares. No caso de violações, como na hipótese de um inciden-

(42) ARMELIN, R; TEIXEIRA, T. *Lei Geral de Proteção de Dados*: comentada artigo por artigo. 1. ed. Salvador: Editora JusPODIVM, 2019. v. 1, p. 89.

(43) CARLOTO, S. *Compliance trabalhista*. 2. ed. ampl. e atual. São Paulo: LTr, 2020. p. 121-122.

te de segurança, ou tratamento realizado para finalidade diferente da declarada, o titular ou os titulares afetados podem recorrer a juízo, na forma da legislação aplicável, em consonância com o caso concreto, em especial o CPC/2015. As providências cautelares previstas no Código de Processo Civil também poderão ser amplamente utilizadas.

Caso se trate de relação de consumo, poderá proceder conforme título III, da Lei 8.078/1990 (CDC), que prevê a defesa do consumidor em juízo, com a possibilidade inserta em seu artigo 101, I, da ação ser proposta no domicílio do autor.[44] Aplica-se, ainda, a vedação à denunciação à lide, consoante art. 88, do CDC.

O art. 42, da LGPD, em seu parágrafo segundo, prevê também que "o juiz, no processo civil, poderá inverter o ônus da prova a favor do titular dos dados quando, a seu juízo, for verossímil a alegação, houver hipossuficiência para fins de produção de prova ou quando a produção de prova pelo titular resultar-lhe excessivamente onerosa".

O art. 22 possibilita aos titulares igualmente a tutela coletiva, que poderá ser exercida na forma da Lei 7.347/1985 (Lei da Ação Civil Pública) ou da Lei 8.078/1990, abrangendo os direitos difusos, os direitos coletivos e os direitos individuais homogêneos.

As ações de reparação de danos coletivos lastreadas no art. 42, da LGPD, poderão ser exercidas coletivamente em juízo, conforme dispõe o parágrafo 3º desse dispositivo, observado o disposto na legislação pertinente.

(44) Importante destacar que o art. 45, da LGPD, prevê que as hipóteses de violação do direito do titular no âmbito das relações de consumo permanecem sujeitas às regras de responsabilidade previstas na legislação pertinente.

CAPÍTULO IV

DO TRATAMENTO DE DADOS PESSOAIS PELO PODER PÚBLICO

Seção I
Das Regras

Art. 23. O tratamento de dados pessoais pelas pessoas jurídicas de direito público referidas no parágrafo único do art. 1º da Lei n. 12.527, de 18 de novembro de 2011 (Lei de Acesso à Informação) , deverá ser realizado para o atendimento de sua finalidade pública, na persecução do interesse público, com o objetivo de executar as competências legais ou cumprir as atribuições legais do serviço público, desde que:

I – sejam informadas as hipóteses em que, no exercício de suas competências, realizam o tratamento de dados pessoais, fornecendo informações claras e atualizadas sobre a previsão legal, a finalidade, os procedimentos e as práticas utilizadas para a execução dessas atividades, em veículos de fácil acesso, preferencialmente em seus sítios eletrônicos;

II – (VETADO); e

III – seja indicado um encarregado quando realizarem operações de tratamento de dados pessoais, nos termos do art. 39 desta Lei; e (Redação dada pela Lei n. 13.853, de 2019) Vigência

IV – (VETADO). (Incluído pela Lei n. 13.853, de 2019) Vigência

§ 1º A autoridade nacional poderá dispor sobre as formas de publicidade das operações de tratamento.

§ 2º O disposto nesta Lei não dispensa as pessoas jurídicas mencionadas no caput deste artigo de instituir as autoridades de que trata a Lei n. 12.527, de 18 de novembro de 2011 (Lei de Acesso à Informação) .

§ 3º Os prazos e procedimentos para exercício dos direitos do titular perante o Poder Público observarão o disposto em legislação específica, em especial as disposições constantes da Lei n. 9.507, de 12 de novembro de 1997 (Lei do Habeas Data) , da Lei n. 9.784, de 29 de janeiro de 1999 (Lei Geral do Processo Administrativo) , e da Lei n. 12.527, de 18 de novembro de 2011 (Lei de Acesso à Informação) .

> **§ 4º Os serviços notariais e de registro exercidos em caráter privado, por delegação do Poder Público, terão o mesmo tratamento dispensado às pessoas jurídicas referidas no caput deste artigo, nos termos desta Lei.**
>
> **§ 5º Os órgãos notariais e de registro devem fornecer acesso aos dados por meio eletrônico para a administração pública, tendo em vista as finalidades de que trata o caput deste artigo.**

Marcel Edvar Simões

É importante registrar que a Lei n. 13.709/2018 é uma lei **geral** acerca da proteção de dados pessoais por dois motivos fundamentais: em primeiro lugar, porque se aplica tanto ao setor privado como ao setor público; em segundo lugar, porque se aplica a qualquer tratamento de dados pessoais – não apenas em bancos de dados digitais ou no ambiente da internet, mas também em bancos de dados físicos. Essa constatação já é suficiente para colocar em destaque a importância do tema do tratamento de dados pessoais na esfera estatal.

A LGPD, em verdade, não realiza uma diferenciação extremada entre o tratamento de dados realizado pelo setor público e aquele realizado pelo setor privado, mas prevê algumas diferenças de disciplina jurídica pela natureza da atividade do Poder Público. Dentre essas especificidades para o Poder Público pode-se sublinhar: (i) a dispensa de consentimento do titular nos casos gerais, com fundamento no tratamento por interesse público; (ii) a exigência ao Poder Público de mecanismos reforçados de transparência (como o referido no art. 23, I); e (iii) uma sistemática de restrições à transferência/compartilhamento de dados entre o Poder Público e o setor privado.

Durante o processo de debates, aprovação e sanção do projeto que se converteu na LGPD, houve clara tensão entre duas ordens de interesses. De um lado, o interesse da Administração, em não permitir que a novel legislação limitasse demais as possibilidades de compartilhamento/transferência de dados entre órgãos públicos distintos, e também entre órgãos públicos e entidades privadas (com o argumento de não deixar inviabilizar determinadas atividades, em especial aquelas ligadas ao poder de polícia administrativa e à segurança pública), de outro lado, o interesse dos cidadãos expresso como objetivo fundamental da lei, que era o de maximizar o direito à privacidade e a preservação dos dados pessoais das pessoas naturais, restringindo-se às operações de tratamento de dados (e de compartilhamento) ao mínimo necessário.

De fato, compreende-se a necessidade de operações de tratamento de dados e de compartilhamentos envolvendo o Poder Público, do contrário, sua atuação ficaria mesmo inviabilizada em muitos casos. Mas esse fato não pode ser utilizado como um argumento que sirva como uma espécie de carta branca para que o Poder Público se sinta livre para ter acesso, manipular, controlar, divulgar, compartilhar e utilizar dados de cidadãos ao seu bel prazer. A magnitude do poder que o Estado pode exercer sobre a vida dos cidadãos é notória, impõe mecanismos de controle e limitações definidos em lei, e chega a revelar mesmo que, em verdade, talvez as normas protetivas da LGPD sejam ainda mais necessárias e indispensáveis na seara dos tratamentos de dados efetuados pelo Poder Público do que na seara dos tratamentos de dados efetuados por entidades privadas.

O tratamento de dados pessoais pelo Poder Público (não apenas pela Administração Pública, correspondente ao Poder Executivo, mas também pelos Poderes Legislativo e Judiciário) é uma realidade inafastável. Tão somente pelo fato de que existem inúmeros cadastros públicos, previstos frequentemente em lei e voltados para os mais diversos fins, já se impõe reconhecer que não será jamais possível eliminar ou mesmo reduzir a níveis insignificantes as atividades de tratamento de dados desenvolvidas pela Administração.

Contudo, o **princípio da finalidade** deverá nortear toda e qualquer atividade estatal de tratamento de dados, devendo, igualmente, ocorrer a adoção de todas as medidas possíveis e cabíveis para que não haja a exposição indevida ou a utilização danosa de dados pessoais dos cidadãos a partir das atividades praticadas pelo Estado. Se as instituições privadas precisam ter sempre uma finalidade determinada, lícita e transparente para proceder ao tratamento de dados pessoais, é igualmente verdadeiro que também as entidades públicas devam respeitar uma finalidade clara para realizar o tratamento de dados. No caso das pessoas jurídicas de Direito Público, essa finalidade se identifica com o atendimento ao **interesse público**(45) – conceito jurídico indeterminado que precisa ser concretizado pelo Poder Público no exercício de sua atividade administrativa, bem como por todos os intérpretes do

(45) Nesse sentido, PINHEIRO, Patricia Peck. *Proteção de dados pessoais*: comentários à Lei n. 13.709/2018 (LGPD). São Paulo: Saraiva, 2018. p. 85.

sistema jurídico (destacadamente por aquele que entendemos como o intérprete autêntico: o Poder Judiciário, no exercício da atividade jurisdicional).

O tratamento de dados pessoais pelas pessoas jurídicas de direito público depende do atendimento a quatro requisitos – dois enunciados no *caput* e três enunciados nos incisos do art. 23, a saber:

– 1º requisito: atendimento ao interesse público;

– 2º requisito: execução das competências legais ou cumprimento das atribuições legais do serviço público (tomadas concretamente em relação à entidade ou órgão público considerado);

– 3º requisito: publicidade das hipóteses em que a entidade ou órgão público realiza o tratamento de dados pessoais, de modo claro e atualizado, em veículos de fácil acesso, preferencialmente em seus sítios eletrônicos;

– 4º requisito: indicação de um encarregado pela realização das operações de tratamento de dados pessoais, nos termos do art. 39, da LGPD.

É especialmente relevante assinalar que o advento da LGPD representa, até certo ponto, uma alteração de paradigma na Administração Pública, uma inversão parcial da filosofia e práticas que passaram a ser adotadas de modo bastante enfático desde a entrada em vigor da Lei n. 12.527, de 18 de novembro de 2011 (Lei de Acesso à Informação). Com efeito, esta lei estabeleceu para a Administração uma orientação básica muito clara: a de que, no setor público, a publicidade da informação deve ser sempre a regra, devendo o sigilo ser reservado a hipóteses excepcionais (mínimas, mesmo). Ora, nem todas as informações que estejam em poder da Administração Pública são dados pessoais; mas para aquelas que o sejam, o vetor normativo deixa de ser no sentido de se proceder sempre à mais ampla divulgação possível em prol de um pleno acesso à informação pela sociedade propugnado pela LAI, e passa a ser um vetor no sentido da preservação de um direito fundamental e direito da personalidade à autodeterminação informacional[46] e

(46) Em decisão proferida em 07.05.2020, o Supremo Tribunal Federal, em votação quase unânime (10 votos a 1), referendou a medida cautelar deferida pela Ministra Rosa Weber no âmbito de cinco Ações Diretas de Inconstitucionalidade (Acórdão Publicado – Referendo na Medida Cautelar na

à preservação da privacidade dos dados pessoais e dos dados pessoais sensíveis titularizados por pessoas naturais.

Passou-se, prontamente, a notar certa perplexidade nos órgãos e entidades administrativas, em situações como a seguinte: a Lei de Acesso à Informação determina que seja dada ampla publicidade aos processos administrativos em curso em determinado órgão, ressalvados casos excepcionais (e bem fundamentados) em que o sigilo se impõe. Esses processos administrativos, porém, costumam estar recheados de dados pessoais e de dados pessoais sensíveis de diversas pessoas naturais, sejam administrados, sejam servidores públicos. Como dar, simultaneamente, cumprimento às disposições da LAI e da LGPD de um modo prático e concreto? Já se iniciam ensaios de movimentos no sentido de se apor tarjas pretas que bloqueiem a leitura ao público em geral ao menos de determinados dados pessoais cuja ampla divulgação poderia ser claramente prejudicial aos seus titulares.

Caso interessante é aquele relativo à divulgação da remuneração de servidores e empregados feita em determinados *sites* públicos, a exemplo do Portal da Transparência, da Controladoria-Geral da União. A publicação da remuneração dos servidores públicos federais do Poder Executivo no Portal da Transparência do Governo Federal se dá em obediência ao disposto na Portaria n. 233, de 25/05/2012, instrumento que disciplina o estabelecido no § 3º, do art. 7º, do Decreto n. 7.724, de 16 de maio de 2012, normativo este que, por sua vez, regulamenta a Lei de Acesso à Informação. Será que essa divulgação viola a disciplina da LGPD? Parece-nos que não, na medida em que a divulgação das remunerações dos servidores e empregados públicos é feita com fundamentação na presença de **interesse público** expresso no valor **transparência**, o que é coerente com o comando contido no art. 7º, § 3º, da LGPD[47].

Não se pode negar, conforme afirmam Ana Carla Harmatiuk Matos e Carlos Eduardo Pianovski Ruzyk, que a Lei de Acesso à Informação guarda não apenas similitudes, mas também divergências com a

---

Ação Direta de Inconstitucionalidade 6.387 – Distrito Federal). Nesse julgado, o STF reconheceu a existência no sistema jurídico brasileiro de um direito fundamental autônomo à proteção de dados pessoais e um direito fundamental implícito à autodeterminação informativa ou informacional, espinha dorsal da Lei Geral de Proteção de Dados.

(47) "§ 3º O tratamento de dados pessoais cujo acesso é público deve considerar a finalidade, a boa-fé e o interesse público que justificaram sua disponibilização."

Lei Geral de Proteção de Dados[48]. A Lei de Acesso à Informação efetivamente define o sigilo como a exceção, e a publicidade como regra, sendo que entre as exceções, a obrigar o sigilo, estariam justamente as informações pessoais. Mas como interpretar restritivamente essa exceção dos dados pessoais, quando eles configuram direito fundamental a ter a sua proteção otimizada? E mais ainda: como fazê-lo se também o direito à informação configura um direito fundamental a expressar um mandamento de transparências na divulgação de informações pela Administração Pública? A nosso ver, os autores acima referidos acertam ao afirmar que a chave hermenêutica aqui envolve uma harmonização dos dois direitos fundamentais, uma compatibilização que é possível a partir do preenchimento do conceito de interesse público concretamente considerado[49].

É nesse sentido que, conforme apontam os autores supracitados, na discussão sobre a natureza de dados cadastrais, o ponto fulcral está em saber quais deles, mesmo sendo dados pessoais, são passíveis de divulgação (e em que contexto e extensão), e quais não são. O endereço residencial pode ser entendido como integrante de um espaço de privacidade que não pode ser exposto sem consentimento do titular. Inexiste interesse público na sua divulgação, visto que se trata de dado que não é necessário para a identificação de quem integra a Administração Pública ou ao controle, pelos cidadãos, da transparência dos atos públicos. Já os números cadastrais de documentos como RG, CPF e cadastros profissionais (OAB, CRM, CREA, entre outros) são necessários à precisa identificação das pessoas naturais que integram a Administração Pública e sua qualificação, ou das pessoas que contratam ou celebram convênios com a Administração. A filiação partidária, por seu turno, mesmo sendo um dado pessoal sensível, é informação que não pode ser mantida em sigilo, nos termos da legislação eleitoral, que determina a sua publicização por motivo de interesse público (cf. Lei n. 9.096/1995 e Resolução do TSE – 23.117/2009)[50].

---

(48) MATOS, Ana Carla Harmatiuk; RUZYK, Carlos Eduardo Pianovski. Diálogos entre a Lei Geral de Proteção de Dados e Lei de Acesso à Informação. In: TEPEDINO, Gustavo; FRAZÃO, Ana; OLIVA, Milena Donato (Coords.). Lei Geral de Proteção de Dados Pessoais e suas repercussões no direito brasileiro. São Paulo: Editora Revista dos Tribunais, 2019. p. 216.

(49) *Id. Ibid.*, p. 209.

(50) *Id. Ibid.*, p. 210-217.

Assim, e acompanhando também o pensamento de Cristina Fortini, Greycielle Amaral e Caio Mário Lana Cavalcanti, pode-se compreender que não há uma impossibilidade absoluta de conciliação entre a LAI e a LGPD, como se poder pensar com base em um raciocínio apressado; na realidade, os direitos à privacidade e à autonomia informacional, de um lado, e os direitos à informação e à transparência, do outro, não se excluem de modo absoluto, devendo ser objeto de ponderação em caso de colisão, tendo como ponte de diálogo a noção de interesse público[51].

Sejam informadas as hipóteses em que, no exercício de suas competências, realizam o tratamento de dados pessoais, fornecendo informações claras e atualizadas sobre a previsão legal, a finalidade, os procedimentos e as práticas utilizadas para a execução dessas atividades, em veículos de fácil acesso, preferencialmente em seus sítios eletrônicos

O terceiro requisito que deve ser cumprido pelo Poder Público é a publicidade das hipóteses de tratamento de dados pessoais que desenvolve, de modo claro, atualizado e detalhado.

II – (VETADO)

Este inciso II apresentava, como requisito para o tratamento de dados pessoais pelo Poder Público, que fossem "protegidos e preservados dados pessoais de requerentes de acesso à informação, nos termos da Lei n. 12.527, de 18 de novembro de 2011 (Lei de Acesso à Informação), vedado seu compartilhamento no âmbito do Poder Público e com pessoas jurídicas de direito privado".

Contudo, o dispositivo foi vetado pelo Presidente da República, com base em manifestação do Ministério da Fazenda (em conjunto com o Banco Central do Brasil), sendo apresentadas as seguintes razões do veto:

> O dispositivo veda o compartilhamento de dados pessoas no âmbito do Poder Público e com pessoas jurídicas de direto privado. Ocorre que o compartilhamento de informações

(51) Cf. FORTINI, Cristiana; AMARAL, Greycielle; CAVALCANTI, Caio Mário Lana. LGPD x LAI: sintonia ou antagonismo? In: PIRONTI, Rodrigo (Coord.). *Lei Geral de Proteção de Dados no setor público*. Belo Horizonte: Fórum, 2021. p. 120.

relacionadas à pessoa natural identificada ou identificável é medida recorrente e essencial para o regular exercício de diversas atividades e políticas públicas. É o caso, por exemplo, do banco de dados da Previdência Social e do Cadastro Nacional de Informações Sociais, cujas informações são utilizadas para o reconhecimento do direito de seus beneficiários e alimentados a partir do compartilhamento de diversas bases de dados administrados por outros órgãos públicos. Ademais, algumas atividades afetas ao poder de polícia administrativa poderiam ser inviabilizadas, a exemplo de investigações no âmbito do Sistema Financeiro Nacional, dentre outras.

Seja indicado um encarregado quando realizarem operações de tratamento de dados pessoais, nos termos do art. 39, dessa Lei; e (Redação dada pela Lei n. 13.853, de 2019)

O quarto requisito que deve ser atendido pelo Poder Público é a indicação de um encarregado pela realização das operações de tratamento de dados pessoais, nos termos do art. 39, da LGPD.

Essa figura do encarregado ou responsável pelo tratamento de dados pessoais no setor permanece algo nebulosa, carecendo de melhor esclarecimento e norma regulamentar, a nosso ver. Com efeito, a exigência da figura do encarregado de dados para o Poder Público consta expressamente do art. 23, III, da LGPD. Tal figura, comumente identificada pela expressão em inglês *data protection officer* (ou simplesmente DPO), tem função importantíssima para a interlocução entre agentes de tratamento de dados e a ANPD. Suas atividades estão descritas no art. 41, §2º, da LGPD, a saber: (i) aceitar reclamações e comunicações dos titulares, prestar esclarecimentos e adotar providências (inc. I); (ii) receber comunicações da autoridade nacional e adotar providências (inc. II); (iii) orientar os funcionários e os contratados da entidade a respeito das práticas a serem tomadas em relação à proteção de dados pessoais (inc. III); e (iv) executar as demais atribuições determinadas pelo controlador ou estabelecidas em normas complementares (inc. IV). Trata-se de figura com papel crucial na interlocução, também, com contratados, conveniados e parceiros.

Prevê o art. 41, *caput*, da LGPD: "O controlador deverá indicar encarregado pelo tratamento de dados pessoais". Entretanto, há uma cláusula de exceção, ainda indefinida, prevista no §3º, do mesmo dispositivo: "§ 3º A autoridade nacional poderá estabelecer normas complementares sobre a definição e as atribuições do encarregado, inclusive hipóteses de dispensa da necessidade de sua indicação, conforme a natureza e o porte da entidade ou o volume de operações de tratamento de dados".

Quanto à figura do encarregado, as mencionadas hipóteses de "dispensa da necessidade de sua indicação" não foram estabelecidas e, de fato, pela complexa formação que certamente será exigida desses profissionais, sua indicação não poderá servir ao atendimento de um requisito meramente formal, sendo indispensável o adequado processo de recrutamento, contratação, treinamento, implantação de rotinas operacionais, fiscalizatórias e de atuação direta na interlocução com o Poder Público. Em simples termos, o encarregado de dados jamais deverá ser visualizado como um mero "responsável técnico", como ocorre em outras carreiras. Trata-se de profissional que atuará diretamente nas rotinas cotidianas que envolvem dados, fazendo-se presente para acompanhamento consultivo sempre que for necessário. No presente momento, remanescem dúvidas sobre o perfil do encarregado no âmbito das pessoas jurídicas de Direito Público e seus órgãos (*e.g.*, se tratará de servidores públicos de carreiras existentes que serão capacitados para tanto, ou se haverá algum pré-requisito, ou limitação/preferência de carreiras, ou ainda funções a partir das quais será selecionado o encarregado etc.).

IV – (VETADO)

A autoridade nacional poderá dispor sobre as formas de publicidade das operações de tratamento.

O disposto nessa Lei não dispensa as pessoas jurídicas mencionadas no *caput* deste artigo de instituir as autoridades de que trata a Lei n. **12.527, de 18 de novembro de 2011 (Lei de Acesso à Informação).**

Os prazos e procedimentos para exercício dos direitos do titular perante o Poder Público observarão o disposto em legislação específica, em especial as disposições constantes da Lei n. 9.507, de 12 de novembro de 1997 (Lei do Habeas Data), da Lei n. 9.784, de 29 de janeiro de 1999 (Lei Geral do Processo Administrativo), e da Lei n. 12.527, de 18 de novembro de 2011 (Lei de Acesso à Informação)

A norma prevista por este § 3º exprime um caso de diferença entre as disciplinas jurídicas aplicáveis aos agentes privados e agentes públicos de tratamento de dados. Com efeito, ao contrário do que se dá com os agentes privados de tratamento, as entidades públicas deverão observar prazos e procedimentos previstos em legislação específica que lhes é aplicável – em especial, deverão observar as disposições constantes da Lei do *Habeas Data*, da Lei Geral do Processo Administrativo e da Lei de Acesso à Informação.

Já no que tange às empresas públicas e sociedades de economia mista exploradoras de atividade econômica em regime de concorrência, a disciplina aplicável será aquela própria dos agentes privados de tratamento de dados, respeitando-se assim o teor do art. 173, da Constituição Federal, bem como do art. 24, da LGPD.

Os serviços notariais e de registro exercidos em caráter privado, por delegação do Poder Público, terão o mesmo tratamento dispensado às pessoas jurídicas referidas no caput deste artigo, nos termos desta Lei

No sistema denominado "notariado latino" – modelo contemporaneamente vigente nos países europeus continentais, bem como na América Latina (inclusive no Brasil) e em alguns países asiáticos, o tabelião é ao mesmo tempo um oficial público e um profissional do Direito (mesma situação em que se encontram entre nós, também, os registradores).

Consoante disposto no art. 236, da Constituição Federal, notários e registradores são agentes públicos delegados, isto é, agentes que exercem função pública em caráter privado, por delegação do Poder Público. Esse caráter híbrido da natureza jurídica e da atividade dos registradores e notários se exprime pela natureza pública do serviço prestado, de um lado, e pela forma privada (basicamente empresarial, com nuances) de gestão e administração das serventias extrajudiciais, de outro. Aqui, a face pública dessa dicotomia prevalece, determinando o § 4º, do art. 23, que se aplica ao tratamento de dados pessoais por ofícios de registro e tabelionatos a mesma disciplina dispensada às pessoas jurídicas de Direito Público, o que é de todo justificado e razoável, à luz do tipo de acesso que se tem a dados pessoais nas serventias, no contexto da prestação de autênticos serviços públicos.

Os órgãos notariais e de registro devem fornecer acesso aos dados por meio eletrônico para a administração pública, tendo em vista as finalidades de que trata o *caput* desse artigo

O § 5º, do art. 23, prevê a possibilidade de compartilhamento de dados por meio eletrônico entre as serventias extrajudiciais e a Administração Pública, sempre tendo em mira o atendimento de finalidades que expressem interesse público. Trata-se, afinal, de valiosíssimas bases de dados detidas pelos ofícios de registro e tabelionatos, em relação às quais o Poder Público tem muito interesse em obter acesso em inúmeros casos para o desempenho de suas tarefas de fiscalização, ligadas ao Poder de Polícia, tributação, controle e prestação de serviços públicos.

Mas é preciso lembrar que também aqui esse compartilhamento (no caso, o acesso pelo Poder Público a bases de dados das serventias extrajudiciais) também está limitado pelo princípio da finalidade, bem como encontra limites nos feixes de competências de atuação concretos e específicos dos órgãos públicos envolvidos (não se podendo admitir compartilhamentos desnecessários, inúteis ou desarrazoados).

Art. 24. As empresas públicas e as sociedades de economia mista que atuam em regime de concorrência, sujeitas ao disposto no art. 173 da Constituição Federal, terão o mesmo tratamento dispensado às pessoas jurídicas de direito privado particulares, nos termos desta Lei.

Parágrafo único. As empresas públicas e as sociedades de economia mista, quando estiverem operacionalizando políticas públicas e no âmbito da execução delas, terão o mesmo tratamento dispensado aos órgãos e às entidades do Poder Público, nos termos deste Capítulo.

Marcel Edvar Simões

Em consonância com a disciplina constitucional sobre as empresas públicas e as sociedades de economia mista, o art. 24, da LGPD, estabelece uma duplicidade de regimes jurídicos aplicáveis aos casos de tratamento de dados realizados por essas entidades: se se tratar de empresa pública ou sociedade de economia mista que explora atividade econômica em regime de concorrência (o que seria o padrão normal desses entes), o regramento de matéria de tratamento de dados será o mesmo aplicável às empresas privadas.

Por outro lado, se se tratar de empresa pública ou sociedade de economia mista que operacionalize políticas públicas, no que concerne a estas o regramento de matéria de tratamento de dados será o mesmo aplicável ao Poder Público, nos termos da disciplina estabelecida neste capítulo IV, da LGPD.

Art. 25. Os dados deverão ser mantidos em formato interoperável e estruturado para o uso compartilhado, com vistas à execução de políticas públicas, à prestação de serviços públicos, à descentralização da atividade pública e à disseminação e ao acesso das informações pelo público em geral.

Marcel Edvar Simões

Uma vez que o tratamento de dados pessoais pelo Poder Público tem em mira, fundamentalmente, a execução de políticas públicas e a prestação de serviços públicos, as técnicas de manutenção dos dados em tratamento devem apresentar determinadas características que sejam compatíveis com o atingir desses objetivos. Essas características são a **interoperabilidade** e a **estruturação para uso compartilhado.**

Art. 26. O uso compartilhado de dados pessoais pelo Poder Público deve atender a finalidades específicas de execução de políticas públicas e atribuição legal pelos órgãos e pelas entidades públicas, respeitados os princípios de proteção de dados pessoais elencados no art. 6º desta Lei.

§ 1º É vedado ao Poder Público transferir a entidades privadas dados pessoais constantes de bases de dados a que tenha acesso, exceto:

I – em casos de execução descentralizada de atividade pública que exija a transferência, exclusivamente para esse fim específico e determinado, observado o disposto na Lei n. 12.527, de 18 de novembro de 2011 (Lei de Acesso à Informação);

II – (VETADO);

III – nos casos em que os dados forem acessíveis publicamente, observadas as disposições desta Lei.

IV – quando houver previsão legal ou a transferência for respaldada em contratos, convênios ou instrumentos congêneres; ou (Incluído pela Lei n. 13.853, de 2019)

V – na hipótese de a transferência dos dados objetivar exclusivamente a prevenção de fraudes e irregularidades, ou proteger e resguardar a segurança e a integridade do titular dos dados, desde que vedado o tratamento para outras finalidades. (Incluído pela Lei n. 13.853, de 2019)

§ 2º Os contratos e convênios de que trata o § 1º deste artigo deverão ser comunicados à autoridade nacional.

Marcel Edvar Simões

O art. 26 cuida do uso compartilhado de dados pessoais pelo Poder Público. O compartilhamento entre órgãos e entidades públicas é em regra admitido, desde que respeitados três requisitos:

(i) o atendimento a finalidades específicas de execução de políticas públicas (vale dizer: a aderência à finalidade básica do tratamento de dados pelo Poder Público, que é o atendimento ao interesse público, tomado não de modo abstrato, mas concretamente para cada caso);

(ii) o respeito à atribuição legal dos órgãos e das entidades públicas (o que significa que o tratamento não pode ser feito apenas com a justificativa de que se trata de uma entidade pública: é preciso que o tratamento esteja sendo feito em consonância com o feixe de atribuições legalmente previsto para aquela entidade ou órgão); e

(iii) o respeito aos princípios de proteção de dados pessoais constantes do art. 6º, da LGPD, a exemplo do princípio da finalidade (no caso, pública), da necessidade, do livre acesso (aos titulares), da transparência, da não discriminação e da responsabilização e prestação de contas.

Já a transferência de dados pessoais constantes de bases de dados a que tenha acesso o Poder Público para entidades privadas é em regra proibida, com exceção a hipótese de consentimento do titular (art. 27) e das hipóteses relacionadas nos incisos do § 1º, ao art. 26, a saber:

(i) é permitido o compartilhamento pelo Poder Público em casos de execução descentralizada de atividade pública por entidades privadas, desde que essa execução exija a transferência e exclusivamente nos termos necessários para a execução dessa atividade – naturalmente, respeitados os comandos constantes da Lei de Acesso à Informação (inciso I);

(ii) é permitida a transferência pelo Poder Público a entidades privadas de dados pessoais que sejam acessíveis publicamente, isto é, que já sejam públicos (inciso III);

(iii) é permitida a transferência pelo Poder Público a entidades privadas de dados pessoais quando houver previsão legal específica para a transferência, ou quando ela for respaldada em contratos, convênios ou instrumentos congêneres (inciso IV). Esta hipótese referida no inciso IV, que foi incluída pela Lei n. 13.853/2019, mostra-se, a nosso ver, excessivamente aberta na sua parte final (a previsão em "contratos, convênios ou instrumentos congêneres", que se revela uma potencial porta de entrada para *qualquer* caso de tratamento a ser realizado pelo Poder Público, dada a facilidade para a celebração desses instrumentos. Um meio de se evitar essa indesejada ampliação é interpretar a hipótese dos "contratos, convênios e instrumentos congêneres" em consonância com a disciplina completa, estrita, do tratamento de dados pelo Poder Público);

(iv) é permitida a transferência pelo Poder Público a entidades privadas de dados pessoais com o objetivo exclusivo de prevenção de fraudes e irregularidades (inciso V, primeira parte). Trata-se de mais uma hipótese dotada de abertura talvez excessiva (o que se revela a partir do uso genérico do termo "irregularidades", sem que se esclareça de qual tipo);

(v) é permitida a transferência pelo Poder Público a entidades privadas de dados pessoais com o objetivo exclusivo de proteger e resguardar a segurança e a integridade do próprio titular dos dados (inciso V, segunda parte).

Art. 27. A comunicação ou o uso compartilhado de dados pessoais de pessoa jurídica de direito público a pessoa de direito privado será informado à autoridade nacional e dependerá de consentimento do titular, exceto:

I – nas hipóteses de dispensa de consentimento previstas nesta Lei;

II – nos casos de uso compartilhado de dados, em que será dada publicidade nos termos do inciso I do caput do art. 23 desta Lei; ou

III – nas exceções constantes do § 1º do art. 26 desta Lei.

Parágrafo único. A informação à autoridade nacional de que trata o caput deste artigo será objeto de regulamentação. (Incluído pela Lei n. 13.853, de 2019)

Marcel Edvar Simões

Para além das hipóteses de uso compartilhado de dados pessoais de pessoa jurídica de direito público a pessoa de direito privado abrangidas pelos incisos, do § 1,º ao art. 26, o *caput* deste art. 27 veicula uma hipótese genérica de compartilhamento admitido, baseada no consentimento do titular dos dados, tendo a comunicação à ANPD como requisito obrigatório.

O consentimento do titular é dispensado para esse compartilhamento quando se trate das hipóteses previstas nos incisos do § 1º, ao art. 26, bem como nas demais hipóteses de dispensa de consentimento previstas na LGPD (podendo-se citar, por exemplo, o caso de presença de interesses legítimos do controlador ou de terceiro – art. 7º, IX).

O inciso II, desse art. 27, veicula hipótese de dispensa de consentimento extremamente vaga, prevendo que o consentimento do titular não é necessário nos casos de uso compartilhado de dados, em que será dada publicidade nos termos do inciso I, do *caput* do art. 23. Compreende-se que o objeto do art. 27 como um todo foi o de possibilitar a interconexão de bases de dados públicas e privadas em uma série de situações que já estavam presentes antes do advento da LGPD e que, efetivamente, são merecedoras de tutela jurídica. Contudo, tais hipóteses já se encontravam englobadas de modo geral nas previsões de dispensa de consentimento relativas, por exemplo, à proteção do crédito, à proteção da saúde e à proteção da segurança pública, não nos parecendo necessária nem exata esta previsão do inciso II, do art. 27 (a qual, uma vez mais, abre novo flanco para a possível ampliação de hipóteses admissíveis de tratamento de dados pelo Poder Público sem o consentimento dos titulares, o que é contrário ao espírito e à principiologia fundamental da LGPD).

Art. 28. (VETADO).

Eis o teor do artigo vetado:

Art. 28. A comunicação ou o uso compartilhado de dados pessoais entre órgãos e entidades de direito público será objeto de publicidade, nos termos do inciso I do caput do art. 23 desta Lei.

Art. 29. A autoridade nacional poderá solicitar, a qualquer momento, aos órgãos e às entidades do poder público a realização de operações de tratamento de dados pessoais, informações específicas sobre o âmbito e a natureza dos dados e outros detalhes do tratamento realizado e poderá emitir parecer técnico complementar para garantir o cumprimento desta Lei. (Redação dada pela Lei n. 13.853, de 2019).

Marcel Edvar Simões

A Autoridade Nacional de Proteção de Dados – ANPD, enquanto órgão central de interpretação da LGPD e responsável pelo estabelecimento de normas e diretrizes para a sua implementação, bem como responsável pela fiscalização das atividades de tratamento de dados pessoais, tem competência para exercer sua atuação fiscalizadora e de controle também sobre os órgãos e entidades que compõem o Poder Público, nos termos deste art. 29. Para o exercício dessa competência em relação ao Poder Público, a lei confere à ANPD os poderes-deveres (*rectius*, poderes funcionais) de (i) solicitar operações específicas de tratamento de dados pessoais que sejam pertinentes (*e.g.*, pode solicitar, ou mesmo determinar, a um controlador, uma operação de comunicação de dados, uma operação de arquivamento de dados, ou mesmo uma operação de eliminação de dados pessoais que estejam sendo utilizados de modo ilícito em uma base); (ii) solicitar informações específicas sobre o âmbito e a natureza dos dados e outros detalhes do tratamento realizado; e (iii) emitir parecer técnico complementar para garantir o cumprimento da LGPD.

Vale lembrar que a Autoridade Nacional de Proteção de Dados foi constituída pela Medida Provisória n. 869/2018, posteriormente convertida na Lei n. 13.853/2019, a qual operou alterações na Lei Geral de Proteção de Dados. A Autoridade passou a funcionar efetivamente a partir da nomeação de seu primeiro Diretor-Presidente, em 05 de novembro de 2020, sendo que a sua estrutura regimental e o seu quadro de cargos foram aprovados pelo Decreto n. 10.474/2020. Acerca da sua natureza jurídica, a ANPD é órgão da Administração Pública Federal integrante da Presidência da República, dotado de autonomia técnica e decisória, e que tem por missão zelar pela proteção dos dados pessoais, além de orientar, regulamentar e fiscalizar o cumprimento da legislação de proteção de dados.

Art. 30. A autoridade nacional poderá estabelecer normas complementares para as atividades de comunicação e de uso compartilhado de dados pessoais.

Marcel Edvar Simões

No feixe de atribuições da Autoridade Nacional de Proteção de Dados se insere a atribuição **normativo-regulamentar**, a qual se manifesta aqui, em matéria de tratamento de dados pelo Poder Público, como o poder funcional de estabelecer normas complementares sobre a matéria de comunicação e uso compartilhado de dados pessoais envolvendo o setor público.

Trata-se de competência administrativa da ANPD que permite expandir o arcabouço normativo regulamentar à LGPD, com o escopo de trazer maior efetividade e segurança aos procedimentos aplicáveis em sede de tratamento de dados no âmbito do setor público.

Seção II
Da Responsabilidade

Art. 31. Quando houver infração a esta Lei em decorrência do tratamento de dados pessoais por órgãos públicos, a autoridade nacional poderá enviar informe com medidas cabíveis para fazer cessar a violação.

Marcel Edvar Simões

A despeito do título da Seção II, do Capítulo IV, os dois artigos que a compõem acabam não tratando verdadeiramente da responsabilidade do Estado, ou de agentes públicos, ou mesmo de agentes privados que atuem com o compartilhamento de bancos de dados públicos, pela infração das normas da LGPD. Tais hipóteses de responsabilização, evidentemente, são admissíveis à luz do ordenamento jurídico brasileiro, e se cindem em três campos possíveis: a responsabilidade civil, a responsabilidade penal e a responsabilidade administrativa.

A responsabilidade civil por danos causados aos titulares de dados pessoais em virtude de tratamento efetuado no setor público se reconduz, em primeiro lugar, ao campo da responsabilidade civil do Estado, cuja matriz normativa fundamental no Direito brasileiro, está posta no art. 37, § 6º, da Constituição Federal(52). Ocorre a aplicação no Brasil, como regra, da teoria do risco administrativo (a qual admite as figuras excludentes de responsabilidade), em se tratando de ação do Estado, o que pode ser sustentando para a matéria de atividades de tratamento de dados por órgãos públicos(53). Por outro lado, há no Brasil a aplicação da teoria da responsabilidade subjetiva em se tratando de omissão do Estado, em face de um dever legal concreto que o Estado efetivamente tinha (sendo que se entende que a vítima não precisa provar o culpa do agente público, bastando provar a "culpa do serviço", na França denominada *faute du service*).

Há ainda uma terceira situação reconhecida pela jurisprudência em tema de responsabilidade civil do Estado (e que pode ser particularmente relevante em sede de proteção dos dados pessoais dos cidadãos,

---

(52) "§ 6º As pessoas jurídicas de direito público e as de direito privado prestadoras de serviços públicos responderão pelos danos que seus agentes, nessa qualidade, causarem a terceiros, assegurado o direito de regresso contra o responsável nos casos de dolo ou culpa."

(53) A aplicação da teoria do risco integral (que não admite excludentes e resulta na responsabilidade civil o mais abrangente possível) no ordenamento jurídico brasileiro comente em determinados casos específicos, como aqueles relativos a material bélico, atividade nuclear e dano ambiental.

especialmente no contexto da sociedade da informação): trata-se da responsabilidade por situações de risco (anormais) geradas pelo próprio Estado, e pelas quais este responde objetivamente (nos termos da teoria do risco criado). Pense-se em um caso no qual determinado ente estatal dá margem ao tratamento de dados por um particular com ele em colaboração (por meio de um convênio ou contrato, por exemplo), valendo-se do recurso a novas tecnologias, sem atenção ao princípio da precaução. Parece-nos que essa terceira vertente de responsabilização civil do Estado pode ser perfeitamente aplicável em um caso como esse. Em matéria de responsabilidade civil pelo tratamento de dados no setor público, aplica-se, ainda, o quanto disposto na seção III, do capítulo VI, da LGPD.

No que tange à responsabilidade penal em matéria de tratamento de dados pessoais no setor público, essa é possível quando um ou mais fatos presentes no caso concreto estejam tipificados como crimes. É bem verdade que a LGPD não tratou de aspectos penais relacionados às más práticas que envolvam dados pessoais, não prevendo tipos penais específicos relacionados às violações de dados pessoais, como foi feito em outros países, a exemplo do Japão e da Itália[54]. Contudo, uma vez que associadas ao tratamento indevido de dados pessoais, ou em casos de vazamento de dados, haja condutas por parte de agentes públicos tipificadas como crimes de funcionários públicos contra a Administração em geral (a exemplo da inserção de dados falsos em sistema de informações, prevista no art. 313-A do Código Penal; da modificação ou alteração não autorizada de sistema de informações, prevista no art. 313-B, do Código Penal; da concussão, prevista no art. 316, do Código Penal; da corrupção passiva, prevista no art. 317, do Código Penal; ou da prevaricação, prevista no art. 319, do Código Penal), a responsabilização criminal dos agentes públicos se impõe. E mesmo em caso de crimes comuns praticados por esses agentes públicos (a exemplo do crime previsto no art. 154-A, do Código Penal – invasão de dispositivo informático), que podem ser praticados no exercício da função pública.

No atual Direito positivo brasileiro, não se vislumbra a possibilidade de responsabilidade penal de pessoas jurídicas de Direito

---

(54) Cf. FALEIROS JÚNIOR, José Luiz de Moura; MADALENA, Juliana. Proteção de dados pessoais e aspectos criminais: breves reflexões. Migalhas, São Paulo, 18 set. 2020. Disponível em: <https://www.migalhas.com.br/coluna/migalhas-de-protecao-de-dados/333515/protecao-de-dados-pessoais-e-aspectos-criminais--breves-reflexoes>. Acesso em: 12 abr. 2021.

Público por condutas violadoras das normas protetivas de dados pessoais. Isso porque a Lei n. 9.605/1998, ao instituir a responsabilidade penal da pessoa jurídica por crimes ambientais com fundamento na previsão do § 3º, ao art. 225, da Constituição Federal, trouxe a única hipótese prevista no ordenamento pátrio nesse sentido até o momento. Com efeito, continua a ser esse o único caso de possibilidade de imputação de crimes a pessoas jurídicas, considerando-se que permanece controvertida e não regulamentada a hipótese de responsabilização da pessoa jurídica com alicerce no art. 173, §5º, da Constituição Federal (responsabilidade de pessoas jurídicas por delitos econômicos).

Finalmente, quanto à responsabilidade administrativa, essa encontra a disciplina das sanções administrativas cabíveis nos arts. 52 a 54, na LGPD, sendo que a ANPD tem competência para a aplicação das sanções (art. 55-J, IV, da LGPD). Essa disciplina quanto à responsabilização administrativa é igualmente aplicável quanto o infrator seja pessoa jurídica de direito público, agente público ou agente privado atuando com o compartilhamento de bancos de dados públicos. Nesse sentido, note-se que o art. 52, § 3º, da LGPD prevê que, em caso de infração, sem prejuízo do disposto em legislação específica, as sanções administrativas de advertência, publicização da informação, bloqueio e eliminação de dados pessoais poderão ser aplicadas às entidades e aos órgãos públicos.

De todo modo, o tema da tríplice responsabilidade não é o foco do art. 31, da LGPD, que se limita a prever que a ANPD poderá enviar informe (= notificação) aos órgãos públicos responsáveis, com a indicação das medidas cabíveis para fazer cessar a violação.

Art. 32. A autoridade nacional poderá solicitar a agentes do Poder Público a publicação de relatórios de impacto à proteção de dados pessoais e sugerir a adoção de padrões e de boas práticas para os tratamentos de dados pessoais pelo Poder Público.

Marcel Edvar Simões

A ANPD tem o poder funcional, nos termos desse dispositivo, de requerer ao Poder Público a publicação de **relatórios de impacto à proteção de dados pessoais**, que são "documentos contendo a descrição dos processos sensíveis e a indicação dos respectivos mecanismos de mitigação de riscos a serem empregados"[55].

A Autoridade tem também atribuição para efetuar a recomendação de padrões e de boas práticas para os tratamentos de dados pessoais no setor público.

(55) Cf. LOPES, Mariana Louback. Comentários ao Capítulo IV – Tratamento de dados pelo Poder Público. In: FEIGELSON,Bruno; SIQUEIRA, Antonio Henrique Albani (Coords.). *Comentários à Lei Geral de Proteção de Dados*. São Paulo: Editora Revista dos Tribunais, 2019. p. 145-146.

CAPÍTULO V

DA TRANSFERÊNCIA INTERNACIONAL DE DADOS

Art. 33. A transferência internacional de dados pessoais somente é permitida nos seguintes casos:

I – para países ou organismos internacionais que proporcionem grau de proteção de dados pessoais adequado ao previsto nesta Lei;

II – quando o controlador oferecer e comprovar garantias de cumprimento dos princípios, dos direitos do titular e do regime de proteção de dados previstos nesta Lei, na forma de:

a) cláusulas contratuais específicas para determinada transferência;

b) cláusulas-padrão contratuais;

c) normas corporativas globais;

d) selos, certificados e códigos de conduta regularmente emitidos;

III – quando a transferência for necessária para a cooperação jurídica internacional entre órgãos públicos de inteligência, de investigação e de persecução, de acordo com os instrumentos de direito internacional;

IV – quando a transferência for necessária para a proteção da vida ou da incolumidade física do titular ou de terceiro;

V – quando a autoridade nacional autorizar a transferência;

VI – quando a transferência resultar em compromisso assumido em acordo de cooperação internacional;

VII – quando a transferência for necessária para a execução de política pública ou atribuição legal do serviço público, sendo dada publicidade nos termos do inciso I do caput do art. 23 desta Lei;

VIII – quando o titular tiver fornecido o seu consentimento específico e em destaque para a transferência, com informação prévia sobre o caráter internacional da operação, distinguindo claramente esta de outras finalidades; ou

IX – quando necessário para atender as hipóteses previstas nos incisos II, V e VI do art. 7º desta Lei.

Parágrafo único. Para os fins do inciso I deste artigo, as pessoas jurídicas de direito público referidas no parágrafo único do art. 1º da Lei n. 12.527, de 18 de novembro de 2011 (Lei de Acesso à Informação) , no âmbito de suas competências legais, e responsáveis, no âmbito de suas atividades, poderão requerer à autoridade nacional a avaliação do nível de proteção a dados pessoais conferido por país ou organismo internacional.

José Luiz de Moura Faleiros Júnior

Transferência internacional de dados na sociedade hiperconectada

O art. 33, da LGPD, inaugura tema de especial relevância para a compreensão dos impactos da proteção de dados pessoais para a legislação trabalhista. Sem dúvidas, a sociedade da informação passa por seu apogeu em tempos nos quais as relações jurídicas são realizadas com maior pujança e inegável participação de colaboradores de diversas nacionalidades.

As atividades de tratamento de dados, da mesma forma, envolvem a circulação de dados, aparentemente, sem controle fronteiriço ou clareza de jurisdição.(56) Não é incomum que empresas tratem dados que passam por servidores variados, situados em diferentes países e regidos por legislações diferentes.

Nesse contexto, a compreensão da própria internet como substrato resultante do conjunto global de redes de computadores que funcionam de maneira interoperável e dinâmica impõe considerar que não há o controle absoluto da rede por nenhum governo! Não é por outra razão que é tão debatida a ideia de consideração da internet como *commons*.(57)

Fato é que a afirmação soberana de um Estado envolve seu labor legislativo e a edição de marcos regulatórios para suas jurisdições. Naturalmente, a proliferação de leis protetivas dos dados pessoais por todo

---

(56) GOLDSMITH, Jack; WU, Tim. *Who controls the Internet*? Illusions of a borderless world. Oxford: Oxford University Press, 2006. p. 13.

(57) Conferir, por todos, as críticas de Mark Raymond a essa proposta: RAYMOND, Mark. Puncturing the myth of the Internet as a Commons. *Georgetown Journal of International Affairs*, Washington, D.C., n. 14, p. 53-64, 2013. Em sentido mais amplo, conferir HOLMAN, JoAnne; MCGREGOR, Michael. The internet as commons: the issue of access. *Communication Law and Policy*, v. 10, n. 3, p. 267-289, June 2010.

o globo reflete desafios jurídicos inegáveis quanto à proteção de direitos no contexto das atividades de compartilhamento informacional.

No Brasil, várias iniciativas vêm sendo editadas para compor um microssistema que rege as relações virtuais. A Lei Geral de Proteção de Dados Pessoais é o mais recente exemplo desse movimento, mas outros, como a Lei de Acesso à Informação, o Marco Civil da internet e o próprio Código de Defesa do Consumidor, são normas precedentes e que já sinalizavam a preocupação do legislador com a edição de regulamento próprio, voltado à tutela dessa plêiade de temas inquietantes.

Transferência internacional e uso compartilhado de dados

É importante destacar que a LGPD brasileira, promulgada em 14 de agosto de 2018, tem sua inspiração no Regulamento UE 679/2016 – o Regulamento Europeu sobre a Proteção de Dados (RGPD) –, que entrou em efeito a partir de maio de 2018. Na Europa, o referido regulamento trata de temas concernentes à circulação de dados oriundos de seu território no ambiente internacional. Questões como as decisões sobre adequação, os compromissos assumidos pelo controlador para viabilizar a transferência internacional, além de outras hipóteses, constam expressamente de seu texto e impõem especificidades para o fluxo transfronteiriço de dados pessoais.

Na LGPD, o tema também encontra previsão específica. O art. 5º, inciso XV, conceitua a transferência internacional como a transferência de dados para um país estrangeiro ou organismo internacional do qual o Brasil seja membro.

O conceito é vago e, naturalmente, demanda interpretação sistemática da lei e de seus outros dispositivos.[(58)] Cita-se, nesse ponto, que o inciso subsequente (XVI) do art. 5º descreve a transferência internacional como hipótese de uso compartilhado de dados. O art. 3º também é de fundamental cognição, pois define que a atividade deve ter por objetivo a oferta de bens ou serviços com finalidade econômica, que a operação de tratamento deve ser realizada em território nacional e/ou que os dados que são objeto de tratamento devem ser coletados no território nacional (art. 3º, inc. I a III).

---

(58) FRAJHOF, Isabella; SOMBRA, Thiago Luís. A transferência internacional de dados pessoais. In: MULHOLLAND, Caitlin (Org.). *A LGPD e o novo marco normativo no Brasil.* Porto Alegre: Arquipélago Editorial, 2020. p. 268.

Ademais, é importante lembrar que a lei estabelece os casos em que a LGPD não se aplica ao tratamento de dados pessoais (art. 4º, ao qual fazemos remissão). Sua leitura, conjugada aos aspectos acima descritos, permite concluir que a transferência internacional é a atividade de transferência ou compartilhamento para um país estrangeiro, entre pessoas físicas ou jurídicas de direito público ou privado, incluindo organismos internacionais dos quais o Brasil seja membro, de dados coletados em território nacional e/ou cujo tratamento tenha sido realizado no país.

Hipóteses de transferência internacional

O art. 33, da LGPD, enuncia diversas hipóteses em que se admite a transferência internacional de dados. O rol é exaustivo e pode ser compreendido a partir da preocupação do legislador com a adesão a parâmetros internacionais de adequação do grau de proteção conferido às atividades correlatas.

De forma sintética, são as seguintes hipóteses:

Art. 33, I	Quando a transferência se der para países ou organismos internacionais que proporcionem grau de proteção adequado nos seus termos.
Art. 33, II	Quando o controlador oferecer e comprovar garantias de cumprimento dos princípios, dos direitos do titular e do regime de proteção de dados previsto na Lei, na forma de mecanismos específicos de transferência internacional (regidos pelo Art. 35 da Lei), quais sejam: (i) cláusulas contratuais específicas; (ii) cláusulas-padrão contratuais; (iii) normas corporativas globais; (iv) selos, certificados e códigos de conduta regularmente emitidos.
Art. 33, III	Quando a transferência for necessária para a cooperação jurídica internacional entre órgãos públicos de inteligência, de investigação e de persecução, de acordo com os instrumentos de direito internacional.
Art. 33, IV	Quando a transferência for necessária para a proteção da vida ou da incolumidade física do titular ou de terceiro.
Art. 33, V	Quando a Autoridade Nacional autorizar a transferência

Art. 33, VI	Quando a transferência resultar em compromisso assumido em acordo de cooperação internacional.
Art. 33, VII	Quando a transferência for necessária para a execução de política pública ou atribuição legal do serviço público (com publicidade nos termos do Art. 23, I).
Art. 33, VIII	Com consentimento fornecido pelo titular, específico e em destaque, com informação prévia sobre o caráter internacional da operação.
Art. 33, IX	Quando necessário para atender o cumprimento de obrigação legal (Art. 7º, inc. II); execução de contrato ou procedimentos preliminares a contrato (Art, 7º, inc. V); e exercício regular de direitos (Art. 7º, inc. VI).

A LGPD não possui critérios tão diretos quanto os do art. 45(2), do RGPD, a exemplo da exigência de decisão de adequação por parte da Autoridade Nacional(59), mas estabelece que a sua autorização (inc. V) é uma das possibilidades para a transferência internacional de dados. Outra conclusão que se extrai é a de que algumas bases legais para o tratamento de dados pessoais são apresentadas como hipóteses de transferência internacional. Por exemplo: a proteção da vida ou da incolumidade física do titular ou de terceiro (art. 33, IV c/c art. 7º, VII), o consentimento (art. 33, VIII c/c art. 7º, I) e o cumprimento de obrigação legal ou regulatória pelo controlador, a execução de contrato ou de procedimentos preliminares relacionados a contrato do qual seja parte o titular, a pedido do titular dos dados, e o exercício regular de direitos em processo judicial, administrativo ou arbitral (art. 33 c/c art. 7º, II, V e VI).

O consentimento é a base legal mais curiosa a lastrear eventual transferência internacional(60), pois sua utilização implicará o exercício de uma série de prerrogativas que podem tornar sua implementação complexa para o controlador (que pode ser o próprio empregador),

---

(59) VOIGT, Paul; BUSSCHE, Axel von dem. *The EU General Data Protection Regulation (GDPR)*: a practical guide. Cham: Springer, 2017. p. 116.

(60) Não se desconsidere, ademais, as próprias preocupações concernentes à privacidade do trabalhador. O tema é explorado por CARLOTO, Selma; CLOZEL, Lívia. LGPD e o direito à privacidade dos trabalhadores. In: TOMASEVICIUS FILHO, Eduardo (Coord.). *A Lei Geral de Proteção de Dados brasileira: análise setorial*. São Paulo: Almedina, 2021. v. 1, p. 254-258.

especialmente em relações laborais, tipicamente reconhecidas pela subordinação que as rege.

Por certo, na seara trabalhista, haverá respaldo jurídico para operações de transferência relacionadas às atividades laborais exercidas no exterior e que envolvam dados de empregados, o que será muito comum em companhias multinacionais e empresas que explorem atividades transfronteiriças – algo muito comum atualmente.

Para tais casos, o inciso I será o fundamento mais importante a se considerar, embora o termo "adequação" ainda abra margem a interpretações. Ademais, várias nuances podem ser colhidas do inciso. Uma delas é a nítida preocupação com a equivalência de adequação do grau de proteção jurídica conferido pelo outro país envolvido na transferência internacional aos dados pessoais ao grau de proteção brasileiro. Por se tratar de conceito aberto, o entendimento sobre a adequação de que trata a lei demandará colmatação pelo labor regulatório infralegal da Autoridade Nacional de Proteção de Dados.

Art. 34. O nível de proteção de dados do país estrangeiro ou do organismo internacional mencionado no inciso I do caput do art. 33 desta Lei será avaliado pela autoridade nacional, que levará em consideração:

I – as normas gerais e setoriais da legislação em vigor no país de destino ou no organismo internacional;

II – a natureza dos dados;

III – a observância dos princípios gerais de proteção de dados pessoais e direitos dos titulares previstos nesta Lei;

IV – a adoção de medidas de segurança previstas em regulamento;

V – a existência de garantias judiciais e institucionais para o respeito aos direitos de proteção de dados pessoais; e

VI – outras circunstâncias específicas relativas à transferência.

José Luiz de Moura Faleiros Júnior

Critérios de aferição de adequação do nível de proteção de dados

Em sequência ao que prevê o art. 33, inciso I, da LGPD, o art. 34 descreve os critérios a serem considerados pela ANPD para aferir o nível de adequação do país estrangeiro ou do organismo internacional a ponto de considerá-lo suficiente para lastrear a operação de transferência internacional: (i) as normas gerais e setoriais da legislação em vigor no país de destino ou no organismo internacional; (ii) a natureza dos dados; (iii) a observância dos princípios gerais de proteção de dados pessoais e direitos dos titulares previstos nessa Lei; (iv) a adoção de medidas de segurança previstas em regulamento; (v) a existência de garantias judiciais e institucionais para o respeito aos direitos de proteção de dados pessoais; e (vi) outras circunstâncias específicas relativas à transferência.

Art. 35. A definição do conteúdo de cláusulas-padrão contratuais, bem como a verificação de cláusulas contratuais específicas para uma determinada transferência, normas corporativas globais ou selos, certificados e códigos de conduta, a que se refere o inciso II do caput do art. 33 desta Lei, será realizada pela autoridade nacional.

§ 1º Para a verificação do disposto no caput deste artigo, deverão ser considerados os requisitos, as condições e as garantias mínimas para a transferência que observem os direitos, as garantias e os princípios desta Lei.

§ 2º Na análise de cláusulas contratuais, de documentos ou de normas corporativas globais submetidas à aprovação da autoridade nacional, poderão ser requeridas informações suplementares ou realizadas diligências de verificação quanto às operações de tratamento, quando necessário.

§ 3º A autoridade nacional poderá designar organismos de certificação para a realização do previsto no *caput* deste artigo, que permanecerão sob sua fiscalização nos termos definidos em regulamento.

§ 4º Os atos realizados por organismo de certificação poderão ser revistos pela autoridade nacional e, caso em desconformidade com esta Lei, submetidos a revisão ou anulados.

§ 5º As garantias suficientes de observância dos princípios gerais de proteção e dos direitos do titular referidas no *caput* deste artigo serão também analisadas de acordo com as medidas técnicas e organizacionais adotadas pelo operador, de acordo com o previsto nos §§ 1º e 2º do art. 46 desta Lei.

José Luiz de Moura Faleiros Júnior

Verificações de conteúdo e informações suplementares

Cláusulas-padrão, cláusulas contratuais específicas, normas corporativas globais ou selos, certificados e códigos de conduta são itens descritos nas alíneas do inciso II, do art. 33, como critérios de legitimação da transferência internacional de dados pessoais.

As verificações desses conteúdos são relevantes, mas o §1º, do art. 35, apresenta nuances apenas abstratas e genéricas para isso, o que revela o importante papel da ANPD no detalhamento dessas descrições.

Já o §2º trata da possibilidade de solicitação de informações complementares, naturalmente para que se demonstre o equilíbrio entre as medidas de segurança adotadas e a esperada transparência do controlador quanto a documentos organizacionais importantes e que possam envolver dados de empregados. Para tais hipóteses, cabe lembrar que o art. 10, §4º, do Marco Civil da Internet garante a possibilidade de manutenção da confidencialidade desses documentos.(61)

Organismos de certificação e medidas técnicas

Pelo §3º, do art. 35, a ANPD pode designar organismos de certificação para definir e verificar o conteúdo de cláusulas-padrão contratuais, cláusulas contratuais específicas, normas corporativas globais ou selos, certificados e códigos de conduta para a realização da transferência internacional de dados.

Cabe lembrar, nesse ponto, que o art. 4º, inciso XIII, do Decreto n. 10.474/2020, prevê a atribuição do Conselho Diretor da ANPD para "designar e fiscalizar organismos de certificação para a verificação da permissão para a transferência de dados internacional".

A ANPD ainda poderá rever os atos praticados pelos organismos de certificação, segundo o que prevê o §4º, do art. 35, e, caso haja descumprimento da lei, os mesmos poderão ser anulados (vide, ainda, o que dispõe o art. 4º, XIV, do Decreto n. 10.474/2020).

O 5§º do dispositivo, finalmente, faz remissão aos parâmetros de segurança da informação descritos no art. 46, §§1º e 2º da lei(62) quanto à parametrização da análise de suficiência da observância dos princípios gerais de proteção e dos direitos do titular referidas no *caput* do artigo.

---

(61) "Art. 10. (...) § º As medidas e os procedimentos de segurança e de sigilo devem ser informados pelo responsável pela provisão de serviços de forma clara e atender a padrões definidos em regulamento, respeitado seu direito de confidencialidade quanto a segredos empresariais."

(62) MARTINS, Guilherme Magalhães; FALEIROS JÚNIOR, José Luiz de Moura. Segurança, boas práticas, governança e compliance. In: LIMA, Cíntia Rosa Pereira de (Coord.). *Comentários à Lei Geral de Proteção de Dados*. São Paulo: Almedina, 2020. p. 351-352.

Art. 36. As alterações nas garantias apresentadas como suficientes de observância dos princípios gerais de proteção e dos direitos do titular referidas no inciso II do art. 33 desta Lei deverão ser comunicadas à autoridade nacional.

José Luiz de Moura Faleiros Júnior

Atos de comunicação à ANPD

O art. 33, inciso II, descreve a possibilidade de transferência internacional em casos nos quais se demonstre, como garantias, que há cumprimento dos princípios, direitos do titular e do regime de proteção de dados pessoais definido na lei. Isso se torna mais claro nas alíneas do inciso, que preveem: a) cláusulas contratuais específicas para determinada transferência; b) cláusulas-padrão contratuais; c) normas corporativas globais; d) selos, certificados e códigos de conduta regularmente emitidos.

Tais comprovações têm a função de demonstrar a adesão a parâmetros de *accountability*(63) pelos agentes de tratamento acreditados por agentes de certificação externos.(64) São certificações relevantes e acreditadas em âmbito internacional, com valoração suficiente para fins de viabilizar a transferência internacional. Trata-se de passagem importantíssima para o contexto geral da lei no que diz respeito ao esperado *compliance*. Sobre esse ponto, o Considerando 100 do RGPD

---

(63) Situando o contexto de invocação do termo, Nelson Rosenvald destaca o seguinte: "No *common law* há um termo que se ajusta perfeitamente ao clássico sentido civilistico da responsabilidade. Trata-se da «*liability*". Várias teorias desenvolvem a *liability* no contexto da responsabilidade civil. Em comum, remetem à uma indenização cujo núcleo consiste em um nexo causal entre uma conduta e um dano, acrescida por outros elementos conforme o nexo de imputação concreto, tendo em consideração as peculiaridades de cada jurisdição. Porém, este é apenas um dos sentidos da responsabilidade. Ao lado dela, colocam-se três outros vocábulos: «*responsibility*", "*accountability*" e "*answerability*". "[...] Avançando para a "*accountability*", ampliamos o espectro da responsabilidade, mediante a inclusão de parâmetros regulatórios preventivos, que promovem uma interação entre a liability do Código Civil com uma regulamentação voltada à governança de dados, seja em caráter *ex ante* ou *ex post*." ROSENVALD, Nelson. A polissemia da responsabilidade civil na LGPD. *Migalhas de Proteção de Dados*, 6 nov. 2020. Disponível em: <https://www.migalhas.com.br/coluna/migalhas-de-protecao-de-dados/336002/a-polissemia-da-responsabilidade-civil-na-lgpd>. Acesso em: 06 abr. 2021.

(64) Sobre o tema, conferir SIMÃO FILHO, Adalberto; RODRIGUES, Janaina de Souza Cunha. Certificarte: a arte da certificação em LGPD. Migalhas de Proteção de Dados, 11 set. 2020. Disponível em: <https://www.migalhas.com.br/coluna/migalhas-de-protecao-de-dados/333202/certificar-te--a-arte-da-certificacao-em-lgpd>. Acesso em: 06 abr. 2021.

europeu traz mais clareza ao uso de selos e marcas de proteção de dados como meios de "reforçar a transparência e o cumprimento do presente regulamento", com o objetivo de permitir "aos titulares avaliar rapidamente o nível de proteção de dados proporcionado pelos produtos e serviços em causa".

Na lei brasileira, não se tem detalhamentos sobre o conteúdo mínimo que se poderia esperar para programas de governança e boas práticas no contexto das relações trabalhistas. O próprio art.50, da LGPD, quando trata do tema, o faz de forma não cogente, mas facultativa, abrindo margem à interpretação.

Para a seara trabalhista, novamente vêm à mente as multinacionais em contextos nos quais suas contratações dependem do intercâmbio de dados de empregados ou da acreditação. O que exige o art. 36, nesse contexto, é a transparência ampla, com comunicação à ANPD de eventuais alterações que possam tornar insuficientes as garantias originalmente valoradas.

CAPÍTULO VI

DOS AGENTES DE TRATAMENTO DE DADOS PESSOAIS

Seção I
Do Controlador e do Operador

Com relação a figura dos agentes de tratamento de dados, o controlador é aquele que efetivamente possui o controle sobre as decisões relativas ao tratamento, enquanto que o operador, realiza ao tratamento a mando do controlador. Dessa forma, o operador é subordinado ao controlador na cadeia de tratamento de dados.

> **Art. 37. O controlador e o operador devem manter registro das operações de tratamento de dados pessoais que realizarem, especialmente quando baseado no legítimo interesse.**

Mariana Almirão de Sousa

O intento do artigo reside em aclarar a necessidade que os agentes de tratamento de dados possuem de documentar as operações, dando maior ênfase naquelas coletas pelo legítimo interesse.

O registro ou inventário de dados deve conter a identificação dos tipos de dados tratados, com a relativa adequação à base legal, bem como quem terá acesso ao dado, qual o fluxo que aquele dado percorrerá durante o seu tratamento, qual é a categoria dos titulares de dados, o prazo para o tratamento, quais as razões pelas quais aquele dado deve ser tratado, local de armazenamento, averiguações sobre a transferência internacional e se são compartilhados com terceiros, além de informações sobre medidas técnicas e administrativas para garantir a segurança.

Esses questionamentos possuem a intenção de que o controlador reflita sobre o inventário de dados, sua necessidade, adequação e formas de protegê-lo.

O registro deverá ser atualizado com frequência à medida que novos dados entram e o prazo dos demais tenha fim, representando a realidade dos dados tratados pela empresa. Contudo, não é um grande dossiê em que todos os mínimos detalhes são coletados, fato que traria maior fragilidade a esses dados e, sim, uma análise dos apontamentos mais relevantes.

Quanto à possibilidade de coleta baseada no legítimo interesse, deve-se ressaltar que essa não é uma panacéia, tampouco uma forma de se escusar do cumprimento de outras obrigações. Pelo contrário, o legítimo interesse é a modalidade que mais onera o controlador de dados, isso é, o empregador.

Pelo legítimo interesse ser uma hipótese de tratamento mais delicada, para salvaguardar os interesses de todas as partes, esse registro será mais detalhado na hipótese da utilização desse como justificativa de tratamento.

No tocante ao tratamento de dados sensíveis, é possível que haja o requerimento para tratamento de dados baseado no legítimo interesse para requerer que empregada dispensada do posto de trabalho efetue exame gravídico. Tal coleta se dará para preservar todas as partes, inclusive o nascituro, de uma demissão ilegal. Nesse exemplo, resta claro que a empregada também terá interesse na coleta, ressaltando que no tratamento baseado do inciso IX, do art. 7º, deverá haver uma dupla via de interesses, tanto do controlador, quanto do titular.

Há que se ressaltar que os dados coletados terão de seguir a legítima expectativa do titular de dados, não permitindo que haja o compartilhamento com terceiros sem o aviso ao titular e, se esse trâmite de dados ferir o que é esperado daquela coleta, deverá ser necessário pedir o consentimento do titular. Para exemplificar, é possível coletar dados previdenciários e compartilhar com empresa responsável pela contabilidade trabalhista. No sentido contrário, não é possível transmitir dados sobre o número de dependentes com agências de *marketing*, por três motivos: o primeiro, por não haver interesse do titular de dados de ser alvo de campanhas de publicidade; segundo, por haver a necessidade de um liame lógico no compartilhamento de informações e, por fim, existe a necessidade de que o tratamento seja para fins estritamente necessários.

Art. 38. A autoridade nacional poderá determinar ao controlador que elabore relatório de impacto à proteção de dados pessoais, inclusive de

dados sensíveis, referente a suas operações de tratamento de dados, nos termos de regulamento, observados os segredos comercial e industrial.

Parágrafo único. Observado o disposto no caput deste artigo, o relatório deverá conter, no mínimo, a descrição dos tipos de dados coletados, a metodologia utilizada para a coleta e para a garantia da segurança das informações e a análise do controlador com relação a medidas, salvaguardas e mecanismos de mitigação de risco adotados.

Mariana Almirão de Sousa

O presente artigo traz a discussão sobre o Relatório de Impacto, o documento que avalia os riscos do tratamento de dados.

É um documento de responsabilidade do controlador ou empresa controladora, que se baseará nos dados coletados para realizar uma descrição e um fluxo dos processos de tratamento de dados pessoais, que possam ferir direitos, bem como a estipulação de formas para diminuir o risco de possíveis incidentes.

Assim como o inventário de dados, deve estar em constante desenvolvimento, sendo revisado ao longo de todo o processo de tratamento de dados.

O relatório partirá do registro de tratamento de dados, determinará a necessidade de tratamento, bem como o fluxo de informações, a natureza, contexto e propósito do processamento, para identificar os riscos aos direitos e liberdades dos titulares, pensar em formas de solucionar possíveis incidentes, bem como mitigar e eliminar riscos.

Assim, a empresa terá uma visão mais aprofundada dos riscos envolvidos no tratamento, bem como o que fazer para reduzi-los, observando os princípios da prevenção e da precaução.

Um Relatório de Impacto é um processo que começa nos primeiros estágios possíveis de uma iniciativa, quando ainda há oportunidades para influenciar seu resultado e, assim, garantir a privacidade desde o projeto. É um processo que continua até, e mesmo depois, o projeto ser implantado.

Como aduz o artigo, o Relatório de Impacto poderá ser exigido pela Autoridade Nacional; no entanto, a mesma ainda não disponibilizou os critérios de quais segmentos terão que realizá-lo. A ANPD determinará se o Relatório de Impacto deverá ser realizado apenas com relação aos dados sensíveis, ou se a todos os tratamentos de dados realizados pela pessoa. A lei não é clara quanto às ocasiões em que serão realizadas as avaliações, porém aduz que devem ser realizadas toda vez que o tratamento puder acarretar riscos aos direitos civis e liberdades fundamentais. Pela lei, ele será exigido pelo menos nas hipóteses em que:

— O tratamento de dados pessoais tiver como fundamento o interesse legítimo do Controlador (Art. 10º, II, § 3º, LGPD);

— O tratamento de dados pessoais gerar riscos às liberdades civis e aos direitos fundamentais dos titulares (Art. 5º, XVII, LGPD);

— Houver o tratamento de dados pessoais sensíveis, especialmente em grandes volumes (Art. 38º, LGPD);

— O tratamento for relativo a dados pessoais provenientes de fora do território nacional e que não sejam objeto de comunicação, no uso compartilhado de dados com agentes de tratamento brasileiros ou objeto de transferência internacional de dados com outro país que não o de proveniência. (Art. 4º, IV, § 3º, LGPD).

Segundo a *Guideline* 248 do *Working Party* deve-se fazer o Relatório de Impacto para:

— Uso de Dados Pessoais para a tomada de decisão automatizada com efeito legal ou significativamente similar;

— Avaliação ou pontuação dos titulares de dados pessoais;

— Monitoramento sistemático de titulares de dados pessoais;

— Tratamento de dados pessoais sensíveis;

— Dados pessoais tratados em larga escala;

— Conjunto de dados pessoais que foram combinados ou enriquecidos;

— Dados pessoais sobre indivíduos vulneráveis;

— Transferência de dados pessoais para fora do território nacional;

— Quando o tratamento de dados pessoais impede que titulares exerçam um direito ou usem um serviço ou contrato;

— Uso de soluções tecnológicas ou organizacionais inovadoras para tratamento de dados pessoais.

Assim, tendo a Autoridade determinado quais serão os dados passíveis de fazer parte do Relatório de Impacto, somente daquele grupo deverá ser realizado, não havendo necessidade de fazer um Relatório para cada tipo de dado tratado pela organização. Caso isso fosse exigido, poderia onerar de maneira negativa empresas de menor porte.

Art. 39. O operador deverá realizar o tratamento segundo as instruções fornecidas pelo controlador, que verificará a observância das próprias instruções e das normas sobre a matéria.

Eduardo Cominetti

Mariana Almirão de Sousa

Como visto, o operador realizará o tratamento a partir das ordens de um controlador e em seu nome, podendo ainda ter classificações diferentes entre os operadores, a fim de regulamentar supervisores e subordinados.

Com relação às normas técnicas, outra medida recomendada ao controlador é a de desenvolver seus sistemas de tratamento de dados considerando cenários de adversários "honestos-mas-curiosos" ou "desonestos-se-permitido". No primeiro cenário, o operador segue estritamente as instruções do controlador, mas é capaz de observar e coletar todos os resultados intermediários e finais do tratamento de dados. Entretanto, essa coleta não produz nenhum conhecimento fora a saída esperada do sistema. No segundo cenário, o operador irá comportar-se de maneira maliciosa (e.g., não seguir as orientações do controlador) ao menos que existam mecanismos no sistema que possibilitem a detecção do desvio de conduta. Dessa forma, o operador é forçado a seguir as orientações do controlador, pois uma auditoria conseguiria provar, sem margem de dúvidas, seu desvio de conduta.

O controlador é capaz de verificar que ao menos suas instruções estejam sendo seguidas, mas não é capaz de verificar que somente elas estejam sendo seguidas. O controlador pode verificar os dados de titulares por ele fornecidos ao controlador, o tratamento esperado desses dados e seu resultado. Entretanto, o controlador pode fazer uma cópia ilegal desses dados e tratá-los a parte, sem o conhecimento ou anuência do controlador. Uma alternativa para solucionar a situação para o controlador seria a elaboração de um contrato detalhando precisamente como os dados devem ser tratados. Dessa maneira, caso o operador aja de maneira ilícita, o controlador é capaz de provar que o dano é decorrente apenas do operador, eximindo-se de responsabilidade (Art. 43, inciso III). Outra medida recomendada ao controlador é a de desenvolver seus sistemas de tratamento de dados considerando cenários de adversários "honestos-mas-curiosos" ou "desonestos-se-permitido". No primeiro cenário, o operador segue estritamente as instruções do controlador, mas é capaz de observar e coletar todos os resultados intermediários e finais do tratamento de dados. Entretanto, essa coleta não produz nenhum conhecimento fora a saída esperada do sistema. No segundo cenário, o operador irá comportar-se de maneira maliciosa (e.g., não seguir as orientações do controlador) a menos que existam mecanismos no sistema que possibilitem a detecção do desvio de conduta. Dessa forma, o operador é forçado a seguir as orientações do controlador, pois uma auditoria conseguiria provar, sem margem de dúvidas, seu desvio de conduta.

Art. 40. A autoridade nacional poderá dispor sobre padrões de interoperabilidade para fins de portabilidade, livre acesso aos dados e segurança, assim como sobre o tempo de guarda dos registros, tendo em vista especialmente a necessidade e a transparência.

Mariana Almirão de Sousa

O art. 18 da Lei inova ao trazer o direito à portabilidade de dados, ou seja, o direito do titular a controlar, gerenciar, reutilizar e migrar seus dados pessoais. Na esfera trabalhista, seria a possibilidade de que dados de uma relação de emprego possam migrar, juntamente com o empregado, caso ele troque de instituição.

Um exemplo de portabilidade é a conta-salário, disposta pela Resolução n. 3.401/2006 e Circular n. 3.336/2006, do Banco Central, as quais permitem que mesmo que o empregador deposite o salário em uma instituição bancária, caso assim desejar, o empregado terá o direito que o salário depositado em tal instituição bancária seja transferido, sem ônus, para a instituição financeira de sua preferência.

Felizmente, o *lock in* passível nas relações consumeristas, nas quais o titular fica impossibilitado de utilizar outros serviços em razão da dificuldade estrutural ou altos custos da troca de prestadora, por receio de perder os dados, não ocorre nas relações trabalhistas. Mesmo assim, caso, ao sair de um emprego, deseje levar seus dados, esse somente terá direito aos dados que forneceu: o resultado do tratamento de dados realizado pela empresa não poderá ser compartilhado. Para ilustrar, caso uma empresa tenha realizado uma análise da produtividade de um funcionário, comprovando que ele tem um excelente índice, o empregado não poderá exigir que esse resultado seja compartilhado com outras empresas, por fazer parte do segredo empresarial.

Como o tema ainda é novo, a Autoridade Nacional poderá especificar mais critérios para sua aplicação, bem como as formas de exercício desse direito.

A ANPD deverá dispor sobre padrões de interoperabilidade para proteger o titular de dados. Caso isso não seja feito, cada controlador será capaz de seguir padrões pouco usuais, definidos por alguma entidade pouco conhecida, dificultando a livre escolha de controladores pelo titular.

Seção II
Do Encarregado pelo Tratamento de Dados Pessoais

Art. 41. O controlador deverá indicar encarregado pelo tratamento de dados pessoais.

§ 1º A identidade e as informações de contato do encarregado deverão ser divulgadas publicamente, de forma clara e objetiva, preferencialmente no sítio eletrônico do controlador.

§ 2º As atividades do encarregado consistem em:

I – aceitar reclamações e comunicações dos titulares, prestar esclarecimentos e adotar providências;

II – receber comunicações da autoridade nacional e adotar providências;

III – orientar os funcionários e os contratados da entidade a respeito das práticas a serem tomadas em relação à proteção de dados pessoais; e

IV – executar as demais atribuições determinadas pelo controlador ou estabelecidas em normas complementares.

§ 3º A autoridade nacional poderá estabelecer normas complementares sobre a definição e as atribuições do encarregado, inclusive hipóteses de dispensa da necessidade de sua indicação, conforme a natureza e o porte da entidade ou o volume de operações de tratamento de dados.

§ 4º (VETADO).

Mariana Almirão de Sousa

O encarregado assumirá a função de *ombudsman* de dados, defendendo as boas práticas e o direito dos titulares dentro da instituição, realizando a adequação à LGPD.

De tal sorte, necessitará conhecer todos os processos relativos a dados pessoais, para que compreenda os possíveis perigos, as falhas, os segmentos que merecem maior atenção e como solucionar possíveis deficiências de proteção.

Também servirá como um elo da empresa com a Autoridade Nacional, levando demandas da empresa perante a ANPD, bem como disseminando as orientações do órgão pela estrutura funcional.

Como receberá as dúvidas e reclamações de titulares, seus dados de contato têm de ser públicos, claros e facilmente acessíveis. Dessa forma, se um empregado perguntar ao seu gerente sobre o contato do encarregado de proteção de dados, esse será obrigado a compartilhar tal informação. Mesmo em empresas que optam por não disponibilizar o contato do departamento jurídico, com receio de que haja uma demanda que abarrote o serviço, deverá compartilhar o do encarregado, assegurando que tanto um único encarregado, ou uma equipe, respondam prontamente com as informações requeridas pelos titulares.

Por realizar essa postura de vigilância, países europeus já possuem decisões no sentido de que o encarregado terá de ser subordinado direto ao topo da organização ou *"C- levels"*, uma vez que, caso fosse subordinado a um gerente, ou à diretoria de uma área, haveria um conflito de interesses para aplicar as atribuições que a lei exige que ele cumpra.

Sobre a responsabilidade, somente responderá por ação ou omissão dolosa, com intento de prejudicar a empresa ou seus empregados. Caso seja funcionário, segundo o art. 462, parágrafo 1º, da CLT, poderá responder por culpa, desde que haja previsão em seu contrato de trabalho.

Seção III
Da Responsabilidade e do Ressarcimento de Danos

Art. 42. O controlador ou o operador que, em razão do exercício de atividade de tratamento de dados pessoais, causar a outrem dano patrimonial, moral, individual ou coletivo, em violação à legislação de proteção de dados pessoais, é obrigado a repará-lo.

§ 1º A fim de assegurar a efetiva indenização ao titular dos dados:

I – o operador responde solidariamente pelos danos causados pelo tratamento quando descumprir as obrigações da legislação de proteção de dados ou quando não tiver seguido as instruções lícitas do controlador, hipótese em que o operador equipara-se ao controlador, salvo nos casos de exclusão previstos no art. 43 desta Lei;

II – os controladores que estiverem diretamente envolvidos no tratamento do qual decorreram danos ao titular dos dados respondem solidariamente, salvo nos casos de exclusão previstos no art. 43 desta Lei.

§ 2º O juiz, no processo civil, poderá inverter o ônus da prova a favor do titular dos dados quando, a seu juízo, for verossímil a alegação, houver hipossuficiência para fins de produção de prova ou quando a produção de prova pelo titular resultar-lhe excessivamente onerosa.

§ 3º As ações de reparação por danos coletivos que tenham por objeto a responsabilização nos termos do *caput* deste artigo podem ser exercidas coletivamente em juízo, observado o disposto na legislação pertinente.

§ 4º Aquele que reparar o dano ao titular tem direito de regresso contra os demais responsáveis, na medida de sua participação no evento danoso.

Mariana Almirão de Sousa

O controlador está no topo da pirâmide do tratamento de dados, será ele que fará as determinações quanto ao tratamento e ele que será o beneficiário dessa operação.

Assim sendo, ele tanto poderá ser uma pessoa física quanto uma pessoa jurídica, a qual determinará a forma de coleta, os motivos, o escopo, os meios utilizados, o tempo de tratamento, e com quais pessoas esses dados serão compartilhados.

Para melhor elucidar, caso uma grande empresa de varejo resolva coletar dados para realizar uma campanha de publicidade, e para tanto contrata uma empresa especializada em *marketing*, a controladora será a empresa de varejo, enquanto que o escritório de publicidade será o operador, por realizar o tratamento em benefício da controladora.

Normalmente, essa relação se dará dentro da própria empresa e dos integrantes da organização.

Como responsabilidades, o controlador deverá obter o consentimento do titular ou adequar o tratamento a alguma das bases legais de coleta do art. 7º da norma, realizar o consentimento informado sobre a finalidade, formas, duração e riscos decorrentes desse tratamento, mantendo total transparência para com o titular, deverá zelar pelos direitos dos titulares ao avaliar a forma que a empresa lida com os dados, tentando minimizar o impacto, bem como adotar medidas que mitiguem possíveis incidentes, observando as boas práticas e padrões de governança previstos pela Autoridade Nacional, bem como nas normas jurídicas e técnicas.

Também deverá realizar o Relatório de Impacto nas hipóteses que a Autoridade Nacional de Proteção de Dados discriminar.

Aqui, é necessário acrescentar uma nota sobre a necessidade de que dados de empregados, por terem uma natureza sensível, atualmente deverão receber um Relatório de Impacto sobre seu tratamento. No entanto, a Autoridade Nacional de Proteção de Dados ainda não se pronunciou a respeito de eventuais dispensas que podem ocorrer, como no caso de empresas de pequeno porte. Assim sendo, ficamos no aguardo do pronunciamento do órgão mas, para se resguardarem, é recomendado que seja realizado o Relatório de Impacto sobre dados de empregados, principalmente se tiverem informações de questões de saúde, coleta de biometria ou geolocalização.

Na hipótese de um incidente, o controlador deverá reparar danos em todas as esferas: patrimoniais, trabalhista individual e trabalhista coletivo, a que tenha dado causa ou àqueles sob sua coordenação. Deverá comunicar à autoridade nacional e aos titulares informando sobre os possíveis riscos.

Passando para a questão quanto à responsabilidade civil do operador, avisa-se que é uma das mais debatidas no âmbito da Lei Geral de Proteção de Dados. Segundo a letra da lei, a responsabilidade sobre o tratamento de dados recai tanto sobre o controlador, quanto sobre o operador, na modalidade solidária. Tal responsabilização tem como intuito a proteção do titular de dados, para garantir que a indenização por eventuais danos decorrentes do tratamento seja assegurada.

Ocorre que, como visto pela legislação trabalhista, essa responsabilidade não pode recair sobre operador empregado, isto é, com vínculo celetista.

Tendo em vista que o empregado realiza o tratamento em nome do empregador, a responsabilidade não poderá ser solidária. No entanto, caso o operador seja uma outra pessoa jurídica, a responsabilidade será solidária. Aqui resta o aviso para, caso fique configurado o fenômeno da "pejotização" de empregados, obviamente a responsabilidade não será solidária.

Com relação às obrigações do operador, esse estará subordinado às diretrizes do controlador; no entanto, não poderá realizar comandos que violem a legislação, deverá prezar pelas boas práticas e padrões de governança, proteger dados de acesso não autorizado e demais possíveis incidentes.

Art. 43. Os agentes de tratamento só não serão responsabilizados quando provarem:

I – que não realizaram o tratamento de dados pessoais que lhes é atribuído;

II – que, embora tenham realizado o tratamento de dados pessoais que lhes é atribuído, não houve violação à legislação de proteção de dados; ou

III – que o dano é decorrente de culpa exclusiva do titular dos dados ou de terceiro.

Mariana Almirão de Sousa

O presente artigo faz referência às excludentes de responsabilidade dispostas no Código Civil, uma vez que os agentes não serão considerados responsáveis ao provar que não praticaram o ato a eles atribuído ou que realizaram, no entanto, e não violaram as normas, e, por fim, se comprovarem que o incidente danoso foi decorrente de culpa exclusiva da vítima ou de terceiro. Para ilustrar, seria o caso de o empregador comprovar que os dados foram vazados a partir de uma conversa do próprio empregado.

O ônus da prova da excludente de responsabilidade será da parte que o alega, no caso, o empregador.

Art. 44. O tratamento de dados pessoais será irregular quando deixar de observar a legislação ou quando não fornecer a segurança que o titular dele pode esperar, consideradas as circunstâncias relevantes, entre as quais:

I – o modo pelo qual é realizado;

II – o resultado e os riscos que razoavelmente dele se esperam;

> **III – as técnicas de tratamento de dados pessoais disponíveis à época em que foi realizado.**
>
> **Parágrafo único. Responde pelos danos decorrentes da violação da segurança dos dados o controlador ou o operador que, ao deixar de adotar as medidas de segurança previstas no art. 46 desta Lei, der causa ao dano.**

Mariana Almirão de Sousa

Conforme tem-se explanado ao longo dessa obra, existem diversos critérios técnicos decorrentes de boas práticas que devem ser observados no tratamento de dados; caso esses não venham a ser cumpridos, restará configurada a irregularidade da operação, sendo passível de medidas sancionatórias tanto pela Autoridade Nacional de Proteção de Dados, quanto pelo Poder Judiciário.

Para ter maior garantia de que as boas práticas estão sendo cumpridas, o controlador poderá auditar periodicamente o operador e exigir que esse envie comprovações da observância dos dispositivos técnico-legais.

> **Art. 45. As hipóteses de violação do direito do titular no âmbito das relações de consumo permanecem sujeitas às regras de responsabilidade previstas na legislação pertinente.**

Mariana Almirão de Sousa

Os órgãos de defesa do consumidor são competentes para a aplicação da Lei Geral de Proteção de Dados naquelas matérias que envolvam o consumidor.

Aqui, podendo ser tanto o consumidor *standard,* como aqueles que sofreram um prejuízo em razão de uma relação de consumo, os consumidores equiparados.

Por enquanto, a responsabilidade consumerista para proteção de dados será objetiva somente naquelas situações em que o tratamento se deu de maneira irregular, como no caso de não haver o aviso ao titular a respeito do tratamento de seus dados. Na hipótese do tratamento ter seguido os padrões técnicos e, no entanto, um incidente ter ocorrido, para realizar a análise do dano, aplicar-se-á a responsabilidade subjetiva, ou seja, dependerá da comprovação de culpa.

As cláusulas sobre limitação de responsabilidade e indenização também são comuns nesses contratos. Por essa razão, muitos operadores podem pensar no estabelecimento de limites de responsabilidade e indenização em seus contratos.

Art. 46. Os agentes de tratamento devem adotar medidas de segurança, técnicas e administrativas aptas a proteger os dados pessoais de acessos não autorizados e de situações acidentais ou ilícitas de destruição, perda, alteração, comunicação ou qualquer forma de tratamento inadequado ou ilícito.

Eduardo Cominetti

As medidas de segurança a serem adotadas devem estar bem definidas e especificadas por normas técnicas internacionais, publicadas por organizações reconhecidas, como o *National Institute of Standards and Technology* (NIST) ou a *Internet Engineering Task Force* (IETF). De preferência, a ANPD deve averigar os padrões e normas definidos por essas instituições amplamente conhecidas e referendadas e explicitamente dizer quais os padrões a serem seguidos. A ANPD também pode criar suas próprias diretrizes mesclando essas normas e explicitamente adotá-la como recomendada.

Art. 47. Os agentes de tratamento ou qualquer outra pessoa que intervenha em uma das fases do tratamento obriga-se a garantir a segurança da informação prevista nesta Lei em relação aos dados pessoais, mesmo após o seu término.

Eduardo Cominetti

Para cumprir essa obrigação, é vital que controladores e operadores realizem todas as etapas de preparo para o tratamento de dados de maneira segura e que seus sistemas tenham essa meta antes de serem criados e implementados (conceito de *Privacy by Design).* Também é de extrema importância a realização do *data mapping* dos dados de titulares a serem tratados e a constante auditoria de seus sistemas para comprovar que todas as medidas do art. 46 estão corretamente implementadas.

Art. 48. O controlador deverá comunicar à autoridade nacional e ao titular a ocorrência de incidente de segurança que possa acarretar risco ou dano relevante aos titulares.

§ 1º A comunicação será feita em prazo razoável, conforme definido pela autoridade nacional, e deverá mencionar, no mínimo:

I – a descrição da natureza dos dados pessoais afetados;

II – as informações sobre os titulares envolvidos;

III – a indicação das medidas técnicas e de segurança utilizadas para a proteção dos dados, observados os segredos comercial e industrial;

IV – os riscos relacionados ao incidente;

V – os motivos da demora, no caso de a comunicação não ter sido imediata; e

VI – as medidas que foram ou que serão adotadas para reverter ou mitigar os efeitos do prejuízo.

§ 2º A autoridade nacional verificará a gravidade do incidente e poderá, caso necessário para a salvaguarda dos direitos dos titulares, determinar ao controlador a adoção de providências, tais como:

I – ampla divulgação do fato em meios de comunicação; e

II – medidas para reverter ou mitigar os efeitos do incidente.

§ 3º No juízo de gravidade do incidente, será avaliada eventual comprovação de que foram adotadas medidas técnicas adequadas que tornem os dados pessoais afetados ininteligíveis, no âmbito e nos limites técnicos de seus serviços, para terceiros não autorizados a acessá-los.

Eduardo Cominetti

Novamente, os conceitos de *Privacy by Design*, o *data mapping* dos dados dos titulares e a comprovação do cumprimento do art. 46 mostram-se vitais, principalmente para os controladores serem capazes de mitigar os danos causados e para o correto cumprimento do parágrafo 3, que pode resultar em punições mais brandas para o controlador ou operador de dados.

Art. 49. Os sistemas utilizados para o tratamento de dados pessoais devem ser estruturados de forma a atender aos requisitos de segurança, aos padrões de boas práticas e de governança e aos princípios gerais previstos nesta Lei e às demais normas regulamentares.

Eduardo Cominetti

O art. 49 institui o conceito de *Privacy by Design* como condição mínima para a implementação de sistemas que realiem o tratamento de dados pessoais.

Seção II
Das Boas Práticas e da Governança

Art. 50. Os controladores e operadores, no âmbito de suas competências, pelo tratamento de dados pessoais, individualmente ou por meio de associações, poderão formular regras de boas práticas e de governança que estabeleçam as condições de organização, o regime de funcionamento, os procedimentos, incluindo reclamações e petições de titulares, as normas de segurança, os padrões técnicos, as obrigações específicas para os diversos envolvidos no tratamento, as ações educativas, os mecanismos internos de supervisão e de mitigação de riscos e outros aspectos relacionados ao tratamento de dados pessoais.

§ 1º Ao estabelecer regras de boas práticas, o controlador e o operador levarão em consideração, em relação ao tratamento e aos dados, a natureza, o escopo, a finalidade e a probabilidade e a gravidade dos riscos e dos benefícios decorrentes de tratamento de dados do titular.

§ 2º Na aplicação dos princípios indicados nos incisos VII e VIII do caput do art. 6º desta Lei, o controlador, observados a estrutura, a escala e o volume de suas operações, bem como a sensibilidade dos dados tratados e a probabilidade e a gravidade dos danos para os titulares dos dados, poderá:

I – implementar programa de governança em privacidade que, no mínimo:

a) demonstre o comprometimento do controlador em adotar processos e políticas internas que assegurem o cumprimento, de forma abrangente, de normas e boas práticas relativas à proteção de dados pessoais;

b) seja aplicável a todo o conjunto de dados pessoais que estejam sob seu controle, independentemente do modo como se realizou sua coleta;

c) seja adaptado à estrutura, à escala e ao volume de suas operações, bem como à sensibilidade dos dados tratados;

d) estabeleça políticas e salvaguardas adequadas com base em processo de avaliação sistemática de impactos e riscos à privacidade;

e) tenha o objetivo de estabelecer relação de confiança com o titular, por meio de atuação transparente e que assegure mecanismos de participação do titular;

f) esteja integrado a sua estrutura geral de governança e estabeleça e aplique mecanismos de supervisão internos e externos;

g) conte com planos de resposta a incidentes e remediação; e

h) seja atualizado constantemente com base em informações obtidas a partir de monitoramento contínuo e avaliações periódicas;

II – demonstrar a efetividade de seu programa de governança em privacidade quando apropriado e, em especial, a pedido da autoridade nacional ou de outra entidade responsável por promover o cumprimento de boas práticas ou códigos de conduta, os quais, de forma independente, promovam o cumprimento desta Lei.

§ 3º As regras de boas práticas e de governança deverão ser publicadas e atualizadas periodicamente e poderão ser reconhecidas e divulgadas pela autoridade nacional.

Selma Carloto

As boas práticas são indispensáveis no *compliance* da Lei Geral de Proteção de Dados, facilitando a conformidade e aplicação das normas de proteção de dados, principalmente fomentando a cultura de proteção de dados e conscientizando os responsáveis pelos tratamentos.

A entidade responsável por promover as boas práticas deverá ter um programa de governança em privacidade, que inclua códigos de conduta, com um capítulo de segurança da informação e consequentes sanções disciplinares pelo descumprimento das orientações da empresa (pelos empregados), principalmente práticas que visem assegurar a segurança da informação e de acordo com as normas das ISO, especialmente as 27001, 27002 e 27701, além de políticas e salvaguardas adequadas; com base em um processo de avaliação sistemática de impactos e riscos de privacidade, boas práticas deverão ser publicadas e atualizadas periodicamente.

Também é importante um plano de resposta a incidentes. A maioria dos incidentes é decorrente de falhas de empregados por falta de orientação das empresas. As empresas deverão ter normas em seus códigos de conduta, visando adequar procedimentos e rotinas no tratamento dos dados, sempre de acordo com as melhores práticas, além de capacitar seus colaboradores, por meio de treinamentos periódicos e com o intuito principalmente de conscientização.

Não podemos esquecer que os empregados frequentemente tratam dados de clientes e de outros empregados. Logo, o *compliance* trabalhista protege não apenas incidentes nas relações de emprego, como nas relações de consumo. Os empregados de recursos humanos, a título de exemplo, tratam dados de empregados e os empregados da área comercial tratam dados de clientes.

O GDPR também traz essa previsão no art. 40, em capítulo atinente aos Códigos de Conduta e Certificação, o qual dispõe que as associações e outros organismos representantes de categorias de responsáveis pelo tratamento ou de operadores (subcontratantes) poderão elaborar códigos de conduta.

Art. 51. A autoridade nacional estimulará a adoção de padrões técnicos que facilitem o controle pelos titulares dos seus dados pessoais.

Maria Eugênia Geve de Moraes Lacerda

Em primeiro lugar, cumpre-se ressaltar que, até o momento da publicação dessa obra, a Autoridade Nacional de Proteção de Dados ainda não tinha se manifestado com relação a esses padrões técnicos.

Considerando que a facilitação do controle dos dados pessoais pelos titulares está intrinsecamente ligada ao exercício de seus direitos de confirmação, acesso, correção, revogação do consentimento e, até mesmo, bloqueio ou eliminação, é possível que a Autoridade comece a regular esse artigo no primeiro semestre de 2022. Afinal, a Portaria n. 11/2021, da Autoridade Nacional de Proteção de Dados, classifica a o Projeto de Regulamentação dos direitos dos titulares na Fase 3, o que significa que o início do processo de regulamentação está previsto para esse semestre.

Em linhas gerais, esses padrões técnicos podem incluir a adoção de ferramentas que centralizem os dados pessoais de cada titular em um espaço de fácil acesso e controle (de forma semelhante às páginas "Minha Conta" dos sites de e-commerce, mas com todos os dados pessoais coletados pela empresa e não apenas dados cadastrais), de forma que o titular possa acessar, revisar e compreender os dados pessoais em posse do controlador.

Na esfera trabalhista, isso pode se concretizar por meio de uma página na intranet de acesso restrito ao RH e ao empregado, por onde ele tenha acesso a todos os dados tradicionalmente mantidos em um dossiê restrito ao RH. Assim, o empregado teria acesso às suas folhas de ponto, pedidos de férias, avaliações de desempenho, dentre outras informações a seu respeito que, em muitos casos, só seriam acessíveis a partir de um procedimento burocrático e cheio de justificativas.

CAPÍTULO VIII

DA FISCALIZAÇÃO

Seção I
Das Sanções Administrativas

Art. 52. Os agentes de tratamento de dados, em razão das infrações cometidas às normas previstas nesta Lei, ficam sujeitos às seguintes sanções administrativas aplicáveis pela autoridade nacional:

I – advertência, com indicação de prazo para adoção de medidas corretivas;

II – multa simples, de até 2% (dois por cento) do faturamento da pessoa jurídica de direito privado, grupo ou conglomerado no Brasil no seu último exercício, excluídos os tributos, limitada, no total, a R$ 50.000.000,00 (cinquenta milhões de reais) por infração;

III – multa diária, observado o limite total a que se refere o inciso II;

IV – publicização da infração após devidamente apurada e confirmada a sua ocorrência;

V – bloqueio dos dados pessoais a que se refere a infração até a sua regularização;

VI – eliminação dos dados pessoais a que se refere a infração;

VII – (VETADO);

VIII – (VETADO);

IX – (VETADO).

X – suspensão parcial do funcionamento do banco de dados a que se refere a infração pelo período máximo de 6 (seis) meses, prorrogável por igual período, até a regularização da atividade de tratamento pelo controlador;

XI – suspensão do exercício da atividade de tratamento dos dados pessoais a que se refere a infração pelo período máximo de 6 (seis) meses, prorrogável por igual período;

XII – proibição parcial ou total do exercício de atividades relacionadas a tratamento de dados.

§ 1º As sanções serão aplicadas após procedimento administrativo que possibilite a oportunidade da ampla defesa, de forma gradativa, isolada ou cumulativa, de acordo com as peculiaridades do caso concreto e considerados os seguintes parâmetros e critérios:

I – a gravidade e a natureza das infrações e dos direitos pessoais afetados;

II – a boa-fé do infrator;

III – a vantagem auferida ou pretendida pelo infrator;

IV – a condição econômica do infrator;

V – a reincidência;

VI – o grau do dano;

VII – a cooperação do infrator;

VIII – a adoção reiterada e demonstrada de mecanismos e procedimentos internos capazes de minimizar o dano, voltados ao tratamento seguro e adequado de dados, em consonância com o disposto no inciso II do § 2º do art. 48 desta Lei;

IX – a adoção de política de boas práticas e governança;

X – a pronta adoção de medidas corretivas; e

XI – a proporcionalidade entre a gravidade da falta e a intensidade da sanção.

§ 2º O disposto neste artigo não substitui a aplicação de sanções administrativas, civis ou penais definidas na Lei n. 8.078, de 11 de setembro de 1990, e em legislação específica.

§ 3º O disposto nos incisos I, IV, V, VI, X, XI e XII do caput deste artigo poderá ser aplicado às entidades e aos órgãos públicos, sem prejuízo do disposto na Lei n. 8.112, de 11 de dezembro de 1990, na Lei n. 8.429, de 2 de junho de 1992, e na Lei n. 12.527, de 18 de novembro de 2011.

§ 4º No cálculo do valor da multa de que trata o inciso II do caput deste artigo, a autoridade nacional poderá considerar o faturamento total da empresa ou grupo de empresas, quando não dispuser do valor do faturamento no ramo de atividade empresarial em que ocorreu a infração, definido pela autoridade nacional, ou quando o valor for apresentado de forma incompleta ou não for demonstrado de forma inequívoca e idônea.

§ 5º O produto da arrecadação das multas aplicadas pela ANPD, inscritas ou não em dívida ativa, será destinado ao Fundo de Defesa de Direitos Difusos de que tratam o art. 13 da Lei n. 7.347, de 24 de julho de 1985, e a Lei n. 9.008, de 21 de março de 1995.

§ 6º As sanções previstas nos incisos X, XI e XII do caput deste artigo serão aplicadas:

I – somente após já ter sido imposta ao menos 1 (uma) das sanções de que tratam os incisos II, III, IV, V e VI do caput deste artigo para o mesmo caso concreto; e

II – em caso de controladores submetidos a outros órgãos e entidades com competências sancionatórias, ouvidos esses órgãos.

§ 7º Os vazamentos individuais ou os acessos não autorizados de que trata o *caput* do art. 46 desta Lei poderão ser objeto de conciliação direta entre controlador e titular e, caso não haja acordo, o controlador estará sujeito à aplicação das penalidades de que trata este artigo.

Renata Chade Cattini Maluf

A Lei n. 13.709/2018, mais conhecida como Lei Geral de Proteção de Dados, possui 65 artigos, sendo três deles direcionados às Sanções Administrativas. São os arts 52 a 54, inseridos no Capítulo VIII – Da Fiscalização.

O Capítulo VIII tem vigência a partir de 1º de agosto de 2021 (art. 65, I-A[(65)]), diferentemente do restante da Lei n. 13.709/2018, que está vigorando desde 18 de setembro de 2020.

Como foi amplamente divulgado, nossa lei teve inspiração no GDPR (*General Data Protection Regulation*), que vigora desde 25 de maio de 2018[(66)]. Passou a ser uma necessidade para o Brasil, assim como para outros países ao redor do mundo, criar uma lei especial de proteção de dados para realizar negócios internacionalmente, pois leis como o GDPR, por exemplo, não permitem o fluxo transnacional de dados se não houver um ambiente regulatório. As sanções propriamente ditas estão previstas nos arts. 83º e 84º do GDPR, esse último dando liberdade para os Estados-Membros estabelecerem outras penalidades aplicáveis nos casos de violação às normas de proteção de dados, além das já previstas.

---

(65) Art. 65. Esta Lei entra em vigor: (...) I-A – dia 1º de agosto de 2021, quanto aos arts. 52, 53 e 54.

(66) O GDPR é uma evolução da Diretiva Europeia de 1995 (Diretiva 95/46/CE), foi aprovado e adotado pelo Parlamento Europeu em abril de 2016 e está em vigor desde 25 de maio de 2.018.

Antes mesmo da promulgação da LGPD, o Brasil já contava com outras leis que trazem dispositivos de proteção de dados e privacidade do titular, a exemplo do Estatuto da Criança e do Adolescente – ECA (Lei n. 8.069/1990), Código de Defesa do Consumidor – CDC (Lei n. 8.078/1990), Código Civil (Lei n. 10.406/2002) e, mais recentemente, o Marco Civil da Internet – MCI (Lei n. 12.965/2014), razão pela qual alguns estudiosos entendem pela desnecessidade de mais uma lei no ordenamento jurídico sobre o mesmo tema, com o que não concordamos. Ao longo desse artigo, algumas dessas normas serão citadas para fins de comparação e de melhor compreensão do leitor, já que ainda são poucos os subsídios trazidos pela Autoridade Nacional de Proteção de Dados (ANPD), órgão da administração pública federal integrante da Presidência da República, que iniciou sua atuação muito recentemente.

A ANPD aplicará as sanções administrativas sempre que a atuação dos agentes de tratamento de dados pessoais se der em desconformidade com as exigências previstas na Lei Geral de Proteção de Dados, o que inclui incidentes de vazamento e outras inadequações como acessos não autorizados, situações acidentais de destruição, perda, alteração ou qualquer forma de tratamento inadequado ou ilícito(67).

A partir da avaliação de parâmetros e critérios, a ANPD decidirá dentre as possíveis sanções, elegendo uma ou algumas, eis que poderá haver imposição de penalidades de forma isolada ou cumulativa. Há sanções de natureza pecuniária, não pecuniária e ainda obrigações de não fazer. Elas estão dispostas em uma linha crescente de gravidade. Vejamos:

Advertência, com indicação de prazo para adoção de medidas corretivas

Na fase inicial de atuação, o principal foco da ANPD será a educação e não a aplicação de sanções para os agentes de tratamento de dados. Esse vem sendo o discurso do Diretor-Presidente do órgão regulatório, Waldemar Gonçalves Ortunho Junior, que assevera a importância de usar o diálogo como forma de promover a mudança de cultura

(67) Art. 55-J, inciso IV da LGPD.

para adoção de padrões mais elevados de proteção de dados pessoais e incentivar o *compliance* das empresas[(68)].

Em sua sabatina no Senado Federal, o Diretor-Presidente declarou que "a ANPD deve favorecer o engajamento construtivo com organizações responsáveis, focando em recompensar o comportamento adequado, ensinar, discutir e engajar os atores, *usando punições somente como última alternativa*"[(69)].

Ao que parece, ao menos de início, não haverá imposição de sanções de forma corriqueira, especialmente as mais severas. Dentre as sanções previstas no art. 52, a advertência é disciplinar e tem nítido teor educativo, especialmente porque estará acompanhada de prazo para a adoção de medidas corretivas, objetivo maior da ANPD. Portanto, acreditamos que a advertência possa ser a ferramenta branda adotada pela ANPD de forma mais ampla do que as demais penalidades, notadamente nos casos em que a infração for menor.

Multa simples, de até 2% (dois por cento) do faturamento da pessoa jurídica de direito privado, grupo ou conglomerado no Brasil no seu último exercício, excluídos os tributos, limitada, no total, a R$ 50.000.000,00 (cinquenta milhões de reais) por infração

A multa simples causa enorme preocupação aos agentes de tratamento de dados pessoais e representou a motivação para muitas empresas adequarem suas atividades à Lei Geral de Proteção de Dados, eis que pode alcançar o valor de até 2% (dois por cento) do faturamento da pessoa jurídica de direito privado limitada a R$ 50.000.000,00 (cinquenta milhões de reais) por infração.

Multas no valor de R$ 50 milhões já estão previstas em lei especiais como a Lei Geral de Telecomunicações (Lei n. 9.472/1997)[(70)] e a Lei

---

(68) FOCO inicial será criar cultura de dados, diz presidente da ANPD. Jota, 26 jan. 2021. Disponível em: <https://www.jota.info/tributos-e-empresas/mercado/cultura-de-dados-presidente-ANPD-26012021>. Acesso em: 03 abr. 2021.

(69) SABATINA de Waldemar Gonçalves Ortunho Júnior, para o cargo de Diretor-Presidente do Conselho Diretor da Autoridade Nacional de Proteção de Dados – ANPD. e-Cidadania, 19 out. 2020. Disponível em: <https://www12.senado.leg.br/ecidadania/visualizacaoaudiencia?id=19435>. Acesso em: 03 abr. 2021.

(70) Art. 179. A multa poderá ser imposta isoladamente ou em conjunto com outra sanção, não devendo ser superior a R$ 50.000.000,00 (cinquenta milhões de reais) para cada infração cometida.

de Crimes Ambientais (Lei n. 9.605/1998)[71] e embora a quantia pareça assustadora há, no Brasil, uma norma que não estabelece um limite máximo para infrações de proteção de dados. É o caso do Marco Civil da Internet – MCI, que regula as operações de tratamento de dados na internet. O art. 12[72], inciso II, prevê uma 'multa de até 10% (dez por cento) do faturamento do grupo econômico no Brasil no seu último exercício, excluídos os tributos, considerados a condição econômica do infrator e o princípio da proporcionalidade entre a gravidade da falta e a intensidade da sanção'.

Portanto, além do percentual previsto no MCI ser superior àquele indicado na LGPD (10% contra 2%), não foi fixado um limite máximo para a indenização, o que significa que grandes conglomerados podem responder por valores superiores a R$ 50 milhões, o que nos parece mais apropriado, especialmente nos casos em que as infrações representem uma falta lucrativa para os agentes de tratamento de dados. O que não está claro, ainda, é se serão consideradas revogadas as partes do MCI que conflitam com a LGPD, como o art. 12, ou se será suscitada a antinomia entre as leis e a necessidade de aplicação dos critérios jurídicos para resolução dos aparentes conflitos. Esperemos o posicionamento da ANPD, dos juristas e, por último, a definição do Poder Judiciário sobre o assunto.

Na União Europeia, o GDPR estabelece, no art. 83º, n.s 4, 5 e 6[73], multas de até 20 milhões de euros ou 4% do volume de negócios globais

---

(71) Art. 75. O valor da multa de que trata este Capítulo será fixado no regulamento desta Lei e corrigido periodicamente, com base nos índices estabelecidos na legislação pertinente, sendo o mínimo de R$ 50,00 (cinquenta reais) e o máximo de R$ 50.000.000,00 (cinquenta milhões de reais).

(72) Art. 12. Sem prejuízo das demais sanções cíveis, criminais ou administrativas, as infrações às normas previstas nos arts. 10 e 11 ficam sujeitas, conforme o caso, às seguintes sanções, aplicadas de forma isolada ou cumulativa: I – advertência, com indicação de prazo para adoção de medidas corretivas; II – multa de até 10% (dez por cento) do faturamento do grupo econômico no Brasil no seu último exercício, excluídos os tributos, considerados a condição econômica do infrator e o princípio da proporcionalidade entre a gravidade da falta e a intensidade da sanção; III – suspensão temporária das atividades que envolvam os atos previstos no art. 11; ou IV – proibição de exercício das atividades que envolvam os atos previstos no art. 11.

(73) 4. A violação das disposições a seguir enumeradas está sujeita, em conformidade com o n.2, a multas de até 10.000.000 EUR ou, no caso de uma empresa, até 2% do seu volume de negócios anual a nível mundial correspondente ao exercício financeiro anterior, consoante o montante que for mais elevado: a) As obrigações do responsável pelo tratamento e do subcontratante nos termos dos artigos º, 1º, 2º a 3º e 4º e 4º; b) As obrigações do organismo de certificação nos termos dos artigos 4º e 4º; c) As obrigações do organismo de supervisão nos termos do artigo 4º, n. 4; 5. A violação

da empresa, o que for maior. Referida lei prevê gradação das penas, de modo que uma companhia, por exemplo, pode ser multada em 2% de sua receita bruta anual por não ter o seu registro em ordem, por não notificar a autoridade responsável ou detentor dos dados pessoais sobre uma falha de segurança ou não conduzir uma avaliação de riscos de sua atividade. Também estão previstas advertências, determinações de bloqueio, eliminação de dados, suspensão total ou parcial do banco de dados correspondente, além da perda da capacidade de processar dados.

A multa simples indicada no inciso II, que ora comentamos, adota como base de cálculo o 'faturamento da pessoa jurídica de direito privado, grupo ou conglomerado no Brasil'. Ora, associações sem fins lucrativos e condomínios não têm faturamento. Pessoas físicas também podem ser agentes de tratamento de dados pessoais, mesmo quando não são empresários individuais, e, igualmente, não têm faturamento. Aqui, portanto, esperamos também a regulamentação da ANPD, pois o objetivo do legislador não foi deixar tais pessoas de fora do cumprimento da lei, especialmente porque excetuou apenas as entidades e órgãos públicos de eventual multa pecuniária, nos termos do §3º, do art. 52.

Multa diária, observado o limite total a que se refere o inciso II

Antes de a multa diária ser aplicada, o infrator receberá uma intimação fundamentada da ANPD com descrição da obrigação imposta e o prazo para cumprimento, além da indicação do valor da multa que será aplicada em caso de descumprimento da obrigação.

---

das disposições a seguir enumeradas está sujeita, em conformidade com o n. 2, a multas de até 20.000.000 EUR ou, no caso de uma empresa, até 4% do seu volume de negócios anual a nível mundial correspondente ao exercício financeiro anterior, consoante o montante que for mais elevado: a) Os princípios básicos do tratamento, incluindo as condições de consentimento, nos termos dos artigos º, º, º e º; b) Os direitos dos titulares dos dados nos termos dos artigos 1º a 2º; c) As transferências de dados pessoais para um destinatário num país terceiro ou uma organização internacional nos termos dos artigos 4º a 4º; d) As obrigações nos termos do direito do Estado-Membro adotado ao abrigo do capítulo IX; e) O descumprimento de uma ordem de limitação, temporária ou definitiva, relativa ao tratamento ou à suspensão de fluxos de dados, emitida pela autoridade de controlo nos termos do artigo 5º, n. 2, ou o fato de não facultar acesso, em violação do artigo 5º, n. 1. **6.** O descumprimento de uma ordem emitida pela autoridade de controlo a que se refere o artigo 5º, n. 2, está sujeito, em conformidade com o n. 2 do presente artigo, a multas de até 20.000.000 EUR ou, no caso de uma empresa, até 4% do seu volume de negócios anual a nível mundial correspondente ao exercício financeiro anterior, consoante o montante mais elevado (*tradução livre*).

A multa diária pode representar um ônus expressivo para o agente de tratamento de dados se ele não conseguir dar agilidade na solução da violação que acarretou a penalidade, o que pode ocorrer dependendo da complexidade fática, lembrando que os ataques cibernéticos estão sempre evoluindo e os *hackers* inovando na forma de proceder. Quanto mais complexas e volumosas forem as atividades de tratamento, maiores serão as adversidades em caso de incidentes de segurança, especialmente se envolverem o tratamento transfronteiriço de dados pessoais, exigindo-se um alto nível de cooperação entre as partes envolvidas na busca de uma solução.

Publicização da infração após devidamente apurada e confirmada a sua ocorrência

A sanção não pecuniária de publicização da infração é disciplinar e tem caráter educativo. Pode, entretanto, representar grave dano à imagem do agente de tratamento de dados e, por óbvio, afetar o futuro de seus negócios.

A imagem de qualquer instituição é o fruto do sentimento que ela irradia no público com que se relaciona. Trata-se da imagem-atributo, que representa o conjunto de qualidades reconhecido socialmente, como resultado de suas atividades e de sua fidelidade aos preceitos éticos e morais. Quando uma empresa é alvo de informações negativas relacionadas a infrações à lei de proteção de dados que tenham sido tornadas públicas pelo órgão regulatório, poderá sofrer um impacto destrutivo à sua imagem e, ainda à sua honra, respeitabilidade e boa-fama, ou seja, à toda a sua reputação, especialmente nos dias de hoje, em que as novas tecnologias e a velocidade da internet na divulgação de informações potencializa os danos e, uma vez na Internet, a publicação não mais poderá ser apagada.

Por isso, é muito importante que os agentes de tratamento de dados ajam sempre em respeito aos princípios da lei e, principalmente, com boa-fé e, em momentos de crise, adotem ações rápidas e coerentes, tomando a frente da situação, apurando os fatos, assumindo erros e apontando as soluções. A empresa que assumir ser suscetível a erros e acertos e adotar medidas urgentes de correção tem maiores chances de ter uma penalidade mais branda. A verdade e a transparência são as melhores políticas em tratamento de dados pessoais. Qualquer atitude em sentido contrário não só prejudica a reputação da empresa como também a sujeita a aplicação de penalidades, tanto que, há inúmeros casos em que autoridades de proteção de dados europeia, inglesa e americana aplicaram penalidades para empresas que esconderam incidentes de vazamento de dados[74].

Bloqueio dos dados pessoais a que se refere a infração até a sua regularização;

Eliminação dos dados pessoais a que se refere a infração

Os incisos V e VI cuidam de penas mais graves como forma de freio ao desenvolvimento das atividades do agente de tratamento enquanto não solucionados os problemas. A penalidade nesse sentido é bastante apropriada, pois, enquanto não houver um ambiente seguro de tratamento de dados, os titulares de dados pessoais devem ser amplamente protegidos, ainda que isso represente a suspensão temporária das atividades do agente. O objetivo da LGPD, em última instância, é proteger os dados pessoais frente às situações de risco e dano, porquanto o agente de tratamento deverá estar preparado para adotar medidas rápidas para regularização da violação, sob pena de responder por sua morosidade.

Suspensão parcial do funcionamento do banco de dados a que se refere a infração pelo período máximo de 6 (seis) meses, prorrogável por igual período, até a regularização da atividade de tratamento pelo controlador

Suspensão do exercício da atividade de tratamento dos dados pessoais a que se refere a infração pelo período máximo de 6 (seis) meses, prorrogável por igual período;

Proibição parcial ou total do exercício de atividades relacionadas a tratamento de dados

---

(74) Em 2018, o Google emitiu uma comunicação sobre a alteração de suas políticas de privacidade e proteção de dados para se adequar à GDPR e criou uma página para esclarecimentos sobre privacidade. Ainda assim a companhia descumpriu as regras e foi multada em 50 milhões de euros, pois não prestou informações claras aos usuários.
Em 2013, a Yahoo sofreu uma violação de segurança que afetou o seu banco de dados, atingindo cerca de 3 bilhões de contas. A companhia não divulgou essas informações durante 3 anos e, em abril de 2018, a Comissão de Valores Mobiliários dos EUA (SEC) multou a empresa em US$ 35 milhões pela omissão.

As últimas três sanções são as mais graves. Para algumas empresas, a suspensão do banco de dados ou das atividades de tratamento de dados pessoais por períodos de até seis meses, prorrogáveis por igual prazo, podem representar impacto extremamente negativo e, muitas vezes, inviabilizar a atividade fim da empresa. Tenha-se, por exemplo, empresas de contabilidade que prestam serviços de processamento de folhas de pagamento e elaboração de declarações de imposto de renda ou então empresas que tenham por atividade fim o lançamento de campanhas promocionais para o varejo e tratam, diariamente, volumes expressivos de dados pessoais de consumidores. Pior ainda se a penalidade se referir à proibição parcial ou total das atividades, em caráter permanente.

É importante deixar claro que a aplicação das penalidades mencionadas nos incisos X, XI e XII somente se verificará no caso de gradação de penas, isto é, após já ter sido imposta ao menos uma das sanções previstas nos incisos II a VI, do *caput*, desse artigo para o mesmo caso concreto. Ou então em caso de controladores submetidos a outros órgãos e entidades com competências sancionatórias, ouvidos esses órgãos. É o que estabelece o parágrafo 6º do mesmo art. 52, abaixo comentado.

As sanções serão aplicadas após procedimento administrativo que possibilite a oportunidade da ampla defesa, de forma gradativa, isolada ou cumulativa, de acordo com as peculiaridades do caso concreto e considerados os seguintes parâmetros e critérios:

— a gravidade e a natureza das infrações e dos direitos pessoais afetados;

— a boa-fé do infrator;

— a vantagem auferida ou pretendida pelo infrator;

— a condição econômica do infrator;

— a reincidência;

— a grau do dano;

— a cooperação do infrator;

— a adoção reiterada e demonstrada de mecanismos e procedimentos internos capazes de minimizar o dano, voltados ao

tratamento seguro e adequado de dados, em consonância com o disposto no inciso II do § 2º do art. 48 dessa Lei;

— a adoção de política de boas práticas e governança;

— a pronta adoção de medidas corretivas; e

— a proporcionalidade entre a gravidade da falta e a intensidade da sanção

A lei deixa evidente, como não poderia ser diferente, que qualquer punição somente será aplicada após o devido procedimento administrativo que deverá observar os princípios constitucionais, em especial, os do contraditório, da ampla defesa, da razoabilidade e da proporcionalidade.

As sanções serão aplicadas de acordo com as peculiaridades do caso concreto e a ANPD deverá considerar os onze critérios descritos no § 1º para balizar o seu arbitramento. Trata-se de critérios agravantes e atenuantes que deverão nortear a fixação das sanções, eliminando, por consequência, eventuais injustiças ou abusos do órgão regulatório em prol da arrecadação sem motivação. Pode-se dizer, inclusive, que os critérios e parâmetros exercem importante papel de fonte formal do direito.

Todos os critérios devem ser analisados concomitantemente, não sendo excludentes ou preponderantes entre si, com vistas à efetivação dos princípios da proporcionalidade e da razoabilidade. E no caso de aplicação de multas em valor desarrazoado, tal ato será passível de anulação e revisão pelo Poder Judiciário.

Alguns critérios destacados no § 1º são, de forma geral, utilizados para fixação de indenizações por dano moral no âmbito da responsabilidade civil, como, por exemplo, a gravidade e a natureza das infrações e dos direitos pessoais afetados; o poder econômico do infrator; a reincidência do ato; o grau do dano; a vantagem auferida ou pretendida pelo infrator.

O Marco Civil da Internet, por sua vez, estabelece os seguintes parâmetros para fixação das penalidades: a condição econômica do infrator e o princípio da proporcionalidade entre a gravidade da falta e a intensidade da sanção.

Já as multas decorrentes das infrações às normas de Defesa do Consumidor são graduadas de acordo com a gravidade da infração; a extensão do dano causado ao consumidor; a vantagem auferida com o ato infrativo e a condição econômica do infrator[(75)].

Frente a cada caso concreto, a ANPD deverá analisar a lesividade da conduta, perquirindo sobre o ânimo que moveu o infrator para que a sanção tenha natureza de desestímulo. Tal exercício é importante para a fixação da correta penalidade, uma vez que definirá as consequências práticas, no sentido patrimonial, para o infrator.

Além disso, deve ser investigada a vantagem auferida ou pretendida pelo infrator, pois nos casos de dolo ou falta lucrativa, acreditamos que a sanção administrativa deva representar verdadeira punição ao infrator, eis que a pena elevada busca destruir a razão econômica que permitiu que a violação ocorresse.

A repercussão que a violação aos dados pessoais do titular acarretou e o grau do dano são relevantes, pois alguns fatos têm reflexo apenas na esfera íntima da vítima e outros podem gerar forte repercussão no meio social e expor a vítima à curiosidade pública, causando-lhes danos expressivos, inclusive de ordem moral.

As condições econômicas do infrator devem ser consideradas em qualquer circunstância, seja para fixação de sanções pecuniárias mais elevadas quando se está à frente de infratores de grande porte ou mais reduzida, nos casos de inviabilidade de pagamento de multa exacerbada. Em alguns casos, poder-se-á aplicar apenas a advertência, se o montante da multa suscetível imposta constituir em um encargo desproporcional para uma pessoa singular.

É importante chamar a atenção para o fato de que a cooperação do infrator com a ANPD e com os titulares de dados lesionados, e a pronta adoção de medidas corretivas também serão avaliados no momento de fixação da sanção administrativa. Tais critérios, aliado ao da boa-fé do infrator e a sua motivação representam verdadeiras atenuantes e demonstram que a ANPD não está em busca da aplicação de sanções indistintamente.

Além disso, o legislador também privilegiou a adoção de medidas preventivas como atenuantes no momento de aplicação da sanção, quais sejam, a adoção reiterada e demonstrada de mecanismos e

(75) Art. 57, do CDC.

procedimentos internos capazes de minimizar o dano voltados ao tratamento seguro e adequado de dados e a adoção de política de boas práticas e governança. Por isso, recomendamos que todos aqueles que tratam dados pessoais de pessoa natural, especialmente as pessoas jurídicas, tenham políticas claras. As condutas esperadas devem estar bem estruturadas por meio de um código de ética, além de programas de *compliance*, demonstrando que a conformidade com o conjunto de normas, políticas, leis, regulamentos e procedimentos que a norteiam, especialmente em relação à Lei Geral de Proteção de Dados, além de manter estruturas seguras a fim de demonstrar que agiram por meio dos melhores meios tecnológicos existentes no mercado. Não se trata, apenas, de adotar regras para atender superficialmente às determinações da LGPD, mas de ter a capacidade de demonstrar a mudança de cultura e a adoção de todos os mecanismos disponíveis.

De fato, é muito importante que as empresas, para estarem seguras, possuam ferramentas hábeis a comprovar, por histórico de registros, todas as ações tomadas dentro dos tratamentos de dados e criar processos que abarquem a segurança e proteção de dados pessoais. A parte técnica é relevante para dificultar ataques.

A esse respeito, ainda não sabemos quais serão as recomendações da ANPD em relação aos ataques cibernéticos, pois ainda serão normatizadas as medidas e ações que as empresas deverão adotar, mas esperamos que o órgão regulatório seja condescendente com os agentes de tratamento de dados que adotaram as medidas técnicas de segurança possíveis, pois, teoricamente, a LGPD impõe sanções administrativas proporcionalmente mais severas aos agentes de tratamento que foram vítimas de ataques do que as sanções que os próprios invasores estão sujeitos no âmbito criminal[(76)]. Se comprovado que o agente adotou medidas de proteção cibernéticas razoáveis e ainda assim foi vítima de um ataque, não poderá ele ser punido com sanções severas.

Em suma, na fixação de qualquer sanção, importa ter em conta a natureza, a gravidade e a duração da infração, o seu caráter doloso, as medidas tomadas para atenuar os danos sofridos, o grau de responsabilidade e eventuais infrações anteriores, a via pela qual a infração chegou ao conhecimento da ANPD, o cumprimento das medidas pelos

(76) O crime por invasão de dispositivo tem pena máxima de um ano de detenção e multa na modalidade simples, nos termos do art. 154-A, do Código Penal.

agentes de tratamento de dados, o cumprimento de códigos de conduta e quaisquer outros fatores agravantes ou atenuantes.

O disposto neste artigo não substitui a aplicação de sanções administrativas, civis ou penais definidas na Lei n. 8.078, de 11 de setembro de 1990, e em legislação específica

O legislador optou por evidenciar que as sanções da LGPD não substituem outras penalidades previstas em legislação específica, dando destaque ao Código de Defesa do Consumidor – CDC.

O CDC dispõe a respeito das sanções administrativas nos arts. 55 a 60 e sobre as sanções penais nos arts. 63 a 74. O art. 57, do CDC, estabelece critérios a serem observados para o arbitramento do valor da multa pecuniária; gravidade da infração, vantagem auferida e condição econômica, fixando, ainda, os valores mínimos e máximos da mesma, equivalentes a 200 a 3.000.000 e Ufirs. Referido dispositivo legal conferiu à autoridade administrativa a competência discricionária para arbitrar o valor da multa, a fim de que possa, a partir de critérios legais, individualizá-los à luz das circunstâncias do caso concreto.

O Marco Civil da Internet, por sua vez, adota multas de até 10% do faturamento e não estabelece limite máximo, superando, portanto, a multa do inciso II, do art. 52, da LGPD, como comentamos anteriormente.

O desafio, aqui, será harmonizar a aplicação das sanções e multas em respeito às competências dos distintos órgãos e agências regulatórias, que têm enfoques diferentes. Os órgãos regulatórios deverão ter cautela a respeito dos impactos econômicos que poderão ser ocasionados, pois muitas empresas possuem representação nacional e podem ser autuadas mais de uma vez pelo mesmo órgão e por diversos órgãos ou autoridades locais espalhadas pelo território nacional, gerando insegurança jurídica. A soma de tais sanções pode impactar na atividade econômica da empresa e levar ao seu comprometimento financeiro.

Não se trata, aqui, de violação ao princípio do *bis in idem*, pois pode ser atribuída mais de uma sanção administrativa a uma mesma conduta, desde que respeitado o princípio da proporcionalidade. Da mesma forma, não há proibição legal para imposição de uma sanção penal e outra administrativa, bastando que o comportamento tenha configurado uma conduta reprovável para as duas ordens normativas.

Além de harmonizar as sanções previstas em leis especiais, outro desafio refere-se à atuação colaborativa entre órgãos e autoridades de setores distintos, movimento que vêm se intensificando e que traz importantes benefícios para toda a sociedade, além de representar uma redução de custos para o Governo.

A atuação colaborativa para proteção de dados pessoais está prevista em lei, a exemplo, do Decreto 8.771/2016, que regulamentou o MCI. Nos termos do art. 20, os órgãos da Administração Pública Federal com competência específica para a proteção de dados (portanto, a ANPD), deverão atuar de forma colaborativa[77].

Como sabemos, a administração pública é bastante complexa e a articulação entre os órgãos, especialmente quando o tema é a proteção de dados pessoais e atinge todos os setores, passa a ser premente. Espera-se que a ANPD exerça o papel de órgão articulador em setores regulados, figurando como eixo central desse sistema para garantir efetividade à proteção de dados pessoais e assim já vem fazendo.

Recentemente, a ANPD firmou seu primeiro Acordo de Cooperação Técnica com a Secretaria Nacional do Consumidor – SENACON/MJSP, destinado à proteção dos dados consumidores. Um dos objetivos do acordo é dar maior agilidade nas investigações de incidentes de segurança, e para isso, a Senacon compartilhará informações coletadas sobre as reclamações de consumidores relacionadas à proteção de dados pessoais com a ANPD, que por sua vez, fixará as interpretações necessárias à aplicação da LGPD nos casos concretos. O acordo ainda prevê ações conjuntas, uniformização de entendimentos, cooperação em fiscalizações, informações e denúncias e o desenvolvimento de ações de educação, formação e capacitação e elaboração de estudos e pesquisas. O que se espera é uma força tarefa e o fortalecimento das comunicações dos incidentes de segurança, podendo o consumidor reclamar perante a ANPD ou o SENACON, impulsionando a rápida atuação do Poder Público na proteção dos direitos relativos aos dados pessoais dos cidadãos.

O disposto nos incisos I, IV, V, VI, X, XI e XII do *caput* deste artigo poderá ser aplicado às entidades e aos órgãos públicos, sem prejuízo do disposto na Lei n. 8.112, de 11 de dezembro de 1990, na Lei

(77) Art. 20. Os órgãos e as entidades da administração pública federal com competências específicas quanto aos assuntos relacionados a este Decreto atuarão de forma colaborativa, consideradas as diretrizes do CGIbr, e deverão zelar pelo cumprimento da legislação brasileira, inclusive quanto à aplicação das sanções cabíveis, mesmo que as atividades sejam realizadas por pessoa jurídica sediada no exterior, nos termos do art. 11, da Lei n. 12.965, de 2014.

n. 8.429, de 2 de junho de 1992, e na Lei n. 12.527, de 18 de novembro de 2011

Aos órgãos públicos não serão aplicadas as sanções pecuniárias consistentes na multa simples e multa diária, previstas respectivamente nos incisos II e III, pois os órgãos públicos não visam lucro, sendo que a imposição de penalidades pecuniárias oneraria o orçamento público, tornando ainda mais precários os serviços prestados e também porque qualquer multa seria revertida para o próprio Governo. Na Europa é diferente; caberá aos Estados-Membros determinar se as autoridades públicas deverão estar sujeitas a multas e em que medida[(78)].

As sanções de advertência (inciso I) e publicização (inciso IV) têm caráter pedagógico e atingem diretamente o órgão público, evitando-se a repetição de irregularidades e falhas. Por sua vez, as medidas de bloqueio, eliminação, suspensão de funcionamento de banco de dados e suspensão ou eliminação da atividade de tratar dados, de que tratam os incisos X a XII, além de punir o agente público que faz tratamento de dados pessoais, punirá, na maior parte das vezes, os próprios titulares de dados e os cidadãos em geral, como demonstraremos a seguir.

Temos sido surpreendidos com várias notícias de ataques cibernéticos aos sistemas informatizados de autoridades dos Poderes Judiciário e Executivo, a exemplo do Superior Tribunal de Justiça e Tribunal Superior Eleitoral, que causaram instabilidades nos sites dos órgãos atacados, além de expor dados internos e sigilosos. No caso do Superior Tribunal de Justiça, ao que parece, o ataque foi provocado por *hackers* que teriam criptografado o acervo de processos, dados e sistemas, inclusive, *backup*, além de bloquearem o acesso aos correios eletrônicos. Foi preciso deixar o *site* fora do ar, as atividades do tribunal e os prazos foram suspensos, com redesignação de novas datas das sessões de julgamentos e audiências realizados em meio digital.

Trata-se, portanto, de um ataque relevante, que acarretou danos à toda a sociedade civil, digno da aplicação de uma sanção expressiva. Mas se as sanções forem aquelas relacionadas ao bloqueio, eliminação, suspensão de funcionamento de banco de dados e suspensão ou eliminação da atividade de tratar dados dos incisos X a XII, muito mais do

(78) Art. 150 do GDPR.

que punir o agente público, estar-se-á punindo a sociedade e os titulares de dados pessoais que terão seus processos paralisados.

Da mesma forma, se um município for penalizado de forma a ter suspensão da atividade de tratamento de dados na época de lançamentos de tributos, ficará impedido de receber os recursos financeiros correspondentes, prejudicando todo o orçamento e a execução dos serviços públicos. Mais uma vez, os titulares de dados pessoais serão os maiores prejudicados.

A conclusão que se extrai é que, a depender da atividade do órgão público, a suspensão da atividade de tratamento de dados pessoais parece inaplicável na prática, restando à ANPD e ao setor público alinhar expectativas para que o objetivo da LGPD seja atendido: a partir de tratamento regular de dados pessoais pelos órgãos públicos, preservar os direitos dos titulares que necessitam dos serviços públicos.

No cálculo do valor da multa de que trata o inciso II do caput deste artigo, a autoridade nacional poderá considerar o faturamento total da empresa ou grupo de empresas, quando não dispuser do valor do faturamento no ramo de atividade empresarial em que ocorreu a infração, definido pela autoridade nacional, ou quando o valor for apresentado de forma incompleta ou não for demonstrado de forma inequívoca e idônea

O objetivo do §4º é viabilizar a cobrança de multas de corporações, se existirem, em caso de impossibilidade de se atingir financeiramente a empresa que realizou a infração.

Trata-se, na prática, de impingir responsabilidade solidária entre empresas do mesmo grupo ou conglomerado econômico sem que a LGPD, todavia, tenha previsto expressamente a solidariedade entre elas. E solidariedade não se presume, devendo resultar da lei ou da vontade das partes, nos termos do art. 265, do Código Civil.

Portanto, há duas formas de se interpretar o § 4º sob comento. A primeira delas, como dissemos, é de que a solidariedade não se presume e, por força do princípio da pessoalidade previsto no art. 5º, XLV, da Constituição Federal, a multa não pode superar a esfera jurídica da pessoa jurídica infratora, de modo que o parágrafo não terá aplicabilidade. Por outro lado, podemos entender que poderá haver a inclusão do faturamento do grupo de empresas apenas e tão somente para fins de base de cálculo da multa, observados os requisitos específicos do dispositivo em questão, mas a empresa tida como infratora, e somente ela, é quem deve integrar o processo administrativo sancionador, sendo vedada a inclusão das demais empresas que integram o mesmo grupo no processo administrativo.

O assunto seria de mais fácil solução se o legislador tivesse previsto a solidariedade entre as empresas na Lei Geral de Proteção de Dados.

O produto da arrecadação das multas aplicadas pela ANPD, inscritas ou não em dívida ativa, será destinado ao Fundo de Defesa de Direitos Difusos de que tratam o art. 13, da Lei n. 7.347, de 24 de julho de 1985, e a Lei n. 9.008, de 21 de março de 1995.

O Fundo de Defesa de Direitos Difusos – FDD[79], para onde serão destinados os resultados das sanções pecuniárias por infração à LGPD, tem como missão a defesa e a recomposição de danos causados a direitos difusos e coletivos elencados na lei que o instituiu[80]. Ele está vinculado ao Ministério da Justiça e Segurança Pública e à Secretaria Nacional do Consumidor.

As receitas que compõem o FDD, oriundas de processos administrativos ou judiciais, das multas e indenizações, além de doações de pessoas físicas ou jurídicas, nacionais ou estrangeiras, devem ser empregadas em projetos de acordo com o rol constante do art. 1º, da Lei n.º 7.347/1985. O FDD é gerido por um Conselho Gestor[81] responsável pela seleção dos projetos que serão financiados com seus recursos e apresentados pelos órgãos interessados em receber as verbas oriundas do FDD.

Em outras palavras, os recursos provenientes das sanções pecuniárias aplicadas pela ANPD serão utilizados em favor da coletividade. Portanto, os titulares de dados pessoais que tenham sofrido danos não podem esperar que tais recursos serão a eles vertidos, cabendo-lhes recorrer ao Poder Judiciário para recomposição dos danos oriundos do tratamento de dados realizado em descumprimento à LGPD.

---

(79) Foi criado pela Lei da Ação Civil Pública – Lei 7.347/1985 e regulamentado pela Lei n. 9.008/1995.

(80) De acordo com o artigo 1º, §1º, da Lei nº 9.008/1995, o "Fundo de Defesa de Direitos Difusos (FDD), criado pela Lei n. 7.347, de 24 de julho de 1985, tem por finalidade a reparação dos danos causados ao meio ambiente, ao consumidor, a bens e direitos de valor artístico, estético, histórico, turístico, paisagístico, por infração à ordem econômica e a outros interesses difusos e coletivos".

(81) Denominado Conselho Federal Gestor do Fundo de Defesa de Direitos Difusos – CFDD.

Como regra geral de responsabilidade civil, os agentes de tratamento de dados, isto é, o controlador e o operador, deverão reparar integralmente quaisquer danos acarretados a titular de dados pessoais em virtude de um tratamento que viole a LGPD. Vale lembrar que sempre que o controlador e o operador estiverem envolvidos no mesmo tratamento, cada um deles deverá ser responsabilizado pela totalidade dos danos causados, cabendo ação de regresso contra o verdadeiro responsável.

As sanções previstas nos incisos X, XI e XII do caput deste artigo serão aplicadas:

> **I – somente após já ter sido imposta ao menos 1 (uma) das sanções de que tratam os incisos II, III, IV, V e VI do caput deste artigo para o mesmo caso concreto; e**
>
> **II – em caso de controladores submetidos a outros órgãos e entidades com competências sancionatórias, ouvidos esses órgãos**

Como vimos demonstrando ao longo desse artigo, a preocupação do legislador foi estabelecer sanções de forma gradual, de modo que as sanções mais graves, quais sejam, suspensão do funcionamento do banco de dados, da atividade de tratamento de dados e a proibição parcial ou total das atividades de tratamento de dados, não poderão ser aplicadas de imediato, apenas quando outras sanções, mais brandas, já lhe tenham sido impostas.

Assim é que apenas os infratores reincidentes serão penalizados com tão graves sanções ou então se outros órgãos e autoridades estiverem envolvidos e, em conjunto com a ANPD, decidam que a infração é tão grave que merece, desde logo, a aplicação das duras penalidades.

Os vazamentos individuais ou os acessos não autorizados de que trata o *caput* do art. 46, dessa Lei, poderão ser objeto de conciliação direta entre controlador e titular e, caso não haja acordo, o controlador estará sujeito à aplicação das penalidades de que trata este artigo.

Quando o incidente de segurança envolver apenas uma vítima e não uma coletividade, para evitar a aplicação de penalidades, o controlador poderá se compor diretamente com a vítima, comprovando tal circunstância à ANPD. Fica, assim, concedida a oportunidade de composição como forma de solução de conflito, evitando-se maior exposição do agente de tratamento de dados.

Art. 53. A autoridade nacional definirá, por meio de regulamento próprio sobre sanções administrativas a infrações a esta Lei, que deverá ser objeto de consulta pública, as metodologias que orientarão o cálculo do valor-base das sanções de multa.

§ 1º As metodologias a que se refere o caput deste artigo devem ser previamente publicadas, para ciência dos agentes de tratamento, e devem apresentar objetivamente as formas e dosimetrias para o cálculo do valor-base das sanções de multa, que deverão conter fundamentação detalhada de todos os seus elementos, demonstrando a observância dos critérios previstos nesta Lei.

§ 2º O regulamento de sanções e metodologias correspondentes deve estabelecer as circunstâncias e as condições para a adoção de multa simples ou diária.

Renata Chade Cattini Maluf

A ANPD deverá editar regulamento estabelecendo a metodologia que permitirá aos agentes de tratamento conhecer o valor-base das multas.

O regulamento deverá ser objeto de consulta pública, mecanismo de participação social em que se disponibiliza maneiras de receber a contribuição dos cidadãos e tem a finalidade de subsidiar a edição das normas da administração pública. É uma forma de corregulação em que se prevê o diálogo, atribuindo ao ente regulado a responsabilidade de contribuir para a normatização. Após a consulta pública, a ANPD ainda terá a responsabilidade de analisar e publicar um Relatório de Análise das Contribuições para acesso de todos os cidadãos e, posteriormente, o encaminhamento oficial do resultado.

Vale dizer que a LGPD é bastante rigorosa em relação aos requisitos formais da produção normativa, realizada em três fases importantes: a consulta pública, a audiência pública e a análise de impacto regulatório.

Nessa ordem de ideias, as sanções pecuniárias só poderão ser aplicadas a partir de 1º de agosto de 2021, caso a ANPD já tenha submetido o regulamento das sanções administrativas à prévia consulta pública e aprovado objetivamente as formas e dosimetrias para o cálculo do valor-base das sanções de multa, que deverão conter fundamentação detalhada de todos os seus elementos. A autoridade nacional deverá criar critérios absolutamente objetivos baseados nos parâmetros do § 2º, do art. 52, e fórmulas para fixação das penas pecuniárias.

Como a dosimetria e o valor-base da multa ainda estão em fase de construção, trazemos o exemplo da dosimetria aplicada nas relações de consumo a título de elucidação. O PROCON/SP, com o objetivo de dar maior definição aos critérios previstos no artigo 57, do CDC, expediu a Portaria Normativa PROCON 45/15 classificando a gravidade das condutas censuráveis e padronizando a equação empregada para o cálculo da multa. Nos termos da Portaria, a condição econômica do fornecedor é aferida pela medida de sua receita bruta, preferencialmente com base nos três meses anteriores à data da lavratura do auto de infração, o que sempre traz discussões à tona, especialmente no Poder Judiciário.

Com isso, os fornecedores com maior faturamento recebem punição mais severa, enquanto os pequenos e médios fornecedores são punidos com aplicação de multa em menor valor, atendendo, assim, aos princípios da proporcionalidade e razoabilidade, bem como à igualdade material e garantindo a efetividade do caráter pedagógico da sanção[82].

Há quem entenda, por outro lado, que o cálculo do valor da multa pela média de faturamento da empresa nos três meses anteriores à infração tira o peso de critérios importantes como a gravidade do ato e a vantagem auferida pela empresa. Se estivermos diante de uma empresa de grande porte, esse fator será o único relevante e a multa deixa de ser educativa, aplicando-se penalidades desproporcionais.

A receita bruta deve ser informada pelo próprio fornecedor e comprovada documentalmente. Somente nos casos em que o autuado não fornece a documentação comprobatória de sua receita é que esta será arbitrada, por critérios de razoabilidade e proporcionalidade, no momento do julgamento.

As infrações são classificadas em grupos de acordo com sua natureza e potencial ofensivo, para fins de graduação da gravidade da

---

(82) O Superior Tribunal de Justiça reconheceu a validade desse parâmetro (receita bruta) para aferir o critério da condição econômica do consumidor: "Sanções administrativas apresentam, a um só tempo, função punitiva (= repressiva) e função inibitória (= dissuasiva ou pedagógica), aquela destinada à reprimenda por ato já praticado, esta com a finalidade de desencorajar comportamento ilícito futuro, do próprio infrator (= dissuasão especial) ou de terceiros (= dissuasão geral). (...) no cálculo da multa amiúde se deve levar em conta o faturamento bruto do fornecedor, e não o lucro específico com o ato ilícito em questão, pois do contrário, na prática, se equiparam injustamente, pela via transversa, pequeno e grande empresário." *(REsp 1.419.557-SP).*

infração. São aqui levados em conta a aferição ou não de vantagem com a conduta infracional.

Depois de calculada a pena base, cumpre ainda verificar a existência de agravantes ou atenuantes, circunstâncias que podem aumentar ou diminuir o valor da pena de multa. As circunstâncias atenuantes são hábeis a acarretar, em alguns casos, a diminuição da pena base de ⅓ (um terço) a ½ (metade) e as agravantes levam a um aumento de pena, de ⅓ (um terço) ao dobro.

Como se observa, no sistema consumerista, o valor da multa pecuniária não é fixada de forma arbitrária, mas segue critérios consignados em fórmula matemática, previstos por norma jurídica. Assim se espera que ocorra no âmbito da proteção de dados pessoais, a fim de evitar a aplicação de penas pecuniárias desarrazoadas e injustas.

Art. 54. O valor da sanção de multa diária aplicável às infrações a esta Lei deve observar a gravidade da falta e a extensão do dano ou prejuízo causado e ser fundamentado pela autoridade nacional.

Parágrafo único. A intimação da sanção de multa diária deverá conter, no mínimo, a descrição da obrigação imposta, o prazo razoável e estipulado pelo órgão para o seu cumprimento e o valor da multa diária a ser aplicada pelo seu descumprimento.

Renata Chade Cattini Maluf

O artigo 54 deixa evidente que o valor da multa diária será fixado levando em conta a gravidade da falta, assim como a extensão do dano ou do prejuízo causado. Mas antes de ser aplicada, o infrator receberá intimação fundamentada da Autoridade Nacional com descrição da obrigação imposta e o prazo para cumprimento, além do valor da multa que será aplicada apenas em caso de descumprimento, e assim haverá efetiva "indicação dos fatos e dos fundamentos jurídicos" que motivaram a sanção imposta pela ANPD, como exige o art. 50 da Lei n. 9.784/1999(83), que regula o processo administrativo no âmbito da

(83) Art. 50. Os atos administrativos deverão ser motivados, com indicação dos fatos e dos fundamentos jurídicos, quando:
II – imponham ou agravem deveres, encargos ou sanções;
§ 1º A motivação deve ser explícita, clara e congruente, podendo consistir em declaração de concordância com fundamentos de anteriores pareceres, informações, decisões ou propostas, que, neste caso, serão parte integrante do ato.

Administração Pública Federal de modo a permitir a ampla defesa do agente de tratamento de dados apenado.

Após a autuação, que é o ato administrativo que aponta o descumprimento, ainda que em tese, de normas pertencentes ao sistema de proteção de dados, ocorre a intimação do infrator para que apresente uma impugnação ao auto, sua defesa. Se não for firmado um Termo de Ajustamento de Conduta (TAC), haverá o julgamento do mérito, com a finalização, em primeiro grau, do processo administrativo sancionatório, cumprindo à ANPD, caso entenda que está demonstrada a infração à lei, sem a devida correção da violação, estabelecer uma pena pelo descumprimento das normas jurídicas não observadas, dentre todas aquelas melhor comentadas no art. 52, acima.

CAPÍTULO IX

DA AUTORIDADE NACIONAL DE PROTEÇÃO DE DADOS (ANPD) E DO CONSELHO NACIONAL DE PROTEÇÃO DE DADOS PESSOAIS E DA PRIVACIDADE

Seção I

Da Autoridade Nacional de Proteção de Dados (ANPD)

Art. 55. (VETADO).

Art. 55-A. Fica criada, sem aumento de despesa, a Autoridade Nacional de Proteção de Dados (ANPD), órgão da administração pública federal, integrante da Presidência da República.

§ 1º A natureza jurídica da ANPD é transitória e poderá ser transformada pelo Poder Executivo em entidade da administração pública federal indireta, submetida a regime autárquico especial e vinculada à Presidência da República.

§ 2º A avaliação quanto à transformação de que dispõe o § 1º deste artigo deverá ocorrer em até 2 (dois) anos da data da entrada em vigor da estrutura regimental da ANPD.

§ 3º O provimento dos cargos e das funções necessários à criação e à atuação da ANPD está condicionado à expressa autorização física e financeira na lei orçamentária anual e à permissão na lei de diretrizes orçamentárias.

Fica criada, sem aumento de despesa, a Autoridade Nacional de Proteção de Dados (ANPD), órgão da administração pública federal, integrante da Presidência da República.

Emanuele Pezati Franco de Moraes

Lívia Clozel

Em breve revisão à literatura especializada, pode-se encontrar que, desde a Convenção de Estrasburgo sobre a Proteção de Dados Pessoais, Convenção n. 108 de 28 de janeiro de 1981, há a preocupação em garantir o respeito à liberdade fundamental, à vida privada, à identidade pessoal e à proteção ao tratamento automatizado de dados pessoais e a sua circulação transfronteiriça.

No entanto, somente em 2001, com o protocolo adicional à Convenção de Estrasburgo (*Additional Protocol to the Convention for the Protection of Individual with regard to Automatic Processing of Personal Data regarding supervisory authorities and transborder data flows*), em seu art. 8º, item 3 (*Compliance with these rules shall be subject to control by an independent authority*), consolidou-se a necessidade da criação de uma autoridade independente para a efetiva proteção dos dados pessoais, destacando que a lei por si só seria pouco eficaz.

A Professora Associada Cíntia Rosa Pereira de Lima, em sua obra *Autoridade Nacional de Proteção de Dados e a Efetividade da Lei Geral de Proteção de Dados*, ensina que: "Este órgão tem a função primordial de fiscalização e controle do cumprimento da lei pelos agentes que realizam tratamento de dados. Inclusive, este já era o modelo adotado na Diretiva 95/46/CE, arts. 28 a 30, que utiliza a denominação *Autoridade de Controle* (*"Supervisory Authority", "Autoridad de Control" ou "Autoritá Garante"*), designada pela sigla DPA – *Data Protection Authorities*". (2020, p. 252). Logo, a primeira observação que se lança à luz é sobre a constituição da Autoridade Nacional de Proteção de Dados brasileira ter-se dado como integrante da Presidência da República no Brasil.

Inúmeros debates na doutrina nacional foram travados sobre o tema, colocando em xeque a efetividade e eficiência de uma Autoridade de Controle (DPA) em moldes tupiniquins, que nasceria com uma certa carência de autonomia, além da expressa menção de que seria criado um órgão de tamanha relevância "sem aumento de despesas". Essas duas características peculiares na criação da ANPD, nada singelas, levaram as melhores mentes jurídicas do nosso país a envidar-se de esforço, quase que hercúleo, para proceder respostas às inúmeras dúvidas que surgiram no mercado, quase como uma súplica de previsões futurísticas, a fim de garantir certa segurança jurídica sobre o tema.

Assim, tais características levaram a doutrina nacional a cindir-se entre os pessimistas natos e os otimistas de carreira. Contudo, atualmente, passados alguns meses de efetiva operação da ANPD, é imprescindível admitir – até mesmo para aquela parte mais niilista e pessimista da doutrina nacional que, quase como um milagre, também nos moldes tupiniquins (já que reza a cultura popular de que Deus é brasileiro), a segunda barreira inicial, a do não acréscimo de despesas, foi superada. Ao que tudo indica, as características de ser integrante da Presidência da República e ser criada sem acréscimo de despesas para o erário público tiveram o intuito inicial de criar a ANPD de uma forma mais enxuta e reduzida, para que fosse analisada dentro de um limite adequado de tempo qual seria a real dimensão de suas atribuições, para que em seguida a sua estrutura fosse replanejada e adequada a essas reais necessidades brasileiras.

A natureza jurídica da ANPD é transitória e poderá ser transformada pelo Poder Executivo em entidade da administração pública federal indireta, submetida a regime autárquico especial e vinculada à Presidência da República.

A avaliação quanto à transformação de que dispõe o § 1º deste artigo deverá ocorrer em até 2 (dois) anos da data da entrada em vigor da estrutura regimental da ANPD

Os dois primeiros parágrafos deste artigo atualmente refletem (e já refletiam às mentes positivas, e não positivistas) as conclusões lançadas nos comentários finais do *caput* desse artigo. Embora a ANPD tenha, como antes mencionado, meses de efetivo funcionamento, já pode-se perceber que a enxuta Autoridade caminha para o cumprimento exitoso, se não dos prazos jurídicos, certamente dos prazos previstos no "Planejamento Estratégico". Isso porque os incisos retro referidos prevêem que ocorra, após dois anos da entrada em vigor do Regimento Interno da ANPD (Portaria n. 01, de 8 de março de 2021, publicada em 9 de março de 2021) a avaliação e transformação da ANPD em "entidade da administração pública federal indireta, submetida a regime autárquico especial", mas, ainda, "vinculada à Presidência da República", ou seja, ao Poder Executivo.

O que se pode afirmar, com certa cautela, sempre necessária e de belo tom, é que o referido "Planejamento Estratégico", a que ora se faz menção e foi publicado em 1/2/2021 no sítio eletrônico https://www.gov.br/anpd/pt-br/documentos-e-imagens/planejamento-estrategico (acesso em: 6 abr. 2021), se presta a indicar ao mercado e à sociedade os referenciais e objetivos que serão cumpridos pela agência nos anos de 2021/2023. Extrai-se de trecho da apresentação desse documento em que o então Diretor-Presidente, Waldemar Gonçalves Ortunho Júnior, anuncia que:

> Em 2020, a estrutura da Autoridade Nacional de Proteção de Dados (ANPD) foi publicada, iniciando-se uma jornada de criação da estrutura organizacional, atribuição de competências e início da atuação da Autoridade de maneira efetiva, o que exige, como um dos primeiros passos, o planejamento estratégico dos rumos, visão e objetivos que guiarão os trabalhos de todos os servidores da ANPD. O planejamento estratégico reflete as discussões sobre a essência da ANPD, as ações prioritárias para colocá-la em funcionamento e o rumo para seu fortalecimento e transformação em uma das autoridades de referência em proteção de dados. Esse esforço inicial traduz-se no presente documento, que traz a missão, visão e os valores da ANPD, seus objetivos estratégicos, indicadores e ações estratégicas. O plano buscou dar uma perspectiva temporal, orientando as ações de curto, médio e longo prazo. Após a aprovação pelo Conselho Diretor, o referencial estratégico foi incorporado a este breve relatório, de forma que as ações da ANPD sejam de conhecimento de toda a sociedade (2020, p. 3).

Logo, pode-se concluir que ao pesquisador e ao operador do Direito, parece ser de mais valia acompanhar o cumprimento dos prazos do "Planejamento Estratégico", na medida em que, uma vez cumpridos os prazos do planejamento, o resultado final tenderá a ser o de efetividade desses incisos. Mesmo porque, após os meses iniciais de existência da ANPD, como era de se esperar, verificou-se que o seu corpo técnico, nessa conformidade, é muito reduzido para atender a todas as necessidades nacionais no que tange à proteção de dados pessoais. Com a transformação da Autoridade, espera-se que obtenha maior autonomia técnica, administrativa e de governança; aumentar seus quadros de servidores e aprimorar diversos processos inerentes à regulamentação e à fiscalização no que concerne à proteção de dados pessoais é medida que urge. Nesse sentido, até o momento, não se vislumbram prejuízos advindos dessa natureza jurídica transitória.

O provimento dos cargos e das funções necessários à criação e à atuação da ANPD está condicionado à expressa autorização física e financeira na lei orçamentária anual e à permissão na lei de diretrizes orçamentárias

O provimento, ora previsto, foi publicado pelo Decreto Lei n. 10.474, de 26 de agosto de 2020. Por essa legislação houve a aprovação da Estrutura Regimental e do Quadro Demonstrativo dos Cargos em Comissão e das Funções de Confiança da Autoridade Nacional de Proteção de Dados, bem como remanejou e transformou os devidos cargos em comissão e funções de confiança que servem atualmente de estrutura à ANPD, composta por 36 (trinta e seis) cargos. Assim, tem-se desenhada a estrutura organizacional referida neste inciso no art. 3º, Capítulo II, anexo I do Decreto Lei n. 10.474, qual seja:

> **Art. 3º A ANPD é constituída pelos seguintes órgãos: I – Conselho Diretor; II – órgão consultivo: Conselho Nacional de Proteção de Dados Pessoais e da Privacidade; III – órgãos de assistência direta e imediata ao Conselho Diretor: a) Secretaria-Geral; b) Coordenação-Geral de Administração; e c) Coordenação-Geral de Relações Institucionais e Internacionais; IV – órgãos seccionais: a) Corregedoria; b) Ouvidoria; e c) Assessoria Jurídica; e V – órgãos específicos singulares: a) Coordenação-Geral de Normatização; b) Coordenação-Geral de Fiscalização; e c) Coordenação-Geral de Tecnologia e Pesquisa. § 1º O Conselho Diretor é o órgão máximo de decisão da ANPD. § 2º Cabe ao Diretor-Presidente a gestão e a representação institucional da ANPD.**
>
> **Art. 55-B. É assegurada autonomia técnica e decisória à ANPD.**

Emanuele Pezati Franco de Moraes

Lívia Clozel

No mesmo sentido da cisão doutrinária entre os otimistas e pessimistas, que se destacou nos comentários do art. 55-A, pode-se afirmar que o mesmo ocorreu nesse artigo. Isso porque a "autonomia técnica e decisória" foi vastamente questionada e debatida em oposição à possibilidade de um órgão (a Autoridade) ser vinculada ao Poder Executivo e, mesmo assim, suportar – de forma segura – a referida autonomia técnica e, principalmente, decisória.

Face ao recorte temático e proposto pela obra e diante da prematuridade da ANPD, por ora, o que seria possível comentar é que as garantias previstas no art. 55-E podem ser suficientes para "assegurar" tal autonomia técnica e decisória da ANPD durante o período de início dos trabalhos. Entretanto, ilumina-se, com grifos de neon, o fato de que com o aumento gradual de demandas da sociedade e do mercado o grau da autonomia terá de ser medido e, espera-se, ampliado mediante a transformação da ANPD em entidade da administração pública federal indireta, submetida a regime autárquico especial, se possível, desvinculada ao máximo da administração pública.

Art. 55-C. A ANPD é composta de:

I – Conselho Diretor, órgão máximo de direção

II – Conselho Nacional de Proteção de Dados Pessoais e da Privacidade;

III – Corregedoria;

IV – Ouvidoria;

V – órgão de assessoramento jurídico próprio; e

VI – Unidades administrativas e unidades especializadas necessárias à aplicação do disposto nesta Lei.

Emanuele Pezati Franco de Moraes

Lívia Clozel

Tem-se melhor desenhada a estrutura organizacional e os cargos que ocuparam os órgãos deste artigo, no art. 3º, Capítulo II, anexo I do Decreto Lei n. 10.474, quanto no artigo 2º, do Regimento Interno da ANPD (Portaria n. 01, de 8 de março de 2021, publicada em 9 de março de 2021), qual seja:

> A ANPD é constituída pelos seguintes órgãos:
>
> I – Conselho Diretor; II – órgão consultivo: Conselho Nacional de Proteção de Dados Pessoais e da Privacidade; III – órgãos de assistência direta e imediata ao Conselho Diretor: a) Secretaria-Geral; b) Coordenação-Geral de Administração; e c) Coordenação-Geral de Relações Institucionais e Internacionais; IV – órgãos seccionais: a) Corregedoria; b) Ouvidoria; e c) Assessoria Jurídica; e V – órgãos específicos singulares: a) Coordenação-Geral de Normatização; b) Coordenação-Geral de Fiscalização; e c) Coordenação-Geral de Tecnologia e Pesquisa. § 1º O Conselho Diretor é o órgão máximo de decisão da ANPD. § 2º Cabe ao Diretor-Presidente a gestão e a representação institucional da ANPD.

O Planejamento Estratégico (2021/2023), anteriormente referido, indica em sua página 4 a figura abaixo como organograma da ANPD:

Figura 1 – Organograma da ANPD

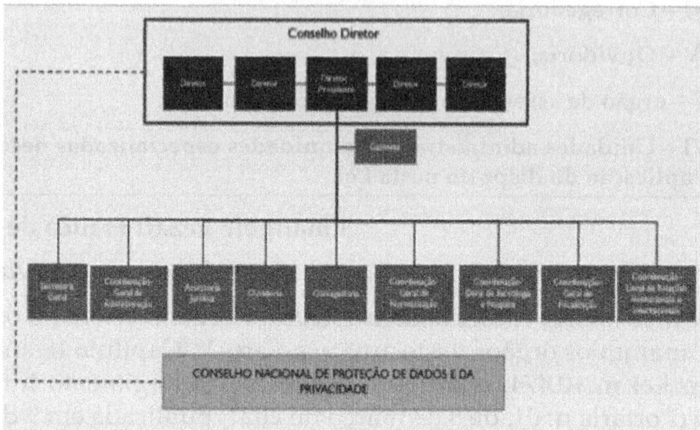

Fonte: ANPD.

> **Art. 55-D. O Conselho Diretor da ANPD será composto de 5 (cinco) diretores, incluindo o Diretor-Presidente.**
>
> **§ 1º Os membros do Conselho Diretor da ANPD serão escolhidos pelo Presidente da República e por ele nomeados, após aprovação pelo Senado Federal, nos termos da alínea 'f' do inciso III do art. 52 da Constituição Federal, e ocuparão cargo em comissão do Grupo-Direção e Assessoramento Superiores – DAS, no mínimo, de nível 5.**
>
> **§ 2º Os membros do Conselho Diretor serão escolhidos dentre brasileiros que tenham reputação ilibada, nível superior de educação e elevado conceito no campo de especialidade dos cargos para os quais serão nomeados.**
>
> **§ 3º O mandato dos membros do Conselho Diretor será de 4 (quatro) anos.**
>
> **§ 4º Os mandatos dos primeiros membros do Conselho Diretor nomeados serão de 2 (dois), de 3 (três), de 4 (quatro), de 5 (cinco) e de 6 (seis) anos, conforme estabelecido no ato de nomeação.**
>
> **§ 5º Na hipótese de vacância do cargo no curso do mandato de membro do Conselho Diretor, o prazo remanescente será completado pelo sucessor.**

Emanuele Pezati Franco de Moraes

Lívia Clozel

Este artigo se presta a desenhar, de forma estrutural, a composição do Conselho Diretor, mas, já apontava que seria permeado da estrutura colegiada. Assim, destaca-se que no *caput* desse artigo há indicação de 5 (cinco) Diretores (não coincidentemente número ímpar) que comporão o Conselho Diretor, a forma de ingresso dos diretores (do §1º), as qualificações necessárias dos diretores (§2º), o prazo de duração dos mandatos (§3º), a rotatividade dos mandatos dos membros (§4º) e as hipóteses de vacância (§5º) refletindo, principalmente, o modelo de funcionamento colegiado da ANPD.

A Professora Associada Cíntia Rosa Pereira de Lima, na obra *Autoridade Nacional de Proteção de Dados e a Efetividade da Lei Geral de Proteção de Dados*, ensina que:

> [...] os diretores exercerão o cargo pelo mandato de 4 (quatro) anos nos termos do §3º do art. 55-D da LGPD; entretanto, para evitar que a ANPD fique sem diretores se todos os mandatos vencerem no mesmo período, o §4º do artigo 55-D determina que os primeiros diretores nomeados exercerão o mandato por 2 (dois), 3 (três), 4 (quatro), 5 (cinco) e 6 (seis) anos, conforme estabelecido no ato de nomeação.

As nomeações dos primeiros diretores foram consolidadas no dia 20 de novembro de 2020 pelo Senado Federal, sendo aprovado os indicados pela Presidência da República. A título de preservação histórica cabe destacar o nome e resumo da titulação dos primeiros diretores, sendo eles:

- Waldemar Gonçalves Ortunho Junior (MSF 72/2020), aprovado para o cargo de diretor-presidente do conselho, com 39 votos a favor e cinco contrários, além de uma abstenção, cujo currículo pode ser descrito como: Engenheiro Eletrônico, graduado pelo Instituto Militar de Engenharia (IME. Pós-graduado em Engenharia Elétrica, pela Universidade de Brasília (UnB) e em Pedagogia, pela Universidade de Quito. Tem 40 anos de experiência na área de TI, e é oficial do Exército formado pela Academia Militar das Agulhas Negras (Aman). Era o presidente da Telebras (Telecomunicações Brasileiras S.A.), cargo que ocupava desde janeiro de 2019. Exercendo o mandato de seis anos na ANPD.

- Arthur Pereira Sabbat (MSF 73/2020) recebeu 47 votos favoráveis e cinco contrários, cujo currículo pode ser descrito como: formado em Comunicações, pela Aman, e em Administração de Empresas, pelo Centro Universitário de Brasília (Ceub). Atuava desde 2018 no Gabinete de Segurança Institucional da Presidência da República. Exercendo o mandato de cinco anos na ANPD.

- Joacil Basilio Rael (MSF 76/2020) recebeu 38 votos favoráveis e cinco contrários, além de uma abstenção. Seu currículo pode ser descrito como: graduado em Artilharia, pela Aman, e em Engenharia de Computação, pelo Instituto Militar de Engenharia. É mestre em Sistemas da Computação, pelo IME, e doutor em Ciências da Computação, pela UnB. Atuava como encarregado da proteção de dados na Telebras. Exercendo o mandato de quatro anos na ANPD.

- Miriam Wimmer (MSF 74/2020) recebeu 46 votos a favor e cinco contra. Seu currículo pode ser descrito como: brasileira, nascida em Londres, Inglaterra. Possui especialização e mestrado em Direito Público e doutorado em Comunicação. É servidora da Agência Nacional de Telecomunicações (Anatel), desde 2006. Atuou no Comitê Gestor da Internet no Brasil (CGI.br) e era diretora de Políticas para Telecomunicações e Acompanhamento Regulatório no Ministério das Comunicações, exercendo o mandato de dois anos.

- Com mandato de três anos como diretora, Nairane Farias Rabelo Leitão (MSF 75/2020), que teve 38 votos a favor e três contrários, além de uma abstenção. Seu currículo pode ser descrito como: graduada em Direito, pela Universidade Federal de Pernambuco (UFPE), tem especialização em Direito Tributário, Privacidade e Proteção de Dados. Exercendo o mandato por três anos na ANPD.

Ademais, coube ao Regimento Interno da Autoridade Nacional de Proteção de Dados (Portaria n. 1, de 8 de março de 2021) especificar e destrinchar as obrigações dos Diretores e no art. 4º determina que:

> "os Diretores manifestam seu entendimento por meio de despacho decisório e voto, não lhes sendo permitido abster-se da votação de nenhuma matéria, ressalvados os casos de licença, ausência justificada e os de impedimento e suspeição. § 1º Obtido o quórum de deliberação, a ausência de Diretor não impedirá o encerramento da votação. § 2º Quando incumbido da função de Relator de matéria perante o Conselho Diretor, o Diretor deverá apresentar voto nos termos do §3º deste artigo. § 3º Os votos serão motivados, contendo resumo em forma de ementa, e fundamentação clara e congruente, admitida a declaração de concordância com fundamentos de anteriores pareceres, informações, decisões ou propostas que, nesse caso, farão parte do voto".

Logo, nesse momento, cabe ressaltar que as decisões tomadas pelos diretores seguirão, certamente, o prisma das decisões colegiadas, nos mesmos moldes das decisões proferidas pelas instâncias superiores do Poder Judiciário.

Em setembro de 2020, a Lei Geral de Proteção de Dados entrou em vigor. Já as nomeações dos membros do Conselho Diretor da Autoridade Nacional de Proteção de Dados (ANPD) foram publicadas em Diário Oficial da União (DOU) em novembro de 2020. Dessa forma, com a nomeação do Diretor-Presidente, entrou em vigor o Decreto 10.474/2020, que estrutura a ANPD.

Composto por 5 Diretores, incluindo o Diretor-Presidente, o Conselho Diretor conta com membros escolhidos devido à integridade e especializações para os respectivos cargos que assumiram. Apesar de os demais cargos em comissão e as funções de confiança ainda não terem ocupado seus cargos, a partir da nomeação, o Conselho já começou a exercer suas funções com o objetivo de editar diretrizes sobre proteção de dados pessoais no país. O Conselho Nacional de Proteção de Dados Pessoais e da Privacidade ainda não tem todos seus integrantes indicados.

Mesmo entendendo a expectativa dos titulares e empresas para a aplicação de todas as atribuições o quanto antes, o Conselho, na medida do possível com apenas 5 membros, vem atuando para esclarecer dúvidas de diversos temas abordados na LGPD como o tratamento de crianças e adolescentes, diretrizes para elaboração do Relatório de Impacto, atribuições ao Encarregado, procedimentos para a transferência internacional de dados etc.

No entanto, houve uma necessidade de priorização de frentes de atuação, devido à demanda versus capacidade de atendimento, como a abertura de Consultas Públicas para o estabelecimento de diretrizes; para tanto, temas específicos foram definidos para serem abordados por etapas, com o objetivo que os participantes pudessem trazer boas e diferentes ideias, mesmo que as referências, notáveis, usadas pelo Conselho fossem da ICO (UK) e CNIL (FR). Bem como o prazo de notificação de incidentes foi determinado para 48 horas.

Está bem claro que o Conselho Diretor não tem o intuito de ser uma máquina de multas para as empresas brasileiras, muito menos visto como o que somente penaliza, mas sim, ao contrário disso, tem o objetivo de criar pilares estruturados na educação, canais de comunicação com empresas e titulares, acordos com outras entidades para que a Cultura da Proteção de Dados seja enraizada nas empresas brasileiras e, com isso, em um médio prazo, o Brasil venha a ter o reconhecimento da União Européia por seu nível protetivo adequado.

Art. 55-E. Os membros do Conselho Diretor somente perderão seus cargos em virtude de renúncia, condenação judicial transitada em julgado ou pena de demissão decorrente de processo administrativo disciplinar.

§ 1º Nos termos do caput deste artigo, cabe ao Ministro de Estado Chefe da Casa Civil da Presidência da República instaurar o processo administrativo disciplinar, que será conduzido por comissão especial constituída por servidores públicos federais estáveis.

§ 2º Compete ao Presidente da República determinar o afastamento preventivo, somente quando assim recomendado pela comissão especial de que trata o § 1º deste artigo, e proferir o julgamento.

Emanuele Pezati Franco de Moraes

Lívia Clozel

Aqui, é importante destacar que a tão esperada independência da autoridade, suprimida em parte no art. 55-A, deve estar diretamente e proporcionalmente ligada à autonomia técnica e decisória disposta no art. 55-B. Nesse cenário, para dar cabo da referida autonomia técnica e decisória, é imprescindível que todos os membros que compõem os órgãos da ANPD, e não somente os diretores do Conselho diretor, gozem de certa estabilidade no cargo, uma vez que as pressões externas do exercício do cargo ao qual ocupam serão de vulto deveras grandioso. Agravado pelo fato de que também regularão e poderão aplicar multa à própria administração pública. Portanto, é da mais extrema importância que os diretores e demais integrantes da ANPD tenham estabilidade em seus cargos, lembrando que tal estabilidade, por mais encrudescida que seja, ainda sofre às margens da sombra da captação de seus membros pelo mercado, pois todos os colaboradores da ANPD possuem data cronológica previamente fixada para o final de seu exercício. Assim, o estabelecimento da obrigatoriedade da instauração de um processo administrativo disciplinar, conduzido por comissão especial, é instrumento que merece extremo cuidado na implementação, caso contrário, cairemos no equívoco de deixar "a raposa cuidando dos ovos".

Embora nesse pouco tempo de atuação dos Diretores nomeados, percebe-se, guardada as devidas proporções, que o foco principal está mais na educação do que, neste primeiro momento, na fiscalização, seja no setor privado, seja no setor público. Cíntia Rosa Pereira de Lima, na sua obra *Autoridade Nacional de Proteção de Dados e a Efetividade da Lei Geral de Proteção de Dados*, aponta que:

> A opção da lei foi instituir a nomeação por ato complexo, para que se possa assegurar autonomia funcional dos diretores no exercício de suas funções. Isso não impede a perda do cargo, que pode-se por renúncia, condenação judicial transitada em julgado ou pena de demissão decorrente de processo administrativo disciplinar. Na hipótese de apuração de falta grave, o ministro chefe da Casa Civil da Presidência da República irá instaurar o processo administrativo disciplinar, que será conduzido por uma comissão especial, constituída para tal fim por servidores públicos federais estáveis (§1º). Durante a tramitação do processo administrativo disciplinar, a comissão especial pode sugerir o afastamento preventivo do diretor, o que será determinado pelo presidente da República.

Art. 55-F. Aplica-se aos membros do Conselho Diretor, após o exercício do cargo, o disposto no art. 6º da Lei n. 12.813, de 16 de maio de 2013.

Parágrafo único. A infração ao disposto no caput deste artigo caracteriza ato de improbidade administrativa.

Emanuele Pezati Franco de Moraes

Lívia Clozel

Nesse artigo não há grandes destaques e colaborações ao sistema jurídico, na medida em que os todos os colaboradores do setor público, no exercício de seu cargo, devem respeitar o disposto na Lei n. 12.813, de 16 de maio de 2013. Contudo, pode-se afirmar que tal disposto legal funcionaria como reforço ou lembrete dos perigos da cooptação destes colaboradores que por vezes estarão, mas nem sempre serão, servidores públicos de carreira.

Os termos do artigo 6 da Lei n. 12.813/2013 prevê que:

> Art. 6º Configura conflito de interesses após o exercício de cargo ou emprego no âmbito do Poder Executivo federal: I – a qualquer tempo, divulgar ou fazer uso de informação privilegiada obtida em razão das atividades exercidas; e II – no período de 6 (seis) meses, contado da data da dispensa, exoneração, destituição, demissão ou aposentadoria, salvo quando expressamente autorizado, conforme o caso, pela Comissão de Ética Pública ou pela Controladoria-Geral da União: a) prestar, direta ou indiretamente, qualquer tipo de serviço a pessoa física ou jurídica com quem tenha estabelecido relacionamento relevante em razão do exercício do cargo ou emprego; b) aceitar cargo de administrador ou conselheiro ou estabelecer vínculo profissional com pessoa física ou jurídica que desempenhe atividade relacionada à área de competência do cargo ou emprego ocupado; c) celebrar com órgãos ou entidades do Poder Executivo federal contratos de serviço, consultoria, assessoramento ou atividades similares, vinculados, ainda que indiretamente, ao órgão ou entidade em que tenha ocupado o cargo ou emprego; ou d) intervir, direta ou indiretamente, em favor de interesse privado perante órgão ou entidade em que haja ocupado cargo ou emprego ou com o qual tenha estabelecido relacionamento relevante em razão do exercício do cargo ou emprego.

Art. 55-G. Ato do Presidente da República disporá sobre a estrutura regimental da ANPD.

§ 1º Até a data de entrada em vigor de sua estrutura regimental, a ANPD receberá o apoio técnico e administrativo da Casa Civil da Presidência da República para o exercício de suas atividades.

§ 2º O Conselho Diretor disporá sobre o regimento interno da ANPD.

Emanuele Pezati Franco de Moraes

Lívia Clozel

Tem-se que este artigo possui características de temporalidade, pois seguindo a Agenda Regulatória Bianual da ANPD para os anos de 2021 e 2022, publicada via Portaria n. 11, de 27 de janeiro de 2021, bem como, considerando que esta agenda regulatória foi entendida como primeiro ato, da primeira deliberação tomada pelo Conselho-Diretor, na Reunião Deliberativa n. 1, realizada em 20 de janeiro de 2021, no qual foi previsto como de extrema relevância e prioridade a elaboração e publicação do regimento interno da ANPD.

Assim, cumprindo com o proposto, o Regimento Interno da ANPD foi publicado em 09 de março de 2021, pela Portaria n. 01, de 08 de março de 2021. Nos dizeres inaugurais do Diretor Presidente em exercício "a importância da publicação do Regimento Interno é dotar as unidades internas com a segurança jurídica necessária para cumprirem suas atribuições, permitindo, assim, à ANPD funcionar plenamente e cumprir sua função. Também dá segurança jurídica à sociedade no que diz respeito à transparência da ANPD"[(84)].

Art. 55-H. Os cargos em comissão e as funções de confiança da ANPD serão remanejados de outros órgãos e entidades do Poder Executivo federal.

Emanuele Pezati Franco de Moraes

Lívia Clozel

Seguindo a indicação do art. 55-A, no qual dispõe que a ANPD seria criada sem acréscimos de receitas e custos, o que convencionou-se, poeticamente, chamar de milagre tupiniquim, foi efetivado a partir de remanejamento de servidores públicos que exerciam funções em outros órgãos ou entidades da administração pública.

Esse remanejamento foi consolidado pelo Decreto n. 10.474, de 26 de agosto de 2020, pelo qual resta determinado no art. 1º que "ficam aprovados a Estrutura Regimental e o Quadro Demonstrativo dos Cargos em Comissão e das Funções de Confiança da Autoridade Nacional de Proteção de Dados – ANPD, na forma dos Anexos I e II. Art. 2º Ficam remanejados, na forma do Anexo III, os seguintes cargos em comissão do Grupo-Direção e Assessoramento Superiores – DAS e as seguintes

(84) REGIMENTO Interno da ANPD é publicado no Diário Oficial da União. Notícias, gov.br, 10 mar. 2021. Disponível em: <https://www.gov.br/anpd/pt-br/assuntos/noticias/regimento-interno-da-anpd-e-publicado-no-diario-oficial-da-uniao>. Acesso em: 06 abr. 2021.

Funções Comissionadas do Poder Executivo – FCPE, da Secretaria de Gestão da Secretaria Especial de Desburocratização, Gestão e Governo Digital do Ministério da Economia para a ANPD: I – um DAS 101.6; II – quatro DAS 101.5; III – seis DAS 101.4; IV – cinco DAS 103.4; V – quatro FCPE 101.4; VI – dez FCPE 101.3; e VII – seis FCPE 102.3. Art. 3º Ficam transformados, na forma do Anexo IV, nos termos do disposto no art. 8º da Lei n. 13.346, de 10 de outubro de 2016, os seguintes cargos em comissão do Grupo-DAS: vinte e seis DAS-2 e setenta DAS-1 em um DAS-6, quatro DAS-5, quinze DAS-4 e nove DAS-3. Art. 4º Ficam substituídas, na forma do Anexo V, as seguintes FCPE: I – quatro FCPE 101.4; II – dez FCPE 101.3; e III – seis FCPE 102.3. Parágrafo único. Ficam extintos vinte cargos em comissão do Grupo-DAS, conforme demonstrado no Anexo V. Art. 5º Aplica-se o disposto nos art. 13 ao art. 19 do Decreto n. 9.739, de 28 de março de 2019, quanto ao regimento interno, ao registro de dados no Sistema de Organização e Inovação Institucional do Governo Federal – Siorg, à permuta entre DAS e FCPE e à alocação de cargos em comissão e funções de confiança na Estrutura Regimental da ANPD. Parágrafo único. Em caso de edição de regimento interno, a proposta será aprovada por maioria absoluta do Conselho Diretor da ANPD. Art. 6º Este Decreto entra em vigor na data de publicação da nomeação do Diretor-Presidente da ANPD no Diário Oficial da União".

Art. 55-I. Os ocupantes dos cargos em comissão e das funções de confiança da ANPD serão indicados pelo Conselho Diretor e nomeados ou designados pelo Diretor-Presidente.

Emanuele Pezati Franco de Moraes

Lívia Clozel

Da análise dos conteúdos publicados até o momento pela ANPD, não é possível extrair critérios objetivos para a nomeação de tais cargos. Todavia, espera-se que os critérios de escolha dos ocupantes desses cargos sejam, essencialmente, o nível de formação, a experiência em proteção de dados pessoais, o campo de atuação profissional e a experiência de trabalho dessas pessoas. Além disso, espera-se que sejam realizadas entrevistas com os profissionais consultados para cargos na Autoridade, os quais devem ter aspectos diversos abordados, como expectativas com o cargo, narrativas de experiências anteriores, e outras questões pertinentes.

Art. 55-J. Compete à ANPD:

I – zelar pela proteção dos dados pessoais, nos termos da legislação;

II – zelar pela observância dos segredos comercial e industrial, observada a proteção de dados pessoais e do sigilo das informações quando protegido por lei ou quando a quebra do sigilo violar os fundamentos do art. 2º desta Lei;

III – elaborar diretrizes para a Política Nacional de Proteção de Dados Pessoais e da Privacidade;

IV – fiscalizar e aplicar sanções em caso de tratamento de dados realizado em descumprimento à legislação, mediante processo administrativo que assegure o contraditório, a ampla defesa e o direito de recurso;

V – apreciar petições de titular contra controlador após comprovada pelo titular a apresentação de reclamação ao controlador não solucionada no prazo estabelecido em regulamentação;

VI – promover na população o conhecimento das normas e das políticas públicas sobre proteção de dados pessoais e das medidas de segurança;

VII – promover e elaborar estudos sobre as práticas nacionais e internacionais de proteção de dados pessoais e privacidade;

VIII – estimular a adoção de padrões para serviços e produtos que facilitem o exercício de controle dos titulares sobre seus dados pessoais, os quais deverão levar em consideração as especificidades das atividades e o porte dos responsáveis;

IX – promover ações de cooperação com autoridades de proteção de dados pessoais de outros países, de natureza internacional ou transnacional;

X – dispor sobre as formas de publicidade das operações de tratamento de dados pessoais, respeitados os segredos comercial e industrial;

XI – solicitar, a qualquer momento, às entidades do poder público que realizem operações de tratamento de dados pessoais informe específico sobre o âmbito, a natureza dos dados e os demais detalhes do tratamento realizado, com a possibilidade de emitir parecer técnico complementar para garantir o cumprimento desta Lei;

XII – elaborar relatórios de gestão anuais acerca de suas atividades;

XIII – editar regulamentos e procedimentos sobre proteção de dados pessoais e privacidade, bem como sobre relatórios de impacto à proteção de dados pessoais para os casos em que o tratamento representar alto risco à garantia dos princípios gerais de proteção de dados pessoais previstos nesta Lei;

XIV – ouvir os agentes de tratamento e a sociedade em matérias de interesse relevante e prestar contas sobre suas atividades e planejamento;

XV – arrecadar e aplicar suas receitas e publicar, no relatório de gestão a que se refere o inciso XII do caput deste artigo, o detalhamento de suas receitas e despesas;

XVI – realizar auditorias, ou determinar sua realização, no âmbito da atividade de fiscalização de que trata o inciso IV e com a devida observância do disposto no inciso II do caput deste artigo, sobre o tratamento de dados pessoais efetuado pelos agentes de tratamento, incluído o poder público;

XVII – celebrar, a qualquer momento, compromisso com agentes de tratamento para eliminar irregularidade, incerteza jurídica ou situação contenciosa no âmbito de processos administrativos, de acordo com o previsto no Decreto-Lei n. 4.657, de 4 de setembro de 1942;

XVIII – editar normas, orientações e procedimentos simplificados e diferenciados, inclusive quanto aos prazos, para que microempresas e empresas de pequeno porte, bem como iniciativas empresariais de caráter incremental ou disruptivo que se autodeclarem startups ou empresas de inovação, possam adequar-se a esta Lei;

XIX – garantir que o tratamento de dados de idosos seja efetuado de maneira simples, clara, acessível e adequada ao seu entendimento, nos termos desta Lei e da Lei n. 10.741, de 1º de outubro de 2003 (Estatuto do Idoso);

XX – deliberar, na esfera administrativa, em caráter terminativo, sobre a interpretação desta Lei, as suas competências e os casos omissos;

XXI – comunicar às autoridades competentes as infrações penais das quais tiver conhecimento;

XXII – comunicar aos órgãos de controle interno o descumprimento do disposto nesta Lei por órgãos e entidades da administração pública federal;

XXIII – articular-se com as autoridades reguladoras públicas para exercer suas competências em setores específicos de atividades econômicas e governamentais sujeitas à regulação; e

XXIV – implementar mecanismos simplificados, inclusive por meio eletrônico, para o registro de reclamações sobre o tratamento de dados pessoais em desconformidade com esta Lei.

§ 1º Ao impor condicionantes administrativas ao tratamento de dados pessoais por agente de tratamento privado, sejam eles limites, encargos ou sujeições, a ANPD deve observar a exigência de mínima intervenção, assegurados os fundamentos, os princípios e os direitos dos titulares previstos no art. 170 da Constituição Federal e nesta Lei.

§ 2º Os regulamentos e as normas editados pela ANPD devem ser precedidos de consulta e audiência públicas, bem como de análises de impacto regulatório.

§ 3º A ANPD e os órgãos e entidades públicos responsáveis pela regulação de setores específicos da atividade econômica e governamental devem coordenar suas atividades, nas correspondentes esferas de atuação, com vistas a assegurar o cumprimento de suas atribuições com a maior eficiência e promover o adequado funcionamento dos setores regulados, conforme legislação específica, e o tratamento de dados pessoais, na forma desta Lei·

§ 4º A ANPD manterá fórum permanente de comunicação, inclusive por meio de cooperação técnica, com órgãos e entidades da administração pública responsáveis pela regulação de setores específicos da atividade econômica e governamental, a fim de facilitar as competências regulatória, fiscalizatória e punitiva da ANPD.

§ 5º No exercício das competências de que trata o caput deste artigo, a autoridade competente deverá zelar pela preservação do segredo empresarial e do sigilo das informações, nos termos da lei.

§ 6º As reclamações colhidas conforme o disposto no inciso V do caput deste artigo poderão ser analisadas de forma agregada, e as eventuais providências delas decorrentes poderão ser adotadas de forma padronizada.

Emanuele Pezati Franco de Moraes

Lívia Clozel

Longe de procedermos o esforço de esgotamento da análise das competências trazidas nos incisos retrocitados, uma vez que a proposta deste trabalho é de reunião de esforços para investigar o andamento da Lei Geral de Proteção de Dados, cabe, então, nesse momento, proceder com a análise das competências determinadas nos incisos desse artigo combinadas com os objetivos estratégicos e ações planejadas pela ANPD no Planejamento Estratégico (2021-2023). Nesse documento, a ANPD trouxe 3 (três) objetivos estratégicos que chamaremos de macro objetivos e, em cada um deles, há outros "sub-objetivos" que chamaremos de micro objetivos. O primeiro macro objetivo é o de "promover o fortalecimento da cultura de proteção de dados pessoais", com 4 (quatro) micro objetivos que são: "detectar infrações à LGPD", "promover eventos de capacitação e oficinas sobre o tema de Proteção de Dados Pessoais", "promover o diálogo com entidades governamentais e não-governamentais, incluindo organismos internacionais e outra autoridades de Proteção de Dados Pessoais" e "elaborar guias e recomendações sobre Proteção de Dados Pessoais" que apoiam o cumprimento dos incisos IV,VI,VII,VIII, IX e XVIII. Esses objetivos serão avaliados pelos indicadores "fiscalização do cumprimento da LGPD e seus normativos", "participação da ANPD em reuniões externas (organismos internacionais, outros órgãos de governo, entidades não-governamentais)", "acordos de cooperação técnica nacionais e internacionais celebrados e em negociação", "promoção de capacitação sobre proteção de dados" e "elaboração de material educativo sobre proteção de dados".

O segundo macro objetivo é o de "estabelecer ambiente normativo eficaz para a Proteção de Dados Pessoais", com 3 (três) micro objetivos que são: "implementar um fluxo para o sistema de tratamento de incidentes e reclamações", "elaborar agenda regulatória bianual" e "regulamentar temas da agenda regulatória" que apoiam o cumprimento dos incisos I, II, IV, V, XIII, XII, XVIII, XXIV. Tais objetivos serão avaliados pelos indicadores "estabelecimento de fluxo de notificações de incidentes", "estabelecimento de fluxo para recebimento de reclamações de titulares", "regulamentação de temas prioritários" e "elaboração da agenda regulatória anual".

O terceiro macro objetivo é o de "aprimorar as condições para o cumprimento das competências legais", que possui 4 (quatro) micro objetivos que são: "estabelecer a estrutura definitiva da ANPD", "apresentar estudos sobre a transformação da natureza jurídica da ANPD, nos termos da LGPD" , "obter orçamento e promover a sua execução orçamentaria anual" e "ampliar o corpo de servidores públicos da ANPD", que dão arrimo aos demais incisos deste artigo, mas, principalmente, aos artigos anteriores que versam sobre a alteração da natureza jurídica da ANPD da mesma forma os objetivos serão avaliados pelos indicadores "ampliação do número de servidores da ANPD", "estrutura definitiva estabelecida" e "percentual de execução orçamentária".

Ao impor condicionantes administrativas ao tratamento de dados pessoais por agente de tratamento privado, sejam eles limites, encargos ou sujeições, a ANPD deve observar a exigência de mínima intervenção, assegurados os fundamentos, os princípios e os direitos dos titulares previstos no art. 170, da Constituição Federal, e nesta Lei

O movimento legislativo de liberdade econômica, ressaltado em 2019 pela Declaração de Direitos de Liberdade Econômica (Lei n. 13.874/2019), reflete a demanda do mercado pela mínima intervenção estatal como forma de assegurar, no art. 1º, "a proteção à livre iniciativa e ao livre exercício de atividade econômica e disposições sobre a atuação do Estado como agente normativo e regulador, nos termos do inciso IV do *caput* do art. 1º, do parágrafo único do art. 170 e do *caput* do art. 174, da Constituição Federal". Logo, esse inciso espelha o movimento legislativo de sinalizar ao mercado, aos órgãos de regulação e ao Poder Judiciário, um movimento pendular de retorno aos princípios contratuais clássicos como, por exemplo, a importância da *pacta sunt servanda*.

Os regulamentos e as normas editados pela ANPD devem ser precedidos de consulta e audiência públicas, bem como de análises de impacto regulatório

Essas consultas e audiências públicas, estabelecidas na LGPD, poderão ou não ser precedidas de tomadas de subsídios. A ideia principal é permitir a maior participação possível da sociedade na elaboração das regulamentações da ANPD. O Regimento Interno da ANPD, recentemente publicado, explicita com maior propriedade sobre essas consultas.

A ANPD e os órgãos e entidades públicos responsáveis pela regulação de setores específicos da atividade econômica e governamental devem coordenar suas atividades, nas correspondentes esferas de atuação, com vistas a assegurar o cumprimento de suas atribuições com a maior eficiência e promover o adequado funcionamento dos setores regulados, conforme legislação específica, e o tratamento de dados pessoais, na forma desta Lei.

A ANPD manterá fórum permanente de comunicação, inclusive por meio de cooperação técnica, com órgãos e entidades da administração pública responsáveis pela regulação de setores específicos da atividade econômica e governamental, a fim de facilitar as competências regulatória, fiscalizatória e punitiva da ANPD.

Os parágrafos 3º e 4º estão representados, como anteriormente mencionado, no primeiro objetivo do Planejamento Estratégico (2021-2023), que tem como micro objetivo, chamado no documento de quarta ação, o de promover "o diálogo com entidades governamentais e não-governamentais, com o intuito de construir parcerias estratégicas para a promoção de estudos, atuação em conjunto e incorporação das melhores práticas no tema".

No exercício das competências de que trata o *caput* deste artigo, a autoridade competente deverá zelar pela preservação do segredo empresarial e do sigilo das informações, nos termos da lei.

As reclamações colhidas, conforme disposto no inciso V do *caput* desse artigo, poderão ser analisadas de forma agregada, e as eventuais providências delas decorrentes poderão ser adotadas de forma padronizada.

Espera-se que o modo de resposta às reclamações apresentadas seja padronizado, uma vez que será usual a ocorrência de reclamações muito similares, até mesmo idênticas, sobre determinado tema, inclusive com o mesmo escopo, mesmo que seja dirigida a controladores diferentes. Com o objetivo de evitar retrabalho, a ANPD providenciará análises agregadas e poderá adotar providências padronizadas.

Art. 55-K. A aplicação das sanções previstas nesta Lei compete exclusivamente à ANPD, e suas competências prevalecerão, no que se refere à proteção de dados pessoais, sobre as competências correlatas de outras entidades ou órgãos da administração pública.

Parágrafo único. A ANPD articulará sua atuação com outros órgãos e entidades com competências sancionatórias e normativas afetas ao tema de proteção de dados pessoais e será o órgão central de interpretação dessa Lei e do estabelecimento de normas e diretrizes para a sua implementação.

Emanuele Pezati Franco de Moraes

Lívia Clozel

Pode-se entender como órgãos correlatos, por exemplo, os Procons, Ministério Público (MP), SENACON, esse por último citado, que foi o primeiro acordo de cooperação técnica assinado, com o objetivo de dar maior agilidade nas investigações de incidentes de segurança.

Segundo notícia no sítio eletrônico da ANPD:

> [...]a Senacon/MJSP passará a compartilhar informações coletadas sobre as reclamações de consumidores relacionadas à proteção de dados pessoais e formalizou um Núcleo, dentro do Conselho Nacional de Defesa do Consumidor, para tratar dessa convergência com a Autoridade. A ANPD, por sua vez,

fixará as interpretações necessárias à aplicação da Lei Geral de Proteção de Dados (LGPD) nos casos concretos[85].

Ainda, segundo notícia no sítio eletrônico da ANPD: "o acordo prevê ações conjuntas nas áreas de proteção de dados pessoais e defesa do consumidor e vão incluir intercâmbio de informações, uniformização de entendimentos, cooperação quanto a ações de fiscalização, desenvolvimento de ações de educação, formação e capacitação e elaboração de estudos e pesquisas. Ademais, um canal efetivo entre os diferentes órgãos que recebem denúncias sobre vazamentos de dados impulsiona uma rápida atuação do poder público na proteção dos direitos dos cidadãos"[86].

Art. 55-L. Constituem receitas da ANPD:

I – as dotações, consignadas no orçamento geral da União, os créditos especiais, os créditos adicionais, as transferências e os repasses que lhe forem conferidos;

II – as doações, os legados, as subvenções e outros recursos que lhe forem destinados;

III – os valores apurados na venda ou aluguel de bens móveis e imóveis de sua propriedade;

IV – os valores apurados em aplicações no mercado financeiro das receitas previstas neste artigo;

V – (VETADO);

VI – os recursos provenientes de acordos, convênios ou contratos celebrados com entidades, organismos ou empresas, públicos ou privados, nacionais ou internacionais;

VII – o produto da venda de publicações, material técnico, dados e informações, inclusive para fins de licitação pública.

Emanuele Pezati Franco de Moraes

Lívia Clozel

Hoje, acredita-se que as fontes de receitas são suficientes no contexto atual em que se encontra a ANPD, pois os colaboradores foram

---

(85) ANPD e Senacon assinam acordo de cooperação técnica. *Notícias, gov.br*, 22 mar. 2021. Disponível em:_<https://www.gov.br/anpd/pt-br/assuntos/noticias/anpd-e-senacon-assinam-acordo-de-cooperacao-tecnica>. Acesso em: 06 abr. 2021.

(86) *Id. Ibid.*

remanejados de outras áreas. Contudo, da mesma forma que haverá a transição e transformações da própria Autoridade, o orçamento também deverá ser aprimorado para ser compatível com o atendimento, bem como com o cumprimento ideal de suas competências, principalmente no que tange às ações de sensibilização e de fiscalização.

Art. 56. (VETADO).

Art. 57. (VETADO).

Seção II

Do Conselho Nacional de Proteção de Dados Pessoais e da Privacidade

Art. 58. (VETADO).

Art. 58-A. O Conselho Nacional de Proteção de Dados Pessoais e da Privacidade será composto de 23 (vinte e três) representantes, titulares e suplentes, dos seguintes órgãos:

I – 5 (cinco) do Poder Executivo federal;

II – 1 (um) do Senado Federal;

III – 1 (um) da Câmara dos Deputados;

IV – 1 (um) do Conselho Nacional de Justiça;

V – 1 (um) do Conselho Nacional do Ministério Público;

VI – 1 (um) do Comitê Gestor da Internet no Brasil;

VII – 3 (três) de entidades da sociedade civil com atuação relacionada a proteção de dados pessoais;

VIII – 3 (três) de instituições científicas, tecnológicas e de inovação;

IX – 3 (três) de confederações sindicais representativas das categorias econômicas do setor produtivo;

X – 2 (dois) de entidades representativas do setor empresarial relacionado à área de tratamento de dados pessoais; e

XI – 2 (dois) de entidades representativas do setor laboral.

§ 1º Os representantes serão designados por ato do Presidente da República, permitida a delegação.

§ 2º Os representantes de que tratam os incisos I, II, III, IV, V e VI do caput deste artigo e seus suplentes serão indicados pelos titulares dos respectivos órgãos e entidades da administração pública.

§ 3º Os representantes de que tratam os incisos VII, VIII, IX, X e XI do caput deste artigo e seus suplentes:

I – serão indicados na forma de regulamento;

II – não poderão ser membros do Comitê Gestor da Internet no Brasil;

III – terão mandato de 2 (dois) anos, permitida 1 (uma) recondução.

§ 4º A participação no Conselho Nacional de Proteção de Dados Pessoais e da Privacidade será considerada prestação de serviço público relevante, não remunerada.

Art. 58-B. Compete ao Conselho Nacional de Proteção de Dados Pessoais e da Privacidade:

I – propor diretrizes estratégicas e fornecer subsídios para a elaboração da Política Nacional de Proteção de Dados Pessoais e da Privacidade e para a atuação da ANPD;

II – elaborar relatórios anuais de avaliação da execução das ações da Política Nacional de Proteção de Dados Pessoais e da Privacidade;

III – sugerir ações a serem realizadas pela ANPD;

IV – elaborar estudos e realizar debates e audiências públicas sobre a proteção de dados pessoais e da privacidade; e

V – disseminar o conhecimento sobre a proteção de dados pessoais e da privacidade à população.

Emanuele Pezati Franco de Moraes

Lívia Clozel

Os membros do Conselho Nacional de Proteção de Dados Pessoais e da Privacidade serão indicados pelos titulares dos respectivos órgãos e entidades da administração pública, e de acordo com o Decreto n. 10.474, de 26 de agosto de 2020, detalha a composição da ANPD, na Seção IV, Do órgão consultivo, no § 4º / I – deverão ter qualificação compatível com as matérias afetas ao Conselho Nacional de Proteção de Dados Pessoais e da Privacidade.

Segundo artigo assinado por Newton de Lucca e Cíntia Pereira da Rosa, do livro *Comentários à Lei Geral de Proteção de Dados*:

> A composição multissetorial do Conselho Nacional de Proteção de Dados e Privacidade é interessante, pois propicia um natural sistema de freios e contrapesos *interna corpis*, colaborando para a autonomia técnica da ANPD, pois os represen-

tantes do setor privado serão constantemente fiscalizados pelos representantes de setor público e vice-versa. Portanto, seus integrantes devem ser especialistas na área e com notável atuação na área de proteção de dados pessoais, para que tenham um absoluto comprometimento com as atribuições da autoridade brasileira, atraindo, então, o reconhecimento pela União Européia do nível protetivo adequado.

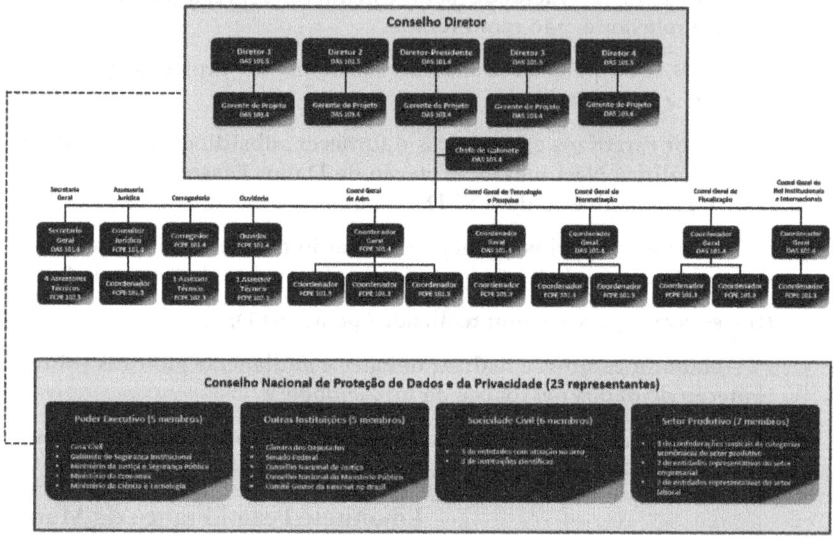

Fonte: ESTRUTURA Organizacional. *Notícias, gov.br,* 02 dez. 2020. Disponível em: <https://www.gov.br/anpd/pt-br/acesso-a-informacao/institucional/estrutura-organizacional-1>. Acesso: 03 abr. 2021.

O Decreto n. 10.474, de 26 de agosto de 2020, detalha a composição da ANPD na Seção IV – Do órgão consultivo:

Artigo 15 (...)

§ 1º Cada membro do colegiado terá um suplente, que o substituirá em suas ausências e impedimentos.

§ 2º Os membros do Conselho Nacional de Proteção de Dados Pessoais e da Privacidade e respectivos suplentes serão designados pelo Presidente da República.

§ 3º As indicações dos membros do Conselho Nacional de Proteção de Dados Pessoais e da Privacidade de que tratam os incisos I a X do

caput serão submetidas pelos titulares dos órgãos que representam ao Ministro de Estado Chefe da Casa Civil da Presidência da República.

§ 4º Os membros de que tratam os incisos XI a XV do caput e respectivos suplentes:

I – deverão ter qualificação compatível com as matérias afetas ao Conselho Nacional de Proteção de Dados Pessoais e da Privacidade;

II – terão mandato de dois anos, permitida uma recondução, por igual período; e

III – não poderão ser membros do Comitê Gestor da Internet no Brasil.

§ 5º As entidades de que tratam os incisos XI a XV do caput poderão indicar representantes livremente, ao Conselho Diretor, no prazo de trinta dias, contado da data de publicação do edital de convocação no Diário Oficial da União, com a indicação de um nome para a respectiva vaga, que estará acompanhado:

I – de demonstração das características da entidade;

II – da qualificação do indicado; e

III – da comprovação de seu vínculo com a entidade.

§ 6º Após o recebimento das indicações, o Conselho Diretor formará lista tríplice de titulares e suplentes, representantes de cada uma das entidades a que se refere o § 5º, para cada vaga de que tratam os incisos XI ao XV do caput, que será encaminhada ao Ministro de Estado Chefe da Casa Civil da Presidência da República para nomeação pelo Presidente da República.

§ 7º Na ausência das indicações de que tratam os § 5º e § 6º, o Presidente da República escolherá livremente os membros do Conselho Nacional de Proteção de Dados Pessoais e da Privacidade e respectivos suplentes, mediante indicação do Ministro de Estado Chefe da Casa Civil da Presidência da República, observados os requisitos estabelecidos no § 4º.

§ 8º A participação no Conselho Nacional de Proteção de Dados Pessoais e da Privacidade será considerada prestação de serviço público relevante, não remunerada.

§ 9º O Presidente do Conselho Nacional de Proteção de Dados Pessoais e da Privacidade poderá convidar representantes de outros órgãos e entidades da administração pública federal para participar das, sem direito a voto.

Art. 16. O Conselho Nacional de Proteção de Dados Pessoais e da Privacidade se reunirá em caráter ordinário três vezes ao ano e em caráter extraordinário sempre que convocado por seu Presidente.

§ 1º O quórum de reunião do Conselho Nacional de Proteção de Dados Pessoais e da Privacidade é de dezesseis membros e quórum de aprovação é de maioria simples.

§ 2º A pauta das reuniões será divulgada com antecedência de, no mínimo, uma semana.

§ 3º As reuniões do Conselho Nacional de Proteção de Dados Pessoais e da Privacidade serão realizadas, preferencialmente, por meio de videoconferência.

§ 4º Além do voto ordinário, o Presidente do Conselho Nacional de Proteção de Dados Pessoais e da Privacidade terá o voto de qualidade em caso de empate.

Art. 17. O Conselho Nacional de Proteção de Dados Pessoais e da Privacidade poderá editar regimento interno para detalhar as normas complementares necessárias à aplicação deste Decreto.

Parágrafo único. O regimento interno de que trata o caput será aprovado pela maioria absoluta dos membros[87].

Art. 59. (VETADO).

(87) BRASIL. *Decreto n. 10.474, de 26 de agosto de 2020*. Diário Oficial da União, 27 agosto de 2020. Disponível em: <https://www.in.gov.br/en/web/dou/-/decreto-n-10.474-de-26-de-agosto-de-2020-274389226>. Acesso em: 06 abr. 2021.

CAPÍTULO X

DISPOSIÇÕES FINAIS E TRANSITÓRIAS

Art. 60. A Lei n. 12.965, de 23 de abril de 2014 (Marco Civil da Internet), passa a vigorar com as seguintes alterações:

"Art. 7º ....

....

X – exclusão definitiva dos dados pessoais que tiver fornecido a determinada aplicação de internet, a seu requerimento, ao término da relação entre as partes, ressalvadas as hipóteses de guarda obrigatória de registros previstas nesta Lei e na que dispõe sobre a proteção de dados pessoais;

"Art. 16. ....

....

II – de dados pessoais que sejam excessivos em relação à finalidade para a qual foi dado consentimento pelo seu titular, exceto nas hipóteses previstas na Lei que dispõe sobre a proteção de dados pessoais."

Selma Carloto

Esse artigo traz alterações ao Marco Civil da Internet, que trata das relações na internet. É importante destacar que a LGPD se aplica ao tratamento de dados em meios físicos, assim como nos meios digitais; já o Marco Civil da Internet se aplica apenas a tratamentos realizados em meios digitais. Logo, um tratamento, por exemplo, de uma ficha de processo seletivo demandará adequação à LGPD, mas não ao Marco Civil da Internet.

Quanto à alteração do Marco Civil da Internet, no art. 7º, inciso X, que dispõe sobre a exclusão definitiva dos dados pessoais que tenham sido fornecidos a determinada aplicação de internet, acrescenta-se a expressão "**e na que dispõe sobre a proteção de dados pessoais**", a qual passou a ter uma referência expressa à LGPD, no Marco Civil da Internet, o que significa que o tema também está disciplinado na LGPD.

A outra alteração promovida pelo art. 60 foi a inclusão da expressão: "exceto nas hipóteses previstas na Lei que dispõe sobre a proteção de dados pessoais", o que significa que passa a ser vedada a guarda de dados pessoais excessivos, em relação à finalidade para a qual foi dado consentimento pelo seu titular, ressalvadas as hipóteses assim previstas no art. 16, da LGPD, ao qual remetemos o leitor.

Art. 61. A empresa estrangeira será notificada e intimada de todos os atos processuais previstos nesta Lei, independentemente de procuração ou de disposição contratual ou estatutária, na pessoa do agente ou representante ou pessoa responsável por sua filial, agência, sucursal, estabelecimento ou escritório instalado no Brasil.

Mariana Almirão de Sousa

Quanto às formas de intimação, citação e notificação de empresas estrangeiras, a lei determina que serão por meio do representante ou responsável pela empresa no país. Art. 62. A autoridade nacional e o Instituto Nacional de Estudos e Pesquisas Educacionais Anísio Teixeira (Inep), no âmbito de suas competências, editarão regulamentos específicos para o acesso a dados tratados pela União para o cumprimento do disposto no § 2º do art. 9º da Lei n. 9.394, de 20 de dezembro de 1996 (Lei de Diretrizes e Bases da Educação Nacional) , e aos referentes ao Sistema Nacional de Avaliação da Educação Superior (Sinaes), de que trata a Lei n. 10.861, de 14 de abril de 2004 .

Mariana Almirão de Sousa

Esse artigo não faz menção a questões trabalhistas, e, sim, ao cumprimento do dever da União de tratar dados sobre a educação, para assegurar o processo nacional de avaliação do rendimento escolar, bem como avaliar e supervisionar o ensino de colégios, universidades e cursos de pós-graduação.

De tal sorte, ele ressalta que o Estado poderá tratar dados para realizar políticas públicas e cumprir sua competência constitucional.

Art. 63. A autoridade nacional estabelecerá normas sobre a adequação progressiva de bancos de dados constituídos até a data de entrada em vigor desta Lei, consideradas a complexidade das operações de tratamento e a natureza dos dados.

Mariana Almirão de Sousa

Outra grande discussão que é frequentemente alvo de especulações se encontra nas possíveis disposições que a ANPD fará com relação as bases legadas. Isso é, o que fazer com dados coletados anteriormente a lei?

Agentes de tratamento podem esperar que a Autoridade se pronuncie, tentar adequar todos os dados coletados, ou até deletá-los. Um caso conhecido na União Europeia é o de uma cadeia de *pubs* que preferiu deletar todos os dados de contato à distância de seus consumidores, mitigando seu risco.

Ocorre que, com dados de funcionários, nem sempre é possível que esses sejam deletados, por haver uma determinação legal em mantê-los. Dessa forma, recomenda-se que seja feito um inventário de dados, guardando os necessários, adequando-os as novas normas. Lembrando sempre que dados de funcionários não podem ser coletados com base no consentimento, por haver vício em razão da relação hierárquica.

Art. 64. Os direitos e princípios expressos nesta Lei não excluem outros previstos no ordenamento jurídico pátrio relacionados à matéria ou nos tratados internacionais em que a República Federativa do Brasil seja parte.

Pietra Daneluzzi Quinelato

O art. 64, da LGPD, esclarece que a sua entrada em vigor não revoga outros direitos e princípios previstos no ordenamento jurídico nacional, bem como nos tratados internacionais dos quais o Brasil faça parte em matéria de proteção de dados. Tal disposição é importante para esclarecer possíveis questões de aplicabilidade de leis e prevalência de normativas que surjam relacionadas ao tema.

Entre os direitos e princípios previstos no ordenamento nacional, como mencionado, podemos citar o art. 12, da Declaração Universal dos Direitos Humanos, que prevê que "ninguém será sujeito à interferência em sua vida privada, na sua família, no seu lar ou na sua correspondência, nem a ataque à sua honra e reputação. Todo ser humano tem direito à proteção da lei contra interferências e ataques".

Além disso, a Constituição Federal de 1988 dispõe, no caput e incisos X e LXXII, do art. 5º sobre o tema:

Art. 5º Todos são iguais perante a lei, sem distinção de qualquer natureza, garantindo-se aos brasileiros e aos estrangeiros residentes no País a inviolabilidade do direito à vida, à liberdade, à igualdade, à segurança e à propriedade, nos termos seguintes:

[...] X – são invioláveis a intimidade, a vida privada, a honra e a imagem das pessoas, assegurado o direito a indenização pelo dano material ou moral decorrente de sua violação;

[...] LXXII – conceder-se-á habeas data: a) para assegurar o conhecimento de informações relativas à pessoa do impetrante, constantes de registros ou bancos de dados de entidades governamentais ou de caráter público; b) para a retificação de dados, quando não se prefira fazê-lo por processo sigiloso, judicial ou administrativo.

Da mesma forma, o Código de Defesa do Consumidor abrange conceito sobre banco de dados dos consumidores e acesso a dados arquivados, destacando-se o art. 43:

Art. 43. O consumidor, sem prejuízo do disposto no art. 86, terá acesso às informações existentes em cadastros, fichas, registros e dados pessoais e de consumo arquivados sobre ele, bem como sobre as suas respectivas fontes.

§ 1º Os cadastros e dados de consumidores devem ser objetivos, claros, verdadeiros e em linguagem de fácil compreensão, não podendo conter informações negativas referentes a período superior a cinco anos.

§ 2º A abertura de cadastro, ficha, registro e dados pessoais e de consumo deverá ser comunicada por escrito ao consumidor, quando não solicitada por ele.

§ 3º O consumidor, sempre que encontrar inexatidão nos seus dados e cadastros, poderá exigir sua imediata correção, devendo o arquivista, no prazo de cinco dias úteis, comunicar a alteração aos eventuais destinatários das informações incorretas.

§ 4º Os bancos de dados e cadastros relativos a consumidores, os serviços de proteção ao crédito e congêneres são considerados entidades de caráter público.

§ 5º Consumada a prescrição relativa à cobrança de débitos do consumidor, não serão fornecidas, pelos respectivos Sistemas de Proteção ao Crédito, quaisquer informações que possam impedir ou dificultar novo acesso ao crédito junto aos fornecedores.

§ 6º Todas as informações de que trata o caput deste artigo devem ser disponibilizadas em formatos acessíveis, inclusive para a pessoa com deficiência, mediante solicitação do consumidor.

O Código Civil de 2002, em alguns de seus artigos, também abarca o tema:

> **Art. 11. Com exceção dos casos previstos em lei, os direitos da personalidade são intransmissíveis e irrenunciáveis, não podendo o seu exercício sofrer limitação voluntária.**
>
> **Art. 12. Pode-se exigir que cesse a ameaça, ou a lesão, a direito da personalidade, e reclamar perdas e danos, sem prejuízo de outras sanções previstas em lei.**
>
> **Parágrafo único. Em se tratando de morto, terá legitimação para requerer a medida prevista neste artigo o cônjuge sobrevivente, ou qualquer parente em linha reta, ou colateral até o quarto grau.**
>
> **Art. 16. Toda pessoa tem direito ao nome, nele compreendidos o prenome e o sobrenome.**
>
> **Art. 17. O nome da pessoa não pode ser empregado por outrem em publicações ou representações que a exponham ao desprezo público, ainda quando não haja intenção difamatória.**
>
> **Art. 21. A vida privada da pessoa natural é inviolável, e o juiz, a requerimento do interessado, adotará as providências necessárias para impedir ou fazer cessar ato contrário a esta norma.**

Além disso, podemos citar a Lei da Interceptação Telefônica – Lei n. 9.296/1996, a Lei Geral das Telecomunicações – Lei 9.47219/97, a Lei do *Habeas Data* – Lei 9.50719/97, a Lei 9.983/2000, trazendo o art. 313-A ao Código Penal, a Lei Complementar 105/2001 sobre o sigilo das operações de instituições financeiras, a Lei de Acesso à Informação – Lei n. 12.527/2011, a Lei Carolina Dickemann – Lei n. 12.737/2012 dispondo sobre o crime de invasão de dispositivos informáticos e arts. 154-A e 154-B do Código Penal.

Não menos importante, o Marco Civil da Internet, Lei 12.965/2014 e Decreto 8.771/2016, pretendeu regular o uso da internet no Brasil, mas não abrange o tratamento de dado *off-line*, como a LGPD o faz[(88)].

---

(88) Existem discussões sobre a revogação tácita de alguns dispositivos do Marco Civil da Internet. Como este não é o objeto de análise da presente obra, sugere-se leitura de CHAVES, Luis Fernando Prado; VIDIGAL, Paulo. A LGPD revogou tacitamente dispositivos do Marco Civil da Internet. Conjur, 29 mar. 2021. Disponível em: <https://www.conjur.com.br/2021-mar-29/chaves-vidigal-lgpd-revogou-tacitamente-dispositivos-mci>. Acesso em: 06 abr. 2021.

No enfoque trabalhista, há de se falar que a LGPD não revoga disposições da Consolidação das Leis do Trabalho, apenas direciona com princípios e deveres o modo como deve ser realizado o tratamento de dados pessoais envolvidos nas relações de trabalho.

Portanto, tais direitos e princípios, entre outras disposições existentes, não são revogadas pela Lei Geral de Proteção de Dados, conforme esclarece o art. 64 da lei.

Art. 65. Esta Lei entra em vigor:

I – Dia 28 de dezembro de 2018, quanto aos arts. 55-A, 55-B, 55-C, 55-D, 55-E, 55-F, 55-G, 55-H, 55-I, 55-J, 55-K, 55-L, 58-A e 58-B;

I-A – Dia 1º de agosto de 2021, quanto aos arts. 52, 53 e 54;

II – 24 (vinte e quatro) meses após a data de sua publicação, quanto aos demais artigos.

Pietra Daneluzzi Quinelato

A LGPD, de 14 de agosto de 2018, teve a sua vigência alterada ao longo do tempo. *A priori*, entraria em vigor 18 meses após a sua publicação, ou seja, fevereiro de 2020. Esse curto período levantou debates sobre o tema, pois haveria grande dificuldade de implementar a lei em tão pouco tempo em um país em que sequer era forte a cultura da proteção de dados pessoais. Na União Europeia, por sua vez, o GDPR teve uma *vacatio legis* de 24 meses.

No momento da promulgação da LGPD, alguns artigos foram vetados, entre eles, os arts. 55 a 59 que criavam e estruturavam a Autoridade Nacional de Proteção de Dados. No entanto, a Medida Provisória 869/2018 foi convertida na Lei 13.853 de julho de 2019, determinando que os arts. 55-A, 55-B, 55-C, 55-D, 55-E, 55-F, 55-G, 55-H, 55-I, 55-J, 55-K, 55-L, 58-A e 58-B da LGPD entrariam em vigor a partir de 28 de dezembro de 2019, enquanto os demais após 24 meses da publicação.

Os referidos artigos (55 a 58) dispõem sobre a criação da Autoridade Nacional de Proteção de Dados e do Conselho Nacional de Proteção de Dados Pessoais e Privacidade, o que aconteceu dois anos depois com o Decreto n. 10.474 publicado em agosto de 2020 (27). Tal decreto aprovou a Estrutura Regimental e o Quadro Demonstrativo dos Cargos em Comissão e das Funções de Confiança da Autoridade Nacional de Proteção de Dados, remanejando e transformando cargos em comissão e funções de confiança.

Por sua vez, a Lei n. 14.010, de junho de 2020, que dispõe sobre o Regime Jurídico Emergencial e Transitório das relações jurídicas de Direito Privado no período da pandemia do coronavírus (Covid-19), determinou que os arts. 52, 53 e 54, da LGPD, entrariam em vigor a partir de 1º de agosto de 2021. Tais artigos estão relacionados a sanções administrativas da Autoridade Nacional de Proteção de Dados que passarão a valer, portanto, meses após a entrada em vigor da lei.

Referida Lei n. 14.010 também previa o adiamento da entrada em vigor de outros dispositivos da LGPD para 1º de janeiro de 2021. Contudo, tal adiamento não foi aprovado. Assim, com exceção dos artigos mencionados, a LGPD entrou em vigor em 18 de setembro de 2020.

Como explica Selma Carloto, "(...) com a sanção da Lei 14.058/2020, oriunda da Medida Provisória n. 959/2020, que trata da operacionalização do Benefício Emergencial". Além disso, "ao editar a MP, em abril deste ano, o governo incluiu, em seu artigo 4º, um dispositivo que previa o adiamento da Lei Geral de Proteção de Dados para 03 de maio de 2021, retirado no dia 26 de agosto de 2020 no Senado Federal"[(89)].

Portanto, os artigos relacionados à Autoridade Nacional de Proteção de Dados e ao Conselho Nacional de Proteção de Dados e Privacidade entraram em vigor em agosto de 2018. A LGPD, de forma geral, entrou em vigor em setembro de 2020, enquanto as sanções entrarão em vigor em agosto de 2021.

Dessa forma, desde setembro de 2020 as empresas devem estar em conformidade com a LGPD, pois suas disposições já se aplicam. Ou seja, apesar de as sanções administrativas da ANPD ainda não se aplicarem, ações judiciais podem ser propostas com base na lei.

---

(89) CARLOTO, Selma. *Lei Geral da Proteção de Dados*: enfoque nas relações de trabalho. São Paulo: LTr, 2020. p. 21.

Referências

ALEXY, Robert. *Teoria dos direitos fundamentais*. São Paulo: Malheiros. 2006.

ANPD e Senacon assinam acordo de cooperação técnica. *Notícias, gov. br*, 22 mar. 2021. Disponível em: <https://www.gov.br/anpd/pt-br/assuntos/noticias/anpd-e-senacon-assinam-acordo-de-cooperacao-tecnica>. Acesso em: 06 abr. 2021.

ARMELIN, R; TEIXEIRA, T. *Lei Geral de Proteção de Dados*: comentada artigo por artigo. 1. ed. Salvador: Editora JusPODIVM, 2019. v. 1.

AUTORIDADE NACIONAL DE PROTEÇÃO DE DADOS (ANPD) *Planejamento Estratégico (2021-2023) da Autoridade Nacional de Proteção de Dados*. Disponível em: <https://www.gov.br/anpd/pt-br/documentos-e-imagens/planejamento-estrategico>. Acesso em: 06 abr. 2021.

BARRETO, Maurício L. *et al*. Uso e proteção de dados pessoais na pesquisa científica. *In:* DONEDA, Danilo *et al*. *Tratado de proteção de dados pessoais*. Rio de Janeiro: Forense, 2021.

BLOCKCHAIN. Solutions for a responsible use of the blockchain in the context of personal data. *Commission nationale de l'informatique et des libertés (CNIL)*, sept. 2018. Disponível em: <https://www.cnil.fr/sites/default/files/atoms/files/blockchain_en.pdf>. Acesso em: 04 abr. 2021.

BLUM, Rita. *Direito a privacidade e à proteção dos dados do consumidor*. São Paulo: Almedina, 2018.

BRASIL. Conselho Nacional de Saúde. *Código de Boas Práticas*: Proteção de Dados para Prestadores Privados em Saúde. Disponível em: <http://cnsaude.org.br/wp-content/uploads/2021/03/Boas-Praticas-Protecao-Dados-Prestadores-Privados-CNSaude_ED_2021.pdf>. Acesso em: 07 abr. 2021.

BRASIL. Conselho Nacional de Saúde. *Resolução 466, de 12 de dezembro de 2012*. Disponível em: <http://conselho.saude.gov.br/resolucoes/2012/Reso466.pdf>. Acesso em: 07 abr. 2021.

BRASIL. *Decreto n. 10.474, de 26 de agosto de 2020*. Diário Oficial da União, 27 agosto de 2020. Disponível em: <https://www.in.gov.br/en/web/dou/-/decreto-n-10.474-de-26-de-agosto-de-2020-274389226>. Acesso em: 06 abr. 2021.

BRASIL. *Lei n. 13.709, de 14 de agosto de 2018*. Lei Geral de Proteção de Dados Pessoais (LGPD). Disponível em: <http://www.planalto.gov.br/ccivil_03/_Ato2015-2018/2018/Lei/L13709.htm>. Acesso em: 10 abr. 2021.

BRASIL. *Portaria n. 1, de 8 de março de 2021*. Estabelece o Regimento Interno da Autoridade Nacional de Proteção de Dados – ANPD. Disponível em: <https://www.in.gov.br/en/web/dou/-/portaria-n-1-de-8-de-marco-de-2021-307463618>. Acesso em: 06 abr. 2021.

BRASIL. *Portaria n. 11, de 27 de janeiro de 2021*. Torna pública a agenda regulatória para o biênio 2021-2022. Disponível em: <https://www.in.gov.br/en/web/dou/-/portaria-n-11-de-27-de-janeiro-de-2021-301143313>. Acesso em: 06 abr. 2021.

BRUMADINHO pode ser maior acidente de trabalho do Brasil. *G1*, 29 jan. 2019. Disponível em: <https://g1.globo.com/mg/minas-gerais/noticia/2019/01/29/brumadinho-pode-ser-maior-acidente-de-trabalho-do-brasil.ghtml>. Acesso em: 12 abr. 2021.

CANOTILHO, J. J. Gomes. Dogmática de direitos fundamentais e direito privado. *In:* SARLET, Ingo Wolfgang (Coord.). *Constituição, direitos fundamentais e direito privado*. 2. ed. Porto Alegre: Livraria do Advogado, 2006.

CARLOTO, S. *Compliance trabalhista*. 2. ed. ampl. e atual. São Paulo: LTr, 2020.

CARLOTO, Selma. *Lei Geral da Proteção de Dados*: enfoque nas relações de trabalho. São Paulo: LTr, 2020.

CARLOTO, Selma; CLOZEL, Lívia. LGPD e o direito à privacidade dos trabalhadores. *In:* TOMASEVICIUS FILHO, Eduardo (Coord.). *A Lei Geral de Proteção de Dados brasileira*: análise setorial. São Paulo: Almedina, 2021. v. 1.

CAVALCANTE, Sandra Regina. *Trabalho artístico na infância*: estudo qualitativo em saúde do trabalhador. 2012. Dissertação (Mestrado em Saúde Ambiental) – Faculdade de Saúde Pública, Universidade de São Paulo, São Paulo, 2012. Disponível em: <https://www.teses.usp.br/teses/disponiveis/6/6134/tde-25052012-141746/publico/SandraCavalcante.pdf>. Acesso em: 12 abr. 2021. doi:10.11606/D.6.2012.tde-25052012-141746.

CHAVES, Luis Fernando Prado; VIDIGAL, Paulo. A LGPD revogou tacitamente dispositivos do Marco Civil da Internet. *Conjur*, 29 mar. 2021. Disponível em: <https://www.conjur.com.br/2021-mar-29/chaves-vidigal-lgpd-revogou-tacitamente-dispositivos-mci>. Acesso em: 06 abr. 2021.

DANTAS, Thomas Kefas de Souza. *Os limites constitucionais ao exercício de direito de patente e seus reflexos na indústria do petróleo, gás natural e biocombustíveis*. 2014. 164f. Dissertação (Mestrado em Direito) – Centro de Ciências Sociais Aplicadas, Universidade Federal do Rio Grande do Norte, Natal, 2014.

DE LUCCA, Newton; LIMA, Cintia Rosa Pereira de. Autoridade Nacional de Proteção de Dados Pessoais (ANPD) e Conselho Nacional de Proteção de Dados Pessoais e da Privacidade. *In:* LIMA, Cintia Rosa Pereira de (Coord.). *Comentários à Lei Geral de Proteção de Dados*. São Paulo: Almedina, 2020.

DONEDA, Danilo. Princípios da proteção de dados pessoais. *In:* DE LUCCA, Newton; SIMÃO FILHO, Adalberto; LIMA, Cíntia Rosa. *Direito & internet III*. São Paulo: Quartier Latin, 2015. t. 1.

ESTRUTURA Organizacional. *Notícias, gov.br*, 02 dez. 2020. Disponível em: <https://www.gov.br/anpd/pt-br/acesso-a-informacao/institucional/estrutura-organizacional-1>. Acesso: 03 abr. 2021

EUROPEAN DATA PROTECTION BOARD (EDPB). Diretriz 03/2020, sobre o tratamento de dados relativos à saúde para efeitos de investigação científica no contexto do surto de COVID-19. Adotadas em 21 de abril de 2020. Disponível em: <https://edpb.europa.eu/sites/edpb/files/files/file1/edpb_guidelines_202003_healthdatascientificresearchcovid19_pt.pdf>. Acesso em: 07 abr. 2021.

FALEIROS JÚNIOR, José Luiz de Moura; MADALENA, Juliana. Proteção de dados pessoais e aspectos criminais: breves reflexões. *Migalhas*, São Paulo, 18 set. 2020. Disponível em: <https://www.migalhas.com.br/coluna/migalhas-de-protecao-de-dados/333515/protecao-de-dados-pessoais-e-aspectos-criminais--breves-reflexoes>. Acesso em: 12 abr. 2021.

FOCO inicial será criar cultura de dados, diz presidente da ANPD. *Jota*, 26 jan. 2021. Disponível em: <https://www.jota.info/tributos-e-empresas/mercado/cultura-de-dados-presidente-ANPD-26012021>. Acesso em: 03 abr. 2021.

FORTINI, Cristiana; AMARAL, Greycielle; CAVALCANTI, Caio Mário Lana. LGPD x LAI: sintonia ou antagonismo? *In*: PIRONTI, Rodrigo (Coord.). *Lei Geral de Proteção de Dados no setor público*. Belo Horizonte: Fórum, 2021.

FRAJHOF, Isabella; SOMBRA, Thiago Luís. A transferência internacional de dados pessoais. *In*: MULHOLLAND, Caitlin (Org.). *A LGPD e o novo marco normativo no Brasil*. Porto Alegre: Arquipélago Editorial, 2020.

FRAZÃO, Ana. Nova LGPD: o término do tratamento de dados. *JOTA*, 10 out 2018. Disponível em: <https://www.jota.info/opiniao-e-analise/colunas/constituicaoempresa-e-mercado/nova-lgpd-o-termino-do-tratamento-de-dados-10102018>. Acesso em: 23 out. 2020.

GOLDSMITH, Jack; WU, Tim. *Who controls the Internet?* Illusions of a borderless world. Oxford: Oxford University Press, 2006.

GRUPO de Trabalho do Artigo 29º. Orientações relativas ao consentimento na aceção do Regulamento (UE) 2016/679. Adotadas em 28 de novembro de 2017. Última redação revista e adotada em 10 de abril de 2018. WP 259. Rev01. Disponível em: <https://drive.google.com/file/d/1Q2Y0mrB1_bSRnTzrSjvToW1ED9MN2KP4/view?usp=sharing>. Acesso em: 13 abr. 2021.

GUEDES, Gisela S.; MEIRELES, Rose M. Término do tratamento dos dados. *In:* FRAZÃO, Ana; OLIVA, Milena D.; TEPEDINO, Gustavo (Coords). *Lei Geral de Proteção de Dados e suas repercussões no direito brasileiro*. 1. ed. São Paulo: Thomson Reuters Brasil, 2018.

HOLMAN, JoAnne; MCGREGOR, Michael. The internet as commons: the issue of access. *Communication Law and Policy*, v. 10, n. 3, p. 267-289, June 2010.

LIMA, Cintia Rosa Pereira de. *Autoridade nacional de proteção de dados e a efetividade da Lei Geral de Proteção de Dados*: de acordo com a Lei Geral de Proteção de Dados (Lei n. 13.709/2018 e as alterações da Lei n. 13.853/2019), o Marco Civil da Internet (Lei n. 12.965/2014) e as sugestões de alteração do CDC (PL 3.514/2015). São Paulo: Almedina, 2020.

LOJKINE, Jean. *A revolução informacional*. 3. ed. São Paulo: Cortez, 1995.

LOPES, Mariana Louback. Comentários ao Capítulo IV – Tratamento de dados pelo Poder Público. *In:* FEIGELSON,Bruno; SIQUEIRA, Antonio Henrique Albani (Coords.). *Comentários à Lei Geral de Proteção de Dados*. São Paulo: Editora Revista dos Tribunais, 2019.

MARTINS, Guilherme Magalhães; FALEIROS JÚNIOR, José Luiz de Moura. Segurança, boas práticas, governança e *compliance*. *In*: LIMA, Cíntia Rosa Pereira de (Coord.). *Comentários à Lei Geral de Proteção de Dados*. São Paulo: Almedina, 2020.

MATOS, Ana Carla Harmatiuk; RUZYK, Carlos Eduardo Pianovski. *Diálogos entre a Lei Geral de Proteção de Dados e Lei de Acesso à Informação*. *In:* TEPEDINO, Gustavo; FRAZÂO, Ana; OLIVA, Milena Donato

(Coords.). *Lei Geral de Proteção de Dados Pessoais e suas repercussões no direito brasileiro*. São Paulo: Editora Revista dos Tribunais, 2019.

MENDONÇA, Fabiano. *Introdução aos direitos plurifuncionais*. Natal: Fabiano Andre de Souza Mendonca, 2016.

MINISTÉRIO DO TRABALHO E EMPREGO. *Portaria Ministro de Estado do Trabalho e Emprego n. 1.510 DE 21.08.2009*. D.O.U.: 25.08.2009. http://www.normaslegais.com.br/legislacao/portaria1510_2009.htm. Acesso em: 04 abr. 2021.

MURTHY, Suntherasvaran; BAKAR, Asmidar Abu; RAHIM, Fiza Abdul; RAMLI, Ramona. *A comparative study of data anonymization techniques*. 2019 IEEE 5th Intl Conference on Big Data Security on Cloud (BigDataSecurity), IEEE Intl Conference on High Performance and Smart Computing, (HPSC) and IEEE Intl Conference on Intelligent Data and Security (IDS), Washington, DC, USA, 2019, p. 306-309. Disponível em: <http://dspace.uniten.edu.my/jspui/bitstream/123456789/13031/1/A%20Comparative%20Study%20of%20Data%20Anonymization.pdf>. Acesso em: 07 abr. 2021. doi: 10.1109/BigDataSecurity-HPSC-IDS.2019.00063.

NARAYANAN, Arvind; SHMATIKOV, Vitaly. Robust de-anonymization of large sparse datasets: a decade later. *Princeton University*, May 21, 2019. Disponível em: <https://www.cs.princeton.edu/~arvindn/publications/de-anonymization-retrospective.pdf>. Acesso em: 07 abr. 2021.

NARAYANAN, Arvind; SHMATIKOV, Vitaly. Robust De-anonymization of Large Sparse Datasets. In: IEEE SYMPOSIUM ON SECURITY AND PRIVACY (sp 2008). Oakland-CA, USA, 2008. p. 111-125. Disponível em: <http://www.ccs.neu.edu/home/cbw/static/class/5750/papers/shmat_oak08netflix.pdf>.Acesso em: 07.04.2021. doi: 10.1109/SP.2008.33.

NOVA falha do Ministério da Saúde expõe dados de 243 milhões de brasileiros na internet, diz jornal. *G1*, 02 dez. 2021. Disponível em: <https://g1.globo.com/economia/tecnologia/noticia/2020/12/02/nova-falha-do-ministerio-da-saude-expoe-dados-de-243-milhoes-de-brasileiros-na-internet-diz-jornal.ghtml>. Acesso em: 07 abr. 2021.

PINHEIRO, Patricia Peck. *Proteção de dados pessoais*: comentários à Lei n. 13.709/2018 (LGPD). São Paulo: Saraiva, 2018.

RAYMOND, Mark. Puncturing the myth of the Internet as a Commons. *Georgetown Journal of International Affairs*, Washington, D.C., n. 14, p. 53-64, 2013.

REGIMENTO Interno da ANPD é publicado no Diário Oficial da União. *Notícias, gov.br*, 10 mar. 2021. Disponível em: <https://www.gov.br/anpd/pt-br/assuntos/noticias/regimento-interno-da-anpd-e-publicado-no-diario-oficial-da-uniao>. Acesso em: 06 abr. 2021.

ROSENVALD, Nelson. A polissemia da responsabilidade civil na LGPD. *Migalhas de Proteção de Dados*, 6 nov. 2020. Disponível em: <https://www.migalhas.com.br/coluna/migalhas-de-protecao-de-dados/336002/a-polissemia-da-responsabilidade-civil-na-lgpd>. Acesso em: 06 abr. 2021.

SABATINA de Waldemar Gonçalves Ortunho Júnior, para o cargo de Diretor-Presidente do Conselho Diretor da Autoridade Nacional de Proteção de Dados – ANPD. *e-Cidadania*, 19 out. 2020. Disponível em: <https://www12.senado.leg.br/ecidadania/visualizacaoaudiencia?id=19435>. Acesso em: 03 abr. 2021.

SIMÃO FILHO, Adalberto; RODRIGUES, Janaina de Souza Cunha. Certificarte: a arte da certificação em LGPD. *Migalhas de Proteção de Dados*, 11 set. 2020. Disponível em: <https://www.migalhas.com.br/coluna/migalhas-de-protecao-de-dados/333202/certificarte--a-arte-da-certificacao-em-lgpd>. Acesso em: 06 abr. 2021.

SLETNING af personoplysninger. *Datatilsynet*. Disponível em: <https://datatilsynet.dk/emner/persondatasikkerhed/sletning/>. Acesso em: 04 abr. 2021.

TEIXEIRA, Tarcisio; ARMELIN, Ruth Maria G. da F. *Lei geral de proteção de dados pessoais*: comentada artigo por artigo. Salvador: JusPodivm, 2019.

TIROLE, Jean. Competition and the Industrial Challenge for the Digital Age. *Toulouse School of Economics*. Apr. 3, 2020. Disponível em: <https://www.tse-fr.eu/sites/default/files/TSE/documents/doc/by/tirole/competition_and_the_industrial_challenge_april_3_2020.pdf>. Acesso em: 10 jun. 2020.

UNIÃO EUROPEIA. *Additional Protocol to the Convention for the Protection of Individuals with regard to Automatic Processing of Personal Data, regarding supervisory authorities and transborder data flows*. Disponível em: <https://www.coe.int/en/web/conventions/full-list/-/conventions/treaty/181>. Acesso em: 06 abr. 2021.

UNIÃO EUROPEIA. *Convenção de Estrasburgo sobre a Proteção de Dados Pessoais*. Convenção n. 108 de 28 de janeiro de 1981. Disponível em:

<https://www.coe.int/en/web/conventions/full-list/-/conventions/treaty/108>. Acesso em: 06 abr. 2021.

VOIGT, Paul; BUSSCHE, Axel von dem. *The EU General Data Protection Regulation (GDPR)*: a practical guide. Cham: Springer, 2017.